악의 비밀

악의 비밀

초판 제1쇄 | 2010. 1. 22.

지은이 | 정성민
펴낸이 | 정성민
펴낸곳 | 푸른초장
표지디자인 | 염혜란, 박소정
내지디자인 | 정영수

등록번호 | 제 387-2005-00011호(2005년 5월 17일)
소재지 | 경기도 부천시 소사구 심곡본동 743-14, 101호
　　　　 TEL 032) 655-8330 (푸른초장), 010-6233-1545
인쇄처 | 예원문화사

▎책값은 뒤표지에 있습니다.
ISBN 978-89-92817-29-5

영적 전쟁 100전 100승을 위한 시크릿

악의 비밀

| 정성민 지음 |

악 · 의 · 비 · 밀

서평

박성민 목사 | 한국대학생선교회 대표

세상 속에서 인간들이 직면하는 수많은 문제에 대한 다양한 해결책이 거론되고 있다. 심각한 문제는 대부분의 해결책들이 마치 깊이 곪은 상처에 반창고를 붙이는 격이라는 데에 있다.

정성민 박사의 '악의 비밀'은 근본에서 해결책을 찾고자 했다는 면에서 군계일학群鷄一鶴이라 불릴만한 책이다. 흔히 우리말로 '극단적'이라 해석하는 radical이라는 단어가 있다. 그 어원은 radix라는 '뿌리'라는 의미를 지닌 라틴어라고 한다. 이 책이 문제들의 뿌리를 다루고 있는 의미에서 radical한 책이라고 생각한다. 근본부터 발본색원拔本塞源의 접근법을 쓴다는 의미에서 그렇다는 것이다. 제목이 도전적일 뿐 아니라 내용도 어떤 면에서 자극적이다. 그러나 근본을 다루는데 있어 이보다 더 적절한 방법이 없을 듯하다.

악 · 의 · 비 · 밀

추천의 글

김지태 목사 | 한국 예수전도단 대표

 정성민 박사의 '악의 비밀' 은 영적전쟁에 대한 새로운 패러다임을 제시한다. 마귀와의 전쟁뿐만 아니라 거짓의 사람들과의 전쟁을 인식해야 한다고 설득력 있게 서술하였다. 우리가 겪는 많은 관계들, 문제들이 왜 그렇게 복잡하고 어려운지를 조심스럽게 파헤쳐서 거짓의 사람을 현실감 있게 또렷하게 보도록 해주었다.

 하나님과 마귀만을 이해하는 것이 아니라 세상에 대한 이해, 악의 실체에 대한 이해를 일깨워 주고 있다. 그뿐 아니라 어떻게 악의 영향력 아래 있는 거짓의 사람들을 대처하며 치유해야 할 지 구체적으로 보여주고 있다.

 이 책은 우리의 싸움이 하늘에 있는 악의 영들에 대한 것임을 놓치지 않으면서도 상처와 거짓으로 악을 행하는 사람들과도 전쟁해야하는 현실의 그리스도인에게 좋은 지침서가 될 것이다.

악 · 의 · 비 · 밀

추천의 글

이정익 목사 | 신촌성결교회 담임목사

영국의 C.S.루이스의 '스크루테이프의 편지'라는 책에서 오늘의 사탄은 전략을 바꾸었다고 말했다. 지금까지 사탄의 전략은 사람들로 하여금 넘어지게 하고 무섭게 하여 실패하도록 하였지만 오늘은 상대방이 무섭지 않도록 접근하는 전략으로 바꾸었다고 공언하였다. 두목 사탄이 졸개 사탄들에게 훈수를 두었다. "가능하면 이 세상에서 그리스도인들을 넘어지게 할 때는 성경말씀을 많이 인용하라". 오래전에 읽은 책인데 오늘 또 다시 기억나게 된 것은 정성민 박사께서 저술한 '악의 비밀'이라는 책을 접하면서부터이다.

정박사는 오랫동안 선교지에서 선교하던 학자이다. 선교사역에도 분주할 텐데 그 틈에 저술까지 해서 책을 내 놓았다. 저자는 선교지에서 많은 악과 거짓과 힘겹게 싸웠을 것이다. 세상은 선과 악의 전투장이다.

오늘 악의 전술은 교묘하게 접근해 온다. 거짓은 분간하기가 그만큼 어렵다. 저자는 그래서 쉽게 넘어지는 모습들을 보고 분노했을 것이다. 그 결과 이 악의 비밀이 탄생하게 되었을 것이다. 저자는 책에서 거짓을 분별하고 간파하는 지혜들을 제시하고 거짓의 광범위한 도전은 피할 수 없는 과제임을 단언한다. 그리고 거짓을 이기는 전술까지 제시하였다.

본서는 오늘을 살아가는 그리스도인들에게는 좋은 영적 지침서요 선과 거짓을 분별하는 감별장치요 도덕적인 온도를 정확하게 측정하게 해 주는 바로미터가 아닌가 생각된다. 독자들은 이 책을 통해 영적 전쟁에서 100전 100승을 할 수 있는 지혜를 배우게 될 것이다.

목차 악·의·비·밀·악·의·비·밀·악

- 서평 _5
- 추천의 글 _7
- 프롤로그 _12

chapter 1. 거짓의 사람들

1. 거짓의 사람이 존재한다 _16
2. 거짓의 사람들은 자녀를 사랑하지 않는다 _24
3. 거짓의 사람들은 자녀를 지나치게 억압하고 통제한다 _34
4. 거짓의 사람들은 자녀에 대한 자신의 책임을 회피한다 _42
5. 거짓의 사람들은 자녀의 정신세계를 파괴한다 _50
6. 거짓의 사람들은 배우자를 사랑하지 못한다 _57
7. 거짓의 사람들은 배우자를 학대한다 _71

chapter 2. 거짓의 사람들의 특징

8. 성경 속 거짓의 사람은 누구인가? _86
9. 우리 주변에도 거짓의 사람은 있는가? _102
10. 거짓의 사람들이 움직이고 있다 _110
11. 하나님의 사람과 거짓의 사람은 무엇으로 구별되는가? _116
12. 거짓의 사람의 도구가 되지 마라 _124
13. 거짓의 사람들과의 전쟁은 피할 수 없다 _131

chapter 3. 거짓의 사람들의 전략

14. 거짓의 사람들의 거짓말을 분별하라 _140
15. 거짓의 사람들의 화술을 간파하라 _146
16. 거짓의 사람들의 전략을 꿰뚫어라 _153
17. 거짓의 사람들의 이간을 조심하라 _159
18. 거짓의 사람들의 아첨과 과잉충성에 속지 마라 _164
19. 거짓의 사람들의 비겁함과 배신에 울지 마라 _171

chapter 4. 거짓의 사람들의 치료와 극복

20. 어떻게 거짓의 사람들에게 속지 않을 수 있는가? _180
21. 어떻게 거짓의 사람들을 극복할 수 있는가? _195
22. 어떻게 거짓의 사람들은 치유될 수 있을까? / 심리치료 _215
23. 어떻게 거짓의 사람들은 치유될 수 있을까? / 공동체치료 _242

■ 부록

자기애성 성격장애 청소년의 변화를 목격하며 _279

프롤로그

이 책의 제목은 '악의 비밀'이다.

사단은 악의 영향력에 사로잡힌 사람들을 통해서 악의 씨앗을 뿌린다. 사단의 조종을 받는 사람들은 공동체의 평안과 존속을 위협하고 주변의 많은 사람들을 고통스럽게 한다. 대다수의 사람들이 교묘하게 숨겨진 사단의 조종과 악의 비밀을 깨닫지 못하고 악의 영향력에 눌려 자포자기 상태에 빠지게 된다.

필자는 사단의 조종을 받아 주변사람들을 고통스럽게 하는 사람들을 '거짓의 사람들'[1]이라고 표현할 것이다. 이 단어는 저명한 정신과 의사

---

[1] 우리는 인류가 죄 가운데 신음하는 것은 알지만 어떻게 악이 계속해서 이어지는가에 대해서는 무지했다. 히틀러 정권 당시 유대인 박해로부터 도망쳐 나온 장본인인 정신 분석학자 에릭 프롬은 유태인 대학살의 충격을 통해 나찌즘의 악을 연구하는데 일생을 바쳤다. 그는 악한 사람의 성격유형을 확실히 밝힌 최초의 심리학자이다. 에릭 프롬은 대학살을 집행한 나찌 지도자들을 중심으로 악에 대한 연구를 진행하였다. 이에 반해 정신과 의사이며 세계적인 베스트 셀러, 아직도 가야 할 길 의 저자, 스캇 펙은 평범한 일상 속에서 관찰되는 악한 사람에 대해서 책을 썼다. 바로 거짓의 사람들이다. 대부분의 정신과 의사들이 인간의 거짓과 악을 간과하고 있을 때에 그는 악이란 가장 근원적인 질병이라고 주장하였다. 그의 책 『거짓의 사람들』은 어쩌면 일상 속에서 벌어지고 있는 악한 사람들의 모습을 분석한 최초의 심리학이라고 볼 수 있다.

'스캇 펙' 이 그의 책 「거짓의 사람들」에서 일상 속에서 벌어지는 악한 사람들의 모습을 최초로 분석하며 사용하였다. 필자는 거짓의 사람들이 지닌 정신적 충격 및 상처를 사단이 이용, 조종하여 주변 사람들을 어떻게 괴롭히고 공동체를 파괴하는지 폭로하고 고발할 것이다. 또한 사단이 사람들의 관계 속에서 어떻게 악의 씨앗을 뿌리고 있는지를 살펴볼 것이다.

그런 면에서 이 책은 사단에게는 무섭고도 위험한 책일 것이다. 또한 사단의 조종과 영향력 아래 있는 거짓의 사람들은 읽기 괴로울 수 있다. 그러나 필자는 이 책을 통해, 우리의 가정과 단체 및 교회 같은 공동체가 온전히 회복되길 바라는 사람들로 하여금 악한 사람들의 실체를 구분할 수 있길 바란다. 또한 영적 전쟁에서 승리하기 위한 비밀스런 지식을 얻게 되길 바란다.

이 땅의 신음하는 많은 사람들이 자신의 삶을 침범하고 억압하고 있는 악의 비밀을 깨달아 악인들의 억압과 학대 그리고 사단의 영향으로부터 자유하게 되는 역사가 벌어지길 기원한다.

악 · 의 · 비 · 밀

chapter 1

거짓의 사람들

:

1. 거짓의 사람이 존재한다
2. 거짓의 사람들은 자녀를 사랑하지 않는다
3. 거짓의 사람들은 자녀를 지나치게 억압하고 통제한다
4. 거짓의 사람들은 자녀에 대한 자신의 책임을 회피한다
5. 거짓의 사람들은 자녀의 정신세계를 파괴한다
6. 거짓의 사람들은 배우자를 사랑하지 못한다
7. 거짓의 사람들은 배우자를 학대한다

1
거짓의 사람이 존재한다

이 세상에는 선과 악이 공존한다.
왜 악이 존재할까?
우리는 이러한 악의 기원을 정확히 밝힐 수 없다.

악의 기원을 하나님에게 둘 수는 없다. 그것은 사랑의 하나님에 대한 도전이 되기 때문이다. 그렇다고 악의 기원을 악마에게 둘 수도 없다. 왜냐하면 전능하신 하나님에 대한 도전이 되기 때문이다. 마지막으로 악의 기원을 인간의 자유의지에 둘 수도 없다. 그렇다면 하나님의 전지하심에 도전이 되기 때문이다. 그러기에 악의 실체는 신비에 속한 것이다.

하나님은 전능하시고 사랑의 하나님이신데 세상에 악이 현존한다는 것 자체가 바로 신비한 것이다. 그래서 어거스틴은 악의 기원에 대해서 모른다고 말하였던 것이다. 하지만 바울은 모든 것이 합력하여 선을 이 룬다고 말한다. 악조차도 하나님의 섭리 가운데서 아름답게 쓰임을 받 는다는 것이다. 그러기에 토마스 아퀴나스는 악은 선의 시녀라고 말한 것이다.

우리가 확실히 아는 것은 우리가 사는 세상이 악으로 가득 차 있다는 사실이다. 온갖 사회 부정의와 인간 개개인의 거짓과 탐욕은 우리가 너무나 쉽게 경험하는 현실이다.

도대체 세상의 악은 어떻게 이루어질까?

필자가 고민하는 가운데 내린 결론은 악한 영과 그를 따르는 악한 사람들에 의해서 세상의 악이 이루어진다는 것이다. 마귀는 영의 세계에 속하였다. 그러므로 악한 영이 인간 세계에 관여하는 것은 그 자신의 직접적 침입보다는 세상에 속한 사람들을 통해서이다.

> 하나님처럼 사탄도 물질적인 존재들을 통하여, 또는 물질적인 존재들 속에 들어가 자신을 드러낼 수 있다…… 사탄은 뱀처럼 뒤틀린 환자의 몸을 통해 자신을 드러냈었다. 악문 이, 움켜쥘 듯한 손톱, 껍질이 축 처진 파충류 같은 눈 따위가 다 그것의 모습이었다…. 환자의 몸을 통해 나타난 그 모습은 특별하리만큼, 극적이리만큼 그리고 초자연적이리만큼 뱀과 비슷했다. 그러나 그 자체가 뱀은 아니다. 그것은 영이다. 오랜 세월 거듭돼 온 "왜 귀신들은 인간의 몸에 그토록 집착을 보이는가?" 하는 질문에 대한 해답이 내가 보기엔 바로 여기에 있는 것 같다…… 사탄은 인간의 몸 안에 있지 않으면 완전히 무기력해진다는 것이다. 사탄은 인간의 몸을 통하지 않고서는

결코 악을 행할 수 없다. 사탄이 '처음부터 살인한 자'이긴 하지만 그것도 인간의 손을 빌리지 않고는 할 수 없었다. 사탄 스스로는 인간을 죽이거나 심지어 해롭게 할 능력조차 없다. 자신의 악마성을 행사하기 위해서 사탄은 인간을 사용해야만 한다…… 사탄이 갖고 있는 유일한 힘은 거짓을 믿는 인간의 신념을 통해서만 나타난다.[2]

그러므로 세상의 악은 마귀와 그에게 속한 사람들의 합작품인 것이다. 그렇다. 마귀는 세상에 속한 사람들을 사용하여 자신의 야심을 펼친다. 마귀는 곳곳에 심어놓은 자신들의 일꾼들을 통하여 세상과 교회를 아주 혼란스럽게 만드는 것이다. 그렇다고 하나님께 속한 사람들이 마귀의 침입을 받지 않는다는 말은 아니다. 하나님의 사람들도 때로 마귀의 속임수에 빠져 마귀의 병기가 될 때도 있다.

필자가 여기서 말하고자 하는 악의 비밀은 바로 이것이다. 마귀는 자신의 뜻을 펼치기 위해 주로 사람을 사용한다는 것이다. 그래서 CNN이 선정한 20세기의 가장 무서운 무기가 바로 인간이었던 것이다. 아마도 인간의 두뇌와 혀가 가장 무서운 무기가 아닐까?

필자는 사람들의 유형을 5가지로 소개하고자 한다. 그리고 이 중에는 마귀가 사용하기를 즐기는 사람들이 있다.

---

[2] 스캇 펙, 거짓의 사람들 (서울: 비전과 리더쉽, 2003), 396-98. 미국의 정신과 의사 스캇 펙이 마귀가 사용하기를 즐기는 악한 사람들에 대해 전문적으로 설명한 책을 썼다. 바로 "거짓의 사람들"이라는 책이다. 스캇 펙은 정신과 의사지만 악의 문제를 다루면서 신학적인 해석을 겸하여 신학자들에게도 악에 대한 심리학적인 접근을 가능케 해주었다.

첫째로, **거짓의 사람들**이다.

이들은 거짓의 아비, 마귀를 좇아 속이기를 좋아하는 사람들이다. 이들의 보편적인 특징은 아주 점잖고 예의 바르며 말수가 적다는 것이다.[3] 어쩌면 신사와 숙녀로 존경을 받고 있는 사람들일 수도 있다. 물론 이런 보편적인 특징을 가진 사람들이 모두 거짓의 사람들이라는 것은 아니다. 독버섯이 너무나 아름답고 탐스러운 것처럼 거짓의 사람들의 위장술은 너무나 뛰어나다는 것이다. 우리가 생각지도 못하던 정말 존경스러운 인물이 거짓의 사람일 수도 있다는 것이다.

둘째로, **가짜 거짓의 사람들**이다.

이들은 거짓의 사람들처럼 보인다. 어쩌면 거짓의 사람들의 모조품이라고나 할까. 이들은 거짓의 사람들을 자신의 라이벌로 생각하여 그들과 대항하여 싸운다. 하지만 자신들의 명백한 거짓말과 얕은 수로 인하여 쉽게 사람들에게 들키고 오히려 망신을 당하게 된다. 어쩌면 거짓의 사람들의 희생 제물로 쓰인다. 거짓의 사람들과 가짜 거짓의 사람들의 한판 승부로 인하여 거짓의 사람들은 자신의 자리(위치?)를 굳히게 된다. 사람들은 거짓의 사람들의 온순함과 사려 깊음에 감탄하게 되고,

---

[3] "거짓의 사람들은 자신의 자아상을 완전하게 지켜야겠다는 생각만 꽉차있어서 어떻게든 외형상의 도덕적 순결을 유지하고자 갖은 애를 다 쓴다. 이 문제에 관한 한 그들은 아주 세심한 신경을 쓴다. 사회적 규범이랄지, 이런 것들에 대해 그들은 꽤 민감하다. 겉으로 보기에는 흠잡을 데 없는 삶을 살아가는 것 같다……. 거짓의 사람들은 게시판에 나붙은 지명수배자들이 아니다. 오히려 그들을 교회 학교 교사로서, 경찰로서, 금융인으로서, 사회단체 회원으로서 활동하고 있는 건실한 시민일 가능성이 많다." Ibid, 135, 123.

가짜 거짓의 사람들의 경박함과 사기성에 경악을 금치 못하게 된다. 바로 거짓의 사람들의 눈속임은 가짜 거짓의 사람들에 의해 가능해진다는 것이다. 어쩌면 감옥에 가는 대부분의 사람들이 바로 이들이리라.

셋째로, 문제의식이 없는 사람들이다.[4]

이들은 선과 악의 차이점을 모르는 사람들이다. 거짓의 아비 마귀가 자신을 그렇게 쉽게 노출시킬 것으로 생각하면 오산이다. 하지만 이들은 마귀가 검은 색 옷을 입고 드라큘라와 같은 송곳니를 드러내면서 나타날 것이라고 믿는다. 이들은 거짓의 사람들의 아주 용이한 도구이다. 거짓의 사람들이 보여주는 겸손과 온유를 극찬하며 그들의 추종자가 된다. 이들은 거짓의 사람들과 가짜 거짓의 사람들의 전쟁을 바라보면서 점차 거짓의 사람들을 추앙하게 된다. 결국 문제의식이 없는 사람들은 거짓의 사람들을 성자로 등극시키게 된다. 바로 가짜 거짓의 사람들의 단순무식한 저항과 문제의식이 없는 사람들의 무분별한 판단이 거짓의 사람들을 모든 단체와 기관의 핵심인물로 성장하게 한다.

넷째로, 소심하고 겁이 많은 사람들이다.[5]

이들은 어렴풋이 선과 악의 기준을 아는 사람들이다. 하지만 악한 사람들로 인해 피해 입기를 두려워하는 개인주의적인 사람들이다. 거짓의

---

[4] 아마도 다혈질과 담즙질의 사람들이 문제의식이 없는 사람들이 될 경우 문제와 사건의 파장이 아주 커진다.
[5] 우울질과 점액질의 사람들이 이에 속할 가능성이 크다.

사람들의 사기성을 목격 한다 해도 그냥 보아 넘기려고 한다. 문제가 커지는 것을 원치 않는다. 또한 자기 자신에게 문제가 되지 않는다면 굳이 나서려고 하지 않는다. 이들이 내세우는 것은 평화이다. 갈등관계를 원치 않기에 성장을 위한 건강한 갈등조차도 피하려 한다. 한마디로 어떠한 상황에서도 조용하고 문제가 없어야 한다. 그냥 넘어가거나 덮어 버리려는 것이 이들의 성향이다. 결국 이들은 거짓의 사람들의 도구가 되어버린다. 거짓의 사람들은 항상 윤리와 도덕을 강조한다. 그리고 기독교의 사랑과 용서를 중시한다.

거짓의 사람들이 소심하고 겁이 많은 사람들의 양심을 건드릴 때[6] 사용하는 것이 바로 기독교의 사랑과 용서의 개념이다. 용서해야 한다는 것이다. 그리고 사랑해야 한다는 것이다. 하지만 기독교의 용서와 사랑은 회개와 심판에 의해 균형이 이루어져야 한다는 사실은 간과하려 한다.[7] 진정한 회개와 변화가 없고 그냥 위기를 넘기기 위해 말로 하는 회개를 그냥 받아들이라는 것이다. 바로 이것이 소심하고 겁이 많은 사람들이 빠져드는 함정인 것이다. 여기에 이들이 지닌 메시아 콤플렉스가 더해지면 소심하고 겁이 많은 사람들은 결국 거짓의 사람들의 노예가 되고 만다.

---

6) 스캇 펙, 그리고 저 너머에, (서울: 열음사, 2004), 279. 거짓의 사람들은 자신들을 양심적인 삶을 살지 않으면서 다른 사람들에게는 도덕적인 삶을 강요하는 이중적인 잣대를 적용한다.
7) Ibid, 507.

다섯째로, 용기 있고 분별력 있는 사람들이다.

이들은 선과 악의 차이점을 명확하게 구별할 줄 아는 사람들이다. 용기 있고 분별력 있는 사람들이 거짓의 사람들과 싸우기도 전에 가짜 거짓의 사람들이 거짓의 사람들과 전쟁을 벌여 교회와 단체들이 혼란에 빠지게 된다. 결국 거짓의 사람들은 힘 하나 들이지 않고 가짜 거짓의 사람들의 상대효과로 성자로 등극하게 된다. 설상가상으로 문제의식이 없는 사람들이 거짓의 사람들을 대변하며 그들을 추앙하게 된다. 더 나아가 소심하고 겁 많은 사람들이 평화를 내세우며 사랑과 용서를 강조하게 된다.

이제 용기 있고 분별력 있는 사람들의 선택은 두 가지. 피 흘리기까지 싸우다가 쫓겨나가든지 아니면 스스로 그곳을 떠나는 것이다. 거짓의 사람들의 비밀을 아는 사람들은 그리 많지 않다. 용기 있고 분별력 있는 사람은 아주 극소수이다. 어쩌면 파레토의 법칙에 따라 다섯 명 중의 한 명이라고나 할까. 물론 거짓의 사람들도 이러한 용기 있는 사람들을 구별할 줄 알고 의식한다. 하지만 거짓의 사람이 이미 가짜 거짓의 사람을 거짓의 사람으로 정죄하고 감옥에 가둔 후(왕따?) 그의 추종자들을 확보한 이후에는 정말 비극적인 상황이 전개된다. 이제 용기 있는 사람들은 아주 지혜로워야 하며 인내해야 한다. 함부로 문제의식이 없는 사람들에게 거짓의 사람들의 거짓과 위선을 말해보아야 더 큰 문제가 터지게 된다. 그러므로 영적 전쟁은 거짓의 사람들을 통해서 역사하는 영들과의 전쟁뿐만 아니라 거짓의 사람들의 기만과 술수와도 싸워야 하는 것이다.

 결과적으로 기독교의 영적 전쟁은 이중적인 것임을 명심해야 한다. 기독교인들은 주로 마귀와의 영적 전쟁에는 아주 능하다. 하지만 그 마귀들이 병기로 사용하는 거짓의 사람들에 대해서는 전혀 모른다는 것이다. 그러기에 영적 전쟁이 아주 힘겨울 수밖에 없다.

 개척교회의 창립 멤버에 거짓의 사람들이 끼어있다면 그 교회의 성장은 거의 불가능해진다. 그러기에 성도 한 사람이 아쉽더라도 거짓의 사람을 피하는 것이 바람직하다. 교회가 아주 커지게 되면 거짓의 사람들을 다 몰아낼 수는 없다. 하지만 이러한 사람을 장로로 임명하는 순간, 그 교회의 운명은 명암을 달리한다고 보아야 할 것이다. 거짓의 사람들은 단신으로 왔다가도 문제를 일으키고 나갈 때는 수십 명, 아니 수백 명도 데리고 나갈 수 있는 사람들이기 때문이다.

2
거짓의 사람들은
자녀를 사랑하지 않는다

거짓의 사람들은 자신의 자녀를 사랑하지 않는다. 아니 사랑하지 못한다. 정말 충격적인 발언일 것이다. 우리는 흔히 자식을 사랑하지 않는 부모가 어디 있느냐고 반문한다. 하지만 사실은 그렇지 않다. 자식을 사랑하지 않는 부모가 있다. 아니 자식을 사랑하지 않고 학대하는 부모가 있다. 사랑하지 않는 것이 아니라 사랑하지 못하는 부모가 의외로 많다.

그래서 시편기자는 이렇게 말한다. "내 부모가 나를 버렸다."[8] 「수치심의 치유」라는 베스트셀러 작가, 존 브래드쇼는 자신을 학대한 아버지에 대한 분노를 자신의 책 서문에서 이렇게 표현한다.

---

8) 시편 27:10절

이 책을 내 아버지에게 바칩니다. 아버지, 당신은 당신의 수치심으로 말미암아 당신 자신 뿐만 아니라 우리의 삶까지도 망쳐놓았습니다.[9]

왜 이들은 자신의 자녀를 사랑하지 못하는 것일까? 아마도 그것은 그들이 어린 시절에 사랑을 받지 못했기 때문일 것이다. 아니 학대를 받았기 때문일 것이다. 그래서 이들은 자신도 모르게 자신의 자녀를 학대하게 된다. 자신의 자녀를 학대함으로써 자신이 받았던 학대와 상처를 자신의 자녀에게 전달해주는 것이다. 어쩌면 이는 무의식적인 반응일 것이다. 이러한 자녀 학대현상은 일반적인 부모들 가운데서도 벌어지는 일이다. 하지만 거짓의 사람들에게서는 더욱 잔인하게 드러난다. 보통 문제의식이 없는 사람들이나 가짜 거짓의 사람들은 신체적으로 자녀를 학대한다. 그러기에 분명한 증거가 남게 된다. 그리고 누가 피해자이고 가해자인지가 분명하게 드러난다.

문제는 거짓의 사람들이다. 이들은 신체적인 학대보다는 정신적인 학대를 통해 자녀들을 괴롭힌다. 그러기에 학대를 받는 아이조차도 누가 자신을 학대했는지를 잘 모른다. 자녀에 대한 정신적인 학대가 부모의 사랑이라는 이름으로 둔갑하기 때문이다. 그러나 이러한 정신적인 학대는 자녀의 정신건강에 아주 치명적인 것이다. 결국 그 아이는 성인이 되어서도 독립적인 인간으로 일어설 수 없게 된다. 하지만 문제는 원인을 모른다는 것이다. 학대를 한 부모 자신조차도 원인을 다른데서 찾

---

9) 존 브래드쇼, 수치심의 치유 (서울: 한국기독교상담연구원, 2002) 5.

는다. 한마디로 이 아이가 왜 그러냐는 것이다.

도대체 이들은 어떻게 정신적인 학대를 하는 것일까? 정신적인 학대의 여러 가지 유형을 소개하자면, 차별대우, 욕구제한, 형제와 자매간의 이간, 정죄하기, 편 가르기 등이 있다. 이러한 정신적인 학대의 특징은 모두 비인격적이라는 것이다. 어려서 공평한 사랑을 느껴야 할 아이들에게 비인격적이고 차별적인 사랑은 아이들로 하여금 왜곡되고 비인격적인 인격을 형성하게 한다. 어린 아이들의 인생의 잣대와 기준은 오로지 부모밖에 없다. 그러기에 부모의 비인격적인 대우는 어린아이를 망치는 지름길이다. 우리는 흔히 청소년들이 타락하게 되면 친구를 잘못 만나서 그렇다고 말한다. 하지만 그것은 사실과 다르다.

사실은 청소년 타락의 제 1원인이며 직접적 원인은 바로 부모이다.[10] 학교를 잘못 선택해서 그리고 친구를 잘못 만나서는 핑계이거나 간접적인 원인에 불과한 것이다. 쉽게 말해 우리가 왜 감기에 걸리는가? 감기 바이러스를 핑계 댈 수도 있지만 가장 정확한 답은 면역성이 무너졌기 때문이다.

정말 어린 아이들은 부모의 비인격적인 학대에 속수무책이다. 그냥 하얀 백지에 부모가 그림을 그리는 대로 그려진다. 어른이 되고 나서 망가진 자아상을 누구에게 호소할 수 있겠는가. 자신을 학대한 부모를 고

---

10) "고통을 당하는 사람들은 부모 당사자가 아니라 그들의 가족인 것이다. 거기에서 등장한 아이들의 우울증, 자살, 떨어지는 성적, 절도 등과 같은 가족 내 장애의 증상들도 원인을 추적해보면 그 부모의 리더쉽으로 거슬러 올라간다. '조직이론'에 따르면 아이들의 고통은 자기 병의 증상이 아니라 부모 병의 증상이라고 한다." 거짓의 사람들, 233.

소할 수도 없다. 그리고 문제는 자신도 그 학대받은 학대를 자신의 자식에게 전해주고 있지 않은가. 어쩌면 가계에 흐르는 저주라는 말이 이러한 현상에 어울릴지도 모르겠다.

　이제 거짓의 사람들의 자녀에 대한 정신적인 학대에 대해 살펴보고자 한다. 어쩌면 이들의 사랑은 거짓 사랑이라고 말할 수도 있다. 다른 말로 표현한다면 집착이라고도 할 수 있겠다. 누가 보기에도 이들은 자식을 끔찍하게 사랑한다. 하지만 정작 그 사랑을 받는 자식들은 자꾸 의기소침해지고 눈동자가 흐려지기 시작한다. 다른 모든 사람들은 눈속임을 할 수 있겠지만 정작 그 위선적인 사랑을 받는 당사자는 괴로운 것이다. 그리고 그 무엇인가 설명할 수 없는 답답함 그리고 피할 수 없는 무기력함에 서게 된다. 자꾸 세상이 싫어지고 자신이 없어진다. 자꾸 손톱을 입으로 물어뜯게 된다. 자신의 모습이 부끄러워지면서 어깨가 저절로 구부러진다. 그리고는 얼굴에 웃음이 사라지면서 눈동자의 초점이 흐려진다. 때론 어딘가 손톱으로 후벼파고 싶어진다. 머리를 긁어본다. 피가 나서 상처가 생긴다. 하지만 아물면 자신도 모르게 손톱으로 그 자리를 다시 뜯게 된다. 손톱에 피가 묻어난다. 저절로 한숨을 쉬면서 이러면 안 되는데 생각하지만 멈출 수가 없다. 그때만큼은 왠지 행복해지기 때문이다. 그리고는 후회한다. 어쩌다 모기에 물리면 왠지 손톱으로 후벼 파고 싶어진다. 후벼 파고 나면 피가 흐른다. 그러면 딱지가 생긴다. 그러면 다시 뜯어낸다. 그리고는 온몸을 상처투성이로 만들어야 직성이 풀린다. 이러한 현상은 신경증적인 어린이가 부모의 정신적인 학대에 반응하는 현상일 것이다. 또 다른 현상은 어린아이가 자꾸 밖을 나도는 것이다. 집에 들어가는 것을 죽기보다 싫어한다. 조금이라도 시간이 나면 친구들과 밖에서 놀다가 들어오려고 구실을 만든다. 자신의 욕구를 집에서 채울 수 없기에 욕구를 채울 수 있는 다른 곳을 찾아 떠돌아다닌다.

도대체 어떠한 정신적인 학대를 했단 말인가? 어린아이들이 느끼는 가장 큰 충격은 아마도 차별대우일 것이다. 보통 둘째들이 태어나면 첫째들이 겪게 되는 일반적인 현상이기도 하다. 또한 셋째가 태어나게 되면 둘째가 겪게 되는 현상이다. 보통 인간들은 비교대상이 있을 때에 가장 커다란 자극을 받게 된다. 자신의 의지와 상관없이 동생이 태어났는데, 그 동생으로 인한 엄청난 압박은 어린아이들이 견딜 수 없는 것이다. 부모는 이러한 위기 속에 있는 아이에게 그 위기를 극복할 수 있는 용기와 위로를 주기보다는 비웃고 조롱한다. 인간들이 어찌 그러냐고 말하고 싶겠지만 현실이다. 동생에게 사랑을 빼앗기는 절명의 위기 속에서 어린아이는 필사적으로 반응하게 된다. 바로 이때가 제 2의 거짓의 사람이 탄생할 수 있는 것이다. 거짓의 사람은 본능적으로 자신을 이어 거짓의 사람이 되어줄 사람을 찾는다. 이 기회를 놓칠 수는 없다. 앞으로 계속해서 거짓의 사람으로 프로그램을 주입시킬 수 있는 절호의 찬스인 것이다. 바로 충격과 쇼크로 정신을 차릴 수 없는 상태에서 절명의 상처를 남기는 작업이다.

보통 둘째나 셋째가 태어나면, 문제의식이 없는 사람들이나 소심한 사람들은 정신이 없어서 큰 아이에게 신경을 써주질 못한다. 그리고 그 아이는 소외되고 방치된다. 그러다가 미운오리새끼가 된다. 어쩌면 이는 우리 모두가 목격하고 있는 자연스런 현상이다. 물론 분별력이 있는 부모라면 큰 아이에게 조금이라도 신경을 쓰려고 애를 쓸 것이다. 물론 사랑을 빼앗긴 아이에겐 턱도 없이 부족한 관심이지만 말이다. 문제는 거짓의 사람과 가짜 거짓의 사람이다. 이들은 사랑을 빼앗긴 아이를 바라보면 자신들도 모르게 학대하게 된다. 아니 사랑을 빼앗겨 슬픈 아이들을 위로해주기는커녕 오히려 괴롭힌다. 그것도 비인격적으로 말이다. 마치 전혀 쓸모없는 아이가 집에 있는 것처럼 취급한다. 그리고 던지는 한마디의 말이 비수로 박힌다. 갑자기 그 아이는 집을 떠나야 할 것 같은 마음이 든다. 하지만 갈 곳이 없다. 이제부터 거짓의 부모의 유기(아이를 버림)와 학대가 철저하게 진행된다. 바로 후계자를 양성하는 길이 시작되는 것이다. 무의식적인 반응이겠지만 "너도 나처럼 당해보아라"의 가계에 흐르는 저주가 계승되는 순간이다. 그렇다. 거짓의 사람들은 자신의 자녀가 자신을 꼭 닮은 거짓의 사람이 되길 바란다. 그리고 필사적인 노력을 해서 반드시 만들어 놓고야 만다. 이는 거짓의 사람들뿐만 아니라 성인아이와 같은 성격 장애인들도 마찬가지다. 어머니로부터 정신적인 학대를 겪은 한 여자 청년이 지은 시의 일부이다.

정말 놀라운 사실이다.
어떻게 엄마의 병이

나도 모르는 사이
끊임없이 내 안에서 튀어나오는지,
어떻게 내 존재의
일부가 되었는지
그것은 보기 드물게
대항하기 어려운 적이다.
엄마가 내 안에 있다고 생각하면
정말이지 소름이 끼친다.
내 생각과 감정에
그토록 옹골지게 들러붙어 있어서
엄마와 내가
거의 분간이 안 될 정도였다니……

엄마가 나였다……

내 속에 있는 엄마의 본질이 싫다.
이제 그 부분을 뿌리 뽑는 것이 나의 할 일.
어쩌면
지금까지 해 본 어떤 일보다도
가장 어려운 일이리라.[11]

모든 심리학자들의 동일한 견해는 아이들은 태어나면서 3년 동안 철저한 사랑과 존중을 받아야 한다는 것이다.[12] 그때 비로소 건강한 자의

---

11) 거짓의 사람들, 280.
12) Ibid, 82.

식이 형성된다는 것이다. 그러기에 동생이 세 살도 되기 전에 태어난 아이들은 거짓의 부모로부터 더욱 치명적인 상처를 받게 되는 것이다. 사실 우리는 고아가 불쌍하다고 생각한다. 하지만 그것도 하나의 고정관념일 수도 있다. 오히려 거짓 부모로부터 정신적인 학대를 받는 아이들이 고아보다 더 불쌍할 수도 있다.[13]

그렇다. 거짓의 부모는 자신의 아이를 정말 미치게 한다. 똑같은 자식인데 버려지고 차별대우를 받는 것도 모자라 인격적인 모멸감을 받는 것은 정말 참기 힘든 일이다. 이때 아이들이 느끼는 것이 바로 수치심이다. 있어서는 안 되는 존재, 있으나 마나한 존재로 거짓 부모에게 인식되어지는 것은 정말 견딜 수 없는 상처가 된다. 이제 이들은 거짓 부모를 절대적으로 의존해야 만이 살아갈 수 있는 무능력한 존재로 전락되어진다. 이러한 무기력한 상황에서 거짓 부모의 철저한 통제 교육이 실시되어진다. 이러한 거짓 부모의 교육을 엘리스 밀러는 "치명적인 독처럼 작용하는 교육"이라고 부른다. 이를 보게 되면,

첫째로 부모는 아이들의 지배자이다.
둘째로 부모는 마치 신처럼 뭐가 옳고 그른지 다 판단한다.
셋째로 아이들은 부모가 기분이 나쁜 것에 대해 책임이 있다.

---

[13] 존 브래드쇼는 이렇게 말한다. "사람은 버려지면 홀로 남게 된다. 하지만 버려짐-유기는 그들의 곁에 누가 있든지 없든지 간에 일어날 수 있는 일이다. 그리고 사실 돌봐주는 사람이 아예 없는 것보다도 사람이 있으나 제대로 돌봐주지 않는 것이 더 사람을 미치게 한다." 존 브래드쇼, 68.

넷째로 아이들이 아닌 부모가 항상 보호되어야 한다.

 다섯째로 아이들이 가진 확신은 부모의 독단적인 권위에 위협으로 여겨진다.

여섯째로 아이들은 가능한 빨리 부모에 의해 고집이 깨지고 상처받아야 한다.

일곱째로 이 모든 일이 아이가 자신의 상처를 인지하지 못하는 아주 어릴 때에 행해져서 나중에 부모에게 이에 대한 이의를 제기하지도 못하게 해야 한다.[14]

문제는 이러한 상처를 받았음에도 불구하고 그 아이들은 자신이 거짓 부모로부터 사랑과 관심을 많이 받았다고 착각하는 것이다. 너무나 어릴 적에 벌어진 일들이기에 그리고 너무나 상처를 아름답게 포장하기에 모두 다 속는다. 밀러에 의하면,

> 이들은 부모로부터 떨어지지 못한다. 그들은 거짓 관계에 묶여 있어 부모가 그들을 정말 사랑하고 있다고 여긴다. 그러나 사실 그들은 부모와의 관계 가운데 휘말려 제자리를 못 찾고 있는 것이다. 더구나 이런 잘못된 관계는 나중에 있을 인간관계까지 파급된다. 거짓된 관계에 매여 있는 사람은 자신에 대한 확신을 주위에 있는 사람들에게 찾으려 하고 또 아이들에게까지 인정받으려 한다. 하지만 이들은 다른 사람들과 진실한 관계를 가지지 못하는데 이는 그들조차 자신이 누구인지 모르기 때문이다.[15]

---

14) Ibid, 66.
15) Ibid, 73.

아이들은 자기중심적으로 생각하기 때문에 부모가 아이를 학대한다 해도 그 원인이 자기 자신들에게 있다고 여긴다는 것이다. 이제 포장된 거짓 사랑이 거짓 부모와 자식사이를 메우게 된다. 하지만 자식 안에 스며든 수치감과 상처는 사라지지 않는다. 그리고 시간이 지나 어른이 되면 스스로 독립할 수 없는, 부모를 의존해야만 하는 성인아이가 되어버린다.

3
거짓의 사람들은
자녀를 지나치게 억압하고 통제한다

　자녀는 거짓 부모의 희생양이다. 거짓 부모는 자녀의 자아가 형성이 되기 전, 바로 세 살이 되기 전에 그의 영혼과 인격을 무참히 무너뜨려 놓는다. 이를 통해 참과 거짓, 옳고 그름을 판단할 수 없는 자녀로 만들어 놓는다. 그리고는 자신의 의지대로 끌고 간다. 거짓 부모에 의해 자녀는 집중마크를 당하며 마치 노예처럼 학대와 철저한 통제를 당하게 된다.

　부모의 이러한 독단적인 이끌림에 자녀는 속수무책이다. 그 이유는 두 가지다. 하나는 무엇이 옳고 그른지를 알지 못하기에 부모가 옳다고 하면 옳은 것이고, 그르다고 하면 그른 것이기 때문이다. 두 번째는 만약에 옳고 그름을 안다고 할지라도 자녀가 어디에 호소할 데가 없다는 것이다. 자녀에 대한 거짓 부모의 횡포는 합법적인 것으로 간주되기 때문이다. 그 누구도 그 아이가 학대받는다고 불쌍하게 생각하여 구하려 하지 않는다. 실상은 아무도 자녀가 거짓 부모로부터 학대를 받는다고 상상도 못한다. 왜냐하면 문제의식이 없는 부모와는 달리 거짓 부모의 학대는 정신적인 억압이기 때문이다. 오히려 자녀가 거짓 부모로부터 얼마나 사랑과 관심을 받는지를 바라보며 감탄하기까지 한다. 하지만 자녀는 거짓 부모로부터 정신적으로 소외와 온갖 차별과 학대를 당하게 된다. 그것도 사랑이라는 이름으로.

부모가 하나는 거짓의 사람이고 다른 하나가 가짜 거짓의 사람이면 아주 죽이 잘 맞는다. 거짓의 사람인 엄마나 아빠가 자녀를 정신적으로 괴롭힐 수 있는 아주 좋은 제안을 하게 되면, 가짜 거짓 엄마나 아빠는 아주 신나게 그 일을 자녀에게 행한다. 가짜 거짓 부모는 그 제안이 얼마나 자녀의 영혼을 파괴하는지를 모르기에 그렇다. 이는 거짓의 사람과 문제의식이 없는 사람이 부부인 경우도 마찬가지다. 가짜 거짓의 사람이나 문제의식이 없는 배우자는 거짓 배우자의 간교한 아이디어를 간파하지 못하기 때문에 자녀의 영혼을 실제로 칼로 찌르는 역할을 매우 기쁘고 감사한 마음으로 해낸다. 그리고 자녀의 정신과 영혼이 망가진 결과에 대해서 거짓 배우자를 대신해서 책임을 질 수 밖에 없다. 실상은 이들 가짜 거짓의 사람이나 문제의식이 없는 부모는 자녀의 망가진 영혼에 대해 죄책감이나 책임의식을 가지지 않는다. 왜냐하면 왜 그런 결과가 나왔는지에 대한 이유를 전혀 모르기 때문이다.

부모가 둘 다 거짓의 사람인 경우는 매우 드물다. 거짓의 사람은 보통 거짓의 사람을 배우자로 삼지 않는다. 서로 너무 잘 알아보기 때문이다. 또한 거짓의 사람들이 부부로 살아가기는 거의 불가능하다. 거짓의 사람은 대개 문제의식이 없는 사람, 소심하고 겁 많은 사람, 아니면 가짜 거짓의 사람을 배우자로 선택한다. 거짓의 사람들은 자신을 가릴 수 있는 보호막을 필요로 하기 때문이다. 또한 자신들을 대신해서 나쁜 일을 해줄 수 있는 행동대원을 필요로 하기 때문이다.

부모가 거짓의 사람과 소심하고 겁 많은 사람인 경우도 자녀는 속수무책으로 버려지게 된다. 거짓 배우자가 어떠한 원칙과 당위성을 가지고 자녀를 억압하고 통제할 때 소심하고 겁 많은 배우자는 저항할 힘을 잃는다. 비록 그 통제가 자녀를 고통스럽게 하더라도 거짓 배우자가 선한 의도로 했을 것이라고 믿기 때문이다. 소심하고 겁 많은 배우자는 거짓 배우자가 주장하는 원칙과 규율을 깰 수 있을 만큼 담대하지 못하다. 결과적으로 자녀의 어린 영혼은 거짓 부모의 억압 앞에 속수무책으로 무너지고 만다.

거짓의 사람과 분별력이 있는 사람이 부모일 경우는 그래도 희망적이다. 분별력이 있는 배우자가 거짓의 사람인 배우자의 모든 의도를 알아채기 때문이다. 아무리 거짓 배우자가 원칙과 명분을 앞세우더라도 숨겨진 의도와 다가올 결과를 예측하기 때문에 분별력이 있는 배우자는 자녀를 보호하기 위해 총력을 기울이게 된다. 때론 정면으로 거짓 배우자와 충돌을 하게 된다. 그러나 원만한 결혼생활을 위해 정면충돌을 피하고 뒤에서 자녀의 영혼을 다독거릴 때가 더욱 많을 것이다. 자녀가 거짓의 사람인 아빠나 엄마의 정신적인 억압과 학대를 통해 그 영혼이 무너지려다가도 이내 분별력이 있는 아빠나 엄마로 인해 회복하게 된다.

이 세상에 자녀들에게 단 한명의 믿을 만한 사람이 있다면 그들은 탈선의 길을 가지 않을 것이다. 세상에 태어나 세 살도 되기 전 부모조차도 믿을 수 없다는 것을 깨닫는 것은 정말 비극이다. 바로 그때 엄마나 아빠 중에 한 사람이라도 절명의 위기 속에 있는 세 살 박이 자녀에게 거짓이 아닌 진실 된 위로를 한다면 그 자녀의 운명은 명암을 달리하게 된다. 세상의 수많은 사람들이 신뢰와 인정을 받아야 할 바로 그 어린시기에 믿을 수 있는 부모 한 사람을 만나지 못하고 버림받은 상처로 인해 정신적인 질환을 앓고 있는 것이다.

가짜 거짓의 사람과 분별력이 있는 사람이 부모일 경우에 문제는 좀 가벼워진다. 가짜 거짓의 사람은 비록 자신도 모르게 자녀가 학대된다 할지라도 그의 내면 깊숙이 따뜻한 마음이 드러나기 때문이다. 가짜 거짓의 사람은 자신도 어린 시절 버림을 받아 자신도 모르게 자녀를 못살게 굴지만 그 악함이 강하지 못하다. 그러기에 분별력이 있는 배우자가 가짜 거짓의 사람을 설득하면서 자녀를 살리는 길로 유도할 수 있다. 이는 분별력이 있는 배우자가 문제의식이 없는 배우자와 부부일 경우도 비슷하다.

때론 분별력이 있는 배우자가 가짜 거짓의 사람인 배우자나 문제의식이 없는 배우자를 속일 때도 있다. 설명하기 좀 어렵지만, 문제의식이 없는 배우자나 가짜 거짓의 사람 배우자를 다 이해시키면서 자녀를 바른 길로 이끈다는 것이 그리 쉬운 일은 아니다. 어쩌면 속인다는 표현보다는 모든 것을 다 투명하게 할 수 없다는 표현이 나을 것 같다. 모든 일을 다 투명하게 하는 것이 모든 문제의 해결방안이 아닌 경우도 있기 때문이다. 그래서 예수님이 비둘기 같이 순결하고 뱀같이 지혜로우라고 말씀하신 것 같다.

  마지막으로 분별력이 있는 사람들이 부부인 경우는 아주 긍정적이다. 하지만 그 경우가 극히 드물다. 조물주께서 가정마다 문제를 허락하신 것 같다. 그 속에서 각자 인생을 향한 하나님의 섭리를 깨닫고 하나님께 나아오기를 원하시는 것 같다. 왜 그런지를 설명할 수 없지만, 이상하게도 거짓의 사람들이 부부인 경우와 분별력이 있는 사람들이 부부인 경우가 드물다. 항상 선과 악이 섞여서 문제 속에 살아가는 인류를 바라보게 된다. 아마도 아담과 하와의 타락이후 죄의 역사가 지속되기 때문일 것이다. 그래서 문제없는 가정이 없고 상처를 받지 않는 자녀가 없는 것 같다.

  모두가 가정생활로 인해 신음한다. 그 문제의 중심에는 바로 거짓의 사람이 서 있다. 거짓 부모 한사람이 가족 전체의 감정과 상황을 통제하려고 한다. 거짓의 사람은 자신의 배우자를 먼저 통제하려고 한다. 그리고 배우자를 통제하기 위해 자신의 자녀조차도 이용하려고 한다. 결과적으로 거짓 부모가 원하는 것은 가정 자체의 통제이다. 바로 역기능가정이 시작되는 것이다.

  거짓 부모는 완벽주의를 지향한다.[16] 모든 일이 항상 올바로 되어야 한다. 물론 그 기준이 항상 자신이기 때문에 문제가 된다. 자녀들을 통제하기 위해 어떠한 완벽한 기준을 세운다. 사실 그 기준은 자신도 못 따라갈 기준이다. 결국 이러한 완벽주의는 자녀에게 억압으로 작용한다. 이러한 완벽을 추구하는 성향은 결국에 자녀들의 욕구를 제한하는 데 영향을 미치게 된다. 거짓의 부모의 이러한 원칙은 좋지만 상황에 따른 융통성이 있는 적용을 거부하는 것이 문제가 된다. 그렇다. 자녀들은 욕구가 제한되어지면 영혼도 망가지게 되어있다.

  어린 아이들은 그들 나이에 맞는 적절한 욕구가 있다. 이러한 욕구는 자연스러운 것이고 정상적인 욕구이다. 하지만 거짓 부모는 이를 죄라고 지적한다. 그래서 어린 자녀로 하여금 지극히 정상적인 욕구에 죄의식을 가지게 만든다. 동생이 태어날 때는 존재의 가치를 느끼지 못하고 수치심을 느끼게 하더니 이제는 정상적인 욕구를 추구하는 것에 죄의식을 불어넣는다. 그런데 엄청난 일은 자신의 동생은 거짓의 부모의 금기상항을 아무렇지도 않다는 듯이 깬다는 것이다. 그리고는 아무런 문책도 받지 않는다. 정말 미칠 노릇이 아닌가. 왜 내가 하면 문제고, 동생이 하면 문제가 되지 않는가. 아무리 생각해도 이해가 되지 않는다.

---

16) 이러한 완벽주의는 강박성 성격장애의 요소이다. 권석만 교수에 의하면, "부모의 과잉통제적인 양육방식이 강박성 성격장애를 초래한다는 주장이 제기되고 있다. 이러한 처벌적인 양육방식은 강박성 성격장애자의 여러 가지 특징을 설명한다. 이들은 부모로부터 따뜻한 사랑과 보살핌을 받지 못했기 때문에, 내면적으로 애정에 대한 갈망과 의존 요구를 지니고 있는 한편 이를 제공해 주지 않은 부모에 대한 분노를 지니고 있다. 따라서 부모에게 처벌당하지 않고 인정받기 위해서는 철저하게 자신을 통제해야 하며 실수를 허용하지 않는 완벽주의를 추구하게 된다." 현대이상심리학, 339.

보통 요즈음 어린아이들은 TV와 컴퓨터 인터넷에 빠져 산다. 필자가 어렸을 때는 정말 재밌는 만화나 인형극을 저녁 6-7시쯤에 방영을 하곤 했다. 그런데 거짓 부모는 바로 꼭 그 시간에 심부름을 시킨다는 것이다. 만일 그것이 우발적이고 일회성이라면 문제가 되지 않는다. 하지만 정말 보고 싶은 만화영화인데 의도적으로 그 시간이 차단되어지면, 이것은 그 어린 영혼을 망가뜨릴 수 있다는 것이다. 더 큰 문제는 동생은 아무 때나 그 만화를 볼 수 있다는 것이다. 그리고 심부름을 시켜도 단번에 거절해버린다는 것이다. 이 어찌된 세상인가. 모든 가정에 현대판 콩쥐와 팥쥐가 살고 있는 것이 현실이다. 만일 자녀가 두 명이라면 하나는 지나친 통제로 억압하는 것이고, 다른 하나는 지나친 방치로 망나니로 만드는 것이다. 자녀가 남매나 자매일 경우에 거짓 부모나 가짜 거짓 부모는 큰 딸은 콩쥐로 만들어 자존감을 없애버린다. 그리고 동생은 과도한 과잉보호로 현실 부적응아를 만든다. 하지만 이러한 과잉보호도 사실 알고 보면 방치이다. 큰 딸을 유기해서 버리고 하녀로 만드는 것이나 동생을 너무 감싸서 공주나 왕자로 만드는 것은 알고 보면 동전의 앞면과 뒷면과도 같은 것이다. 거짓 부모 한 사람의 악행이 각 사람에 맞게 적용되었을 뿐이다. 이것은 자신이 어릴 적에 겪었던 학대를 자신의 자녀들에게 그대로 전달해주고자 하는 본능인 것이다.

거짓 부모는 자녀의 규칙적인 생활을 강요한다. 언뜻 보면 아주 건강하고 바른 생활을 자녀들에게 가르치는 것이다. 하지만 이는 3가지 문제점을 지닌다. 하나는 규칙을 정할 때 자녀들과의 상호교감을 갖지 않고 거짓 부모의 희망사항을 규칙으로 정한다는 것이다. 두 번째는 규칙의 융통성 없는 적용에 있다. 어린아이들과 사춘기 아이들은 그들 나름대로의 분위기가 있다. 규칙은 때론 상황에 따라 다르게 적용되어야 한다. 그러면 아이들은 참으로 신난다. 보통 거짓 부모는 원칙주의자들이기에 이러한 융통성이 있는 적용을 거부한다.

　어린 아이들에게 이제 규칙과 원칙은 정말 재미가 없는 고통의 원칙으로 받아들여진다. 그리고는 원칙이 깨지면 아이들을 혼내고 수치심과 함께 죄책감을 갖도록 유도한다. 이제 아이들은 무기력해진다. 원칙은 지켜야 되고, 그 원칙을 지키기에는 너무나 고통스럽고, 그래서 원칙을 지키지 못하고 나면 죄책감이 들게 된다. 결국 원칙을 통해 어린아이가 깨닫는 것은 자신은 정말 무능력하고, 규율도 지키지 못하는 못난이라는 생각을 저절로 가지게 된다. 바로 패배자 의식이 거짓 부모로부터 주입되게 된다. 이들은 세상을 나가기 전부터 백기를 들고 패배자 의식을 가지고 세상을 맞이하게 된다. 정말 불행한 일이다. 규칙적인 생활을 강요하는 3번째 문제점은 바로 자율성의 약화이다. 아이들은 시간이 지나면서 규율을 자율적으로 지켜야 한다. 남들이 보든 안보든 자기 스스로 지켜야 한다. 하지만 거짓 부모나 가짜 거짓 부모 아래에서 훈련된 아이들은 대부분 자율성을 상실한다. 억지로 지켜서 그렇다. 남들이 보지 않으면 규율을 지키지 않는다. 아니 지키지 못한다. 남이 지켜보지 않으면 자기 스스로 하나도 하지 못하는 무능한 어린이가 된다. 결국 이들은 어른이 되어서도 이런 성인아이의 기질은 벗어나지 못한다.

4
거짓의 사람들은
자녀에 대한 자신의 책임을 회피한다

거짓의 사람들은 대개 성격 장애인들이다.[17] 이들은 자기 배우자나 자녀들보다도 자신을 지나치게 사랑하며 자기도취에 빠져 자기 주변의 사람들을 돌보지 않는 사람들이다. 거짓의 사람들은 가정 내에서의 모든 문제의 원인을 남에게 돌리는 자들이다. 좀 더 구체적으로 말하자면, 이들은 자기애성 성격 장애인들이다. 서울대학교 심리학과 권석만 교수

---

[17] "어린 시절부터 서서히 발전하여 성인기에 개인의 성격으로 굳어진 심리적 특성이 부적응적인 양상을 나타내는 경우를 성격장애라고 한다." 권석만, 현대이상심리학, 305. "DSM-IV에서는 성격장애를 10가지 하위유형으로 구분하고 있으며 크게 3가지 군집으로 분류하고 있다. A군 성격장애는 사회적으로 고립되어 있고 기이한 성격특성을 나타내는 성격장애로서 (1) 편집성 성격장애, (2) 분열성 성격장애, (3) 분열형 성격장애가 이에 속한다. B군 성경장애는 정서적이고 극적인 성격특성을 나타내는 유형으로 (1) 반사회성 성격장애, (2) 연극성 성격장애, (3) 경계선 성격장애, (4) 자기애성 성격장애가 해당된다. C군 성격장애는 불안하고 두려움을 많이 느끼는 특성을 지니고 있으며 (1) 강박성 성격장애, (2) 의존성 성격장애, (3) 회피성 성격장애가 이에 속한다." 현대이상심리학, 306.

는 자기애성 성격장애를 다음과 같이 정의한다.

> 자기애성 성격장애는 자신에 대한 과장된 평가로 인한 특권의식을 지니고 타인에게 착취적이거나 오만한 행동을 나타내어 사회적인 부적응을 초래하는 성격을 말한다. 자기 자신을 사랑하는 것은 자연스럽고 건강한 것이다. 그러나 자기사랑이 지나쳐서 자신을 비현실적으로 과대평가하고 타인을 무시하며 자기중심적인 행동을 나타내게 되면 대인관계의 갈등과 부적응을 초래하게 되는데, 이러한 경우를 자기애성 성격장애라고 한다.[18]

성격장애를 가진 사람들은 무엇인가에 책임을 져야 할 일에 책임을 지지 않으려고 한다. 이에 반해 신경증적인 사람들은 책임을 질 필요가 없는 것조차도 책임을 지려고 한다. 더 쉽게 말하자면, 성격 장애인들은 자신들이 세상과 갈등이 생겼을 때 세상이 잘못됐다고 생각하는 사람들이고, 신경증인 사람들은 자기 자신들에게 잘못이 있다고 생각하는 사람들이다. 이러한 면에서 자기애성 성격 장애인들을 악하다. 특별히

---

[18] Ibid, 325. 권석만 교수는 Beck과 Freeman의 주장을 인용해 계속해서 자기애성 성격장애를 설명한다. "자기애성 성격장애자는 "나는 매우 특별한 사람이다.", "나는 너무 우월하기 때문에 특별한 대우를 받고 특권을 누릴 자격이 있다.", "인정, 칭찬, 존경을 받는 것은 매우 중요한 일이다.", "내가 당연히 받아야 할 존경이나 특권을 받지 못하는 것은 참을 수 없는 일이다.", "사람들은 나를 비판할 자격이 없어" "나 정도의 훌륭한 사람만이 나를 이해할 수 있다."는 신념을 지니고 있다. 이러한 신념체계는 흔히 어린 시절 부모나 형제, 중요한 타인들로부터의 직접적 또는 간접적 메시지에 의해 발전된다. 자기애적 신념이 구성되게 되면, 자신의 신념에 일치하는 긍정적 정보에 선택적으로 주의를 기울이고 그에 중요성을 부여하여 긍정적 자기상을 강화하는 반면, 자신의 신념에 상치되는 부정적 정보는 무시하거나 왜곡한다. 이러한 과정을 통해서 자기애적 신념은 더욱 강화되어 성격장애의 형태로 발전하게 된다." Ibid, 325-29 참조.

거짓의 사람들은 더욱 그렇다.[19]

심리학자들은 신경증인 사람들이 성격 장애인들에 비해 쉽게 치료된다고 말한다. 그 이유는 신경증인 사람들은 문제와 갈등에 대해 스스로 책임지려 할 뿐만 아니라 자신에게 문제가 있다는 것을 알고 있기 때문이라고 한다. 좀 더 이해를 돕는다면, 성격 장애인들은 망원경을 가지고 자신의 결점을 바라보고, 현미경을 가지고 다른 사람의 결점을 바라보는 사람들이다. 그리고 신경증인 사람들은 현미경을 가지고 자신의 문제점을 바라보고, 망원경을 가지고 다른 사람의 결점을 바라보는 사람들이다. 비록 성격 장애인들이 가정이나 공동체에서 아주 커다란 문제를 일으키는 것은 사실이지만 신경증인 사람들도 공동체의 발전에 그렇게 도움을 줄 수 있는 사람들은 아니다. 왜냐하면 성격 장애인들이 신경증인 사람들을 통해 구멍을 발견하기 때문이다.

주로 소심하고 겁 많은 사람들이 신경증인 경우가 많은 것 같다. 거짓의 사람들은 이런 신경증인 사람들을 통해 자신의 책임을 너무나 쉽게 전가할 수 있다. 성격 장애를 가진 사람들도 치료가 불가능한 것은 아니지만, 신경증보다 다루기가 더 어려운 이유는 그들이 문제의 근본 원인을 인정하려 하지 않고 자기 자신보다도 오히려 세상이 변해야 한다고 믿고 있기 때문이다. 그래서 성격 장애인들은 자신을 분석, 진단할 필요

---

[19] 악인들은 매우 강한 의지를 가진 사람들이다. 그리고 그 사람들은 자기애적이고 자아도취에 빠져 있고 자신들의 의지가 가장 중요하기 때문에, 이들이야말로 가장 부적절하고 파괴적인 비난에 탐닉하는 사람들이다. 이 사람들은 자신의 눈에서 들보를 빼낼 수 없는 - 그런 시도조차 하지 않을 사람들이다. 끝나지 않은 여행, 39-40.

를 인식하지 못한다.

이런 면에서 거짓 부모는 너무나 쉽게 자신의 배우자나 자녀를 비난한다. 뭐든지 계획대로 안 되거나 일이 풀리지 않을 때 남을 비난한다. 그러기에 거짓 부모에게는 실수란 용납할 수 없는 것이다. 자신이 실수한 건 교묘하게 감추고 남이 실수한 것에 대해서는 수치심을 안겨준다. 정말 웃기는 것은 다른 사람이 아홉 번 잘하다가 한 번 실수하면 죄인취급을 한다, 특별히 상대가 신경증인 사람은 더욱 그렇다. 정말로 우습다는 말밖에 나오지 않는다. 성격장애인은 아홉 번 실수하고 한 번 잘하면 아주 큰소리를 치면서 영웅으로 등극하고, 신경증인 사람은 아홉 번 잘하다가 한 번 실수하면 죄인취급을 받는다니 말이다. 아마도 독자들은 이런 일이 정말 있을 것인가를 의심할 것이다. 그렇다면 당신은 신경증적인 사람일 것이다. 망원경을 가지고 다른 사람을 바라보니 어찌 다른 사람의 결점이 보이겠는가.

성경은 성격 장애인들에 대해 이렇게 말한다.

> 어찌하여 네 형제의 눈 속에 있는 작은 티는 보면서, 네 눈 속에 있는 나무토막은 보지 못하느냐? 네 눈 속에 나무토막이 있으면서, 어떻게 네 형제에게 '네 눈 속에 있는 작은 티를 빼주겠다'라고 말할 수 있느냐? 위선자들아! 먼저 네 눈 속에 있는 나무토막을 빼내어라. 그후에야 잘 보여서 네 형제의 눈 속에 있는 티를 빼낼 수 있을 것이다.[20]

---

20) 마 7:3-5절

이제 한번 정리해보자. 거짓의 사람들, 성격 장애인, 책임회피, 외식이라는 단어들이 관련된다. 거짓의 사람들은 책임을 회피하는 사람들이다. 더 구체적으로 말하자면 책임을 누군가에게 전가하는 자들이다. 우리의 일상생활 중에 우리의 책임이 무엇인지를 파악하고 그 책임을 지는 것이 성인이 되는 가장 중요한 일이다. 그런데 거짓의 사람들은 너무나 쉽게 책임에 관한 문제를 해결한다. 그것은 책임전가이다. 바로 여기에 문제가 있는 것이다. 결국, 이러한 공식이 성립될 수도 있다. 거짓의 사람들은 자기애성 성격 장애인으로 자신의 책임을 지지 않는 성인아이일 수도 있다. 더 나아가 거짓의 사람들은 자신의 문제점을 외면하고 그 책임을 다른 사람에게 전가하는 악한 사람들이다.

우리들 대부분의 경우에, 우리 자신의 죄나 결점을 드러낼 수 있는 증거가 있게 되면, 그리고 그러한 증거 때문에 궁지에 몰리게 되면, 대체로 뭔가 잘못되었고 자기 교정을 해야 한다고 깨닫게 된다. 이렇게 하지 않는 사람들을 나는 '거짓의 사람들'이라고 부른다. 이런 사람들의 두드러진 특징 가운데 하나는 다른 사람에게는 물론이고 자신에게도 거짓말을 할 수 있고, 자신들의 결점이나 악행을 고집스럽게 모른 체할 수 있기 때문이다.[21]

신경증인 사람들은 보통 이렇게 말한다.

"내가 꼭 해야 했는데."

---

21) 스캇 펙, 끝나지 않은 여행, 40.

"내가 해야 할 도리였는데."

"내가 해서는 안 되었는데."

신경증인 사람들은 자신을 열등한 존재로 생각한다. 그리고 자신을 항상 수준이하로 생각하며 자신을 비하한다.

하지만 성격 장애인들의 말투는 이렇다.

"나는 할 수 없어."

"나는 어쩔 수 없었어."

"나는 꼭 이렇게 해야만 돼."

"나는 꼭 이렇게 할 수 밖에 없었어."

성격 장애인들의 말투는 자신에게는 전혀 선택의 여지가 없었다는 것이다. 이를 해석하면, 자신의 문제가 아니라 외부의 힘이나 어쩔 수 없는 상황에 의해서 일이 그렇게 될 수 밖에 없었다는 것이다.

사실 우리들 대부분은 어느 정도의 신경증이나 성격장애적인 면을 지니고 있다. 하지만 지나친 성격장애는 가정을 역기능 가정으로 이끌 뿐만 아니라 자식을 비참하게 만들게 된다. 결국 학대를 받은 자식이 성인이 되어서는 자신의 자식을 비참하게 만드는 부모가 된다. 다시 말해 이들은 자신들도 모르게 자녀들을 잔인하게 다루게 된다는 것이다.

매일의 삶에서 책임을 지는 것이 성인의 삶이듯이 부모가 되는 데에도 적절한 책임이 필요한 것이다. 하지만 이들은 자녀들의 필요에 따라 돌보아 주기보다는 온갖 핑계를 대면서까지 자녀들에 대한 책임을 회피한다. 그래서 성격 장애의 부모들이 제일 못살게 구는 상대가 바로 그들의 자녀들인 것이다. 아마도 자신들이 어렸을 때 받았던 상처를 고스란히 자신의 자녀들에게 물려주고 싶은 역기능적 본능이 살아나는지도 모르겠다.

하여튼 "신경증 환자는 자기 자신을 못살게 굴고, 성격 장애인들은 자기 이외의 모든 사람들을 못살게 군다."라는 말처럼 성격장애 부모는 자녀를 못살게 군다. 아이들이 가장 좋아하는 T.V. 프로그램이 나올 때를 정확히 안다. 그리고 바로 그 시간에 성경책을 들고 나온다. "애들아, 예배드리자. 우리가 하나님을 기쁘시게 해야 돼." 처음에는 아이들이 싫어도 억지로 가정 예배에 참석하게 된다. 하지만 매번 똑같은 일이 반복되면 아이들은 분노하게 된다. 결국 아이들은 이렇게 생각하게 된다.

"정말 예배는 지겨워. 누가 예배를 만들어 놓은 거야."

머지않아 그 아이들은 교회를 가기 싫어하는 아이들로 변한다. 그러면 그 거짓 부모는 이렇게 말한다.

"요즈음 교회가 재미없대요. 목사님 설교가 귀에 안 들어온대요."

청소도 마찬가지다. 아이들이 정말 즐거워하는 시간에 청소를 시킨다. 처음에는 억지로 하게 된다. 하지만 그 무엇인가 흥을 끊어놓고 비정상적인 시간에 청소를 시키게 되면 이제 청소도 지겨워진다. 입에서 이런 말이 저절로 나온다.

"또 청소야!"

물론 누가 청소하기를 좋아하겠는가. 다시 말해 어린 아이들과 청소년들 중에 누가 청소하기를 좋아하겠는가. 하지만 거짓 부모는 이러한 정도를 넘어서 청소자체를 증오하게 만든다.

왜 그럴까?

정상적인 시간에 청소를 해도 별로 재미없는 청소를 아이들이 가장 즐거워하는 T.V. 프로시간에 시키기 때문이다. 어쩌다 한 번이면 문제가 없겠지만 우연의 일치인지는 몰라도 거짓 부모는 아이들이 즐거워하는 시간을 너무나 정확히 안다는 것이다. 자기의 자식인데도 그들이 즐거워하는 모습을 지켜볼 수 없는 것이 거짓 부모의 마음인 것 같다.

그리고는 성격장애인 부모들은 자신의 책임을 자식에게 돌린다. 자기 자식에게 책임을 돌리면서 그들이 하는 말은 이와 같다.

"얘들아, 너희들이 정말 나를 미치게 하는구나."

"내가 너희 아버지(어머니)하고 이혼하지 않고 그대로 사는 것은 오직 너희들 때문이야"

"너희 엄마가 신경쇠약이 된 건 무엇 때문인지 아니? 바로 너 때문이란다."

이런 식으로 자신들의 불행을 자식들에게 떠넘긴다는 것이다. 하지만 문제는 이러한 성격장애 부모의 책임전가를 자녀가 받아들이게 되면 또 다른 문제가 생기게 된다. 그것은 바로 그 자녀가 신경증 환자가 된다는 것이다.

성격 장애인들은 자신들의 문제나 고통을 다른 사람들에게 던져준다. 자신들은 편해질지 모르지만 그로인해 얼마나 많은 사람들이 더 큰 고통을 겪게 되는가. 이러한 고통의 최대의 피해자는 바로 자녀들이다. 막 태어나 말 못할 때부터 성격장애의 부모, 아니 거짓 부모로부터 길러진다는 것은 정말 불행한 일이다.

5

거짓의 사람들은 자녀의 정신세계를 파괴한다

앞에서 다룬 바와 같이 거짓의 사람들은 성격 장애인일 수 있다. 이는 모든 성격 장애인들이 거짓의 사람들이라는 말은 아니다. 거짓의 사람들과 성격 장애인들의 공통점이 뚜렷하기 때문에 그렇다. 그것은 바로 자신들의 책임을 회피하고 그 책임을 다른 사람에게 은밀하게 전가하는 것이다. 성격 장애인으로서 거짓의 사람들은 하나님보다 사람들의 시선을 너무 지나치게 의식한다. 그렇기 때문에 거짓의 사람들은 언제나 선한 사람으로 남들에게 보여지기를 간절히 소원한다. 이러한 선한 이미지를 위해서라면 어떠한 희생도 마다하지 않는다. 자신의 선한 이미지에 장애가 되는 요소는 배우자나 자식이라도 상관없이 무참하게 짓밟아버린다. 이들은 할 수만 있다면 자신의 이미지에 불리한 어떠한

증거라도 없애버리려고 한다. 자신이 받아야 할 존경, 아니 자존심을 위해서 말이다.[22]

이런 면에서 거짓의 부모들은 자녀들의 가장 기본적인 정신적인 자유를 제한한다. 바로 자신의 통제 아래 자신의 명예와 자신의 자존심을 위해서 자녀들이 움직여야 하기 때문이다. 무엇이 가장 기본적이고 정신적인 자유인가? 그것은 바로 지각하고 생각하고 느끼고 원하고 상상하는 자유이다. 그렇다. 거짓의 부모들은 자녀들의 정신적인 영역을 침범하는 자들이다. 자신의 자녀들로 하여금 창조적인 생각을 하지 못하게 할 뿐만 아니라 고정관념에 사로잡히게 만드는 장본인들이 바로 거짓의 부모들이다. 자신의 자녀들이 항상 만사에 문제없는 완벽한 사람으로 보여지도록 인간로봇으로 만들어 놓는다. 이들은 자녀들의 자유로운 상상을 억제시킨다. 자식이 세 살이 되기도 전에 자신이 만들어 놓은 틀 속에 가두어 아이들을 인간로봇으로 만드는 일은 그리 어려운 일이 아니다.

더 나아가 이들 거짓의 부모는 "말하지 마"의 법칙[23]을 사용한다. 바로 자녀들이 자신들의 감정을 숨기고 말로 표현할 수 없게 한다. 거짓

---

22) "이들을 이끄는 동기는 무슨 대가를 치르더라도, 어떠한 증거가 이들의 죄나 결점을 드러낸다 하더라도, 항상 자기 자신을 선하게 생각하는 것이다. 이 사람들은 자기 교정을 하려고 하지 않고 대신에- 종종 엄청난 에너지를 소모하면서까지- 증거를 없애 버리려고 한다. 이들은 전력을 다해 제멋대로 자신들의 의지를 타인에게 강요함으로써 자신들의 망가진 자아를 보호하려고 한다. 이런 식으로 즉, 부적절하게 증거를 인멸하고 부당하게 비난하면서 그들 대부분은 악을 저지른다." 끝나지 않은 여행, 40.
23) 존 브래드쇼, 수치심의 치유, 65.

부모 아래에서 자라는 아이들은 자신의 참된 감정과 욕구를 숨겨야만 한다. 바로 그것이 미덕이다. 누군가 "너, 자전거타고 싶지 않니?" 물어 보면, 이들의 천편일률적인 답은 "괜찮아요."이다. 그리고는 엄마나 아빠의 얼굴을 슬쩍 살펴본다. 이때 거짓의 부모는 그 제안을 자연스럽게 거절한다. "요즈음에 아이가 자전거를 실컷 탔어요. 그렇지 않니? 소희야." 그 아이는 마음 속 깊은 곳에서 자전거를 마음껏 타고 싶지만 그 감정을 억눌러야만 한다. 거짓 엄마나 아빠의 말에 장단을 맞추기 위해 그는 거짓말을 해야만 한다. 언젠가부터 자신의 기본적인 욕구를 억제하는데 길이 들여진 것이다. 하지만 내면의 욕구는 시간이 갈수록 더욱 커져만 간다.

거짓의 사람들의 신념 중의 하나가 바로 "아무도 믿지 마라"이다.[24] 쉽게 말하자면, 그 누구도 믿지 않으면 실망할 것도 없지 않느냐는 것이다. 거짓의 부모는 자신들의 자녀를 신뢰하지 않는다. 항상 의심한다. 그래서 항상 그들을 살펴본다. 이는 관심으로 돌봐준다는 의미가 아니라 의심스러워서 항상 눈앞에 두고 지켜보려고 한다는 것이다. 이런 면에서 이들은 자식들이 친구들과 나가서 노는 것들을 좋아하지 않는다. 항상 집에 돌아오는 시간이 정해져 있다. 너무나 엄하게 말이다. 예외도 거의 없다. 이는 자식들로 하여금 언젠가 집을 나가고 싶은 충동을 강하게 일으킨다.

---

24) Ibid, 65-66.

거짓의 부모는 아이들이 자신들을 신뢰하게 하지도 못할뿐더러 정작 아이들이 필요할 때 있어주지도 않는다. 새장에 갇힌 애완조지만 실상은 버려진 새들이다. 남들이 보기에 안전하고 아름다운 새장에서 지내는 것 같지만 실상은 감옥이다. 더 나아가 새장 안에 갇힌 앵무새이다. 머리에 입력된 것 외에는 말하지 못하는 새가 되는 것이다. 그러기에 거짓 부모의 자식들이 세상을 한번 맛보면 아주 큰일이 나는 것이다. 그야말로 친구 한번 잘못 만나면 폐인이 되는 것이다. 이때 거짓 부모는 이렇게 말한다.

"우리 아이가 순진했었는데, 아 글쎄 철수를 만나고 나서 아이가 이상해졌어요."

자신의 생각이 제한되고, 감정표현이 자유롭지 못하던 아이가 그렇지 않은 친구를 만나면서 아주 무섭게 변하게 된다. 그동안 무의식 속에 숨겨졌던 욕구가 분출되는 것이다. 또한 자신의 의식은 몰랐지만 무의식 안에 내재되어 있던 분노가 표출되기 시작한다. 이제 거짓 부모에게 길들여졌던 아이는 그 누구도 못 말리는 아이가 된다. 먼저 친구와 담배를 피우게 된다. 그리고는 야동을 보게 된다. 성적인 호기심 속에 여자 친구를 만나게 된다. 친구들과 함께 맥주도 마시게 된다. 하지만 집에서는 아무런 일도 없었던 것처럼 감쪽같이 속이게 된다. 그러다가 인터넷 도박을 하게 된다. 정말 멈출 수 없는 타락의 길이 열려진 것이다. 머리로는 더 이상하면 안 된다고 생각하지만 이상하게도 멈출 수가 없다. 그러다가 도박을 해서 잃은 돈을 구할 길이 없게 된다. 이제 친구들과 함께 칼을 들고 편의점을 털게 된다. 그리고는 청소년 교도소에 수감되는 것이다.

필자가 고등학교를 다니는 시절에 실제 일어났던 일이다. 어느 날 소도시의 고등학교 앞 주유소에서 살인사건이 벌어졌다. 그것도 집단살인 사건이었다. 주유소 주인과 가족이 무참하게 칼에 찔려 죽은 것이다. 그 다음 날, 우리 고등학교 학생들이 그 사건의 범인들이라는 소문이 돌았다. 사건 이틀째 되는 날에 아니나 다를까 경찰들이 학교에 들이닥쳤다. 그리고는 전교생의 신발 사이즈를 조사해갔다. 그로부터 일주일 후에 범인들이 잡혔다. 바로 내가 아주 잘 아는 3학년 형들이었다. 모두 세 명이었다. 이들은 사실 가난한 집 자식들이 아니었다. 도박을 하고 돈을 잃은 후에 머리에 스타킹을 쓰고 평소 자신들이 아는 집을 턴 것이었다. 문제는 그들이 그 집에서 나오는데 주인집 아주머니가 한 말이었다. "너, 명수가 아니냐?" 그들은 결국 일가족 모두를 살해하는 아주 끔찍한 일을 저지르고 말았다.

그렇다. 이러한 끔찍한 사건들은 가난한 아이들보다는 부유한 아이들이 더 쉽게 저지르게 된다. 바로 욕구불만의 표출이기 때문이다. 어려서부터 정신적인 억압을 받은 아이들이 사춘기를 맞이할 때, 억제할 수 없는 아니 폭발하는 감정을 경험하게 된다. 유치원, 초등학교 그리고 중학교에 이르러서 서서히 감정을 표출해야 하는데 갑자기 쌓였던 불만의 감정을 사춘기에 이르러 한 번에 폭발시키니 누가 막겠는가. 이제 거짓 부모도 손을 들 수밖에 없다. 더 이상 손바닥으로 하늘을 가릴 수는 없는 것이다. 이제 자신이 가장 힘들어하는 부끄러운 모습을 모두에게 낱낱이 보여줄 수밖에 없는 시간이 된 것이다.

바로 이것이 사랑과 애착의 차이다. 거짓 부모는 자신의 자녀들을 진정으로 사랑하지 않는다. 단지 자녀들을 자신에게 종속된 존재로 자신을 만족시켜주기 위해 머물도록 하는 것이다. 그래서 거짓 부모는 자신의 자녀들을 독립적인 존재가 아닌 의존적인 존재로 만들어 놓는다. 좀 더 쉽게 말하자면, 자식들은 애완동물인 것이다. 우리가 애완동물의 의존성을 높이려고 하듯이 거짓 부모들은 자식들의 의존성을 강화시키려고 노력한다. 이는 가짜 거짓 부모의 경우도 마찬가지다. 한 살 된 아이가 엄마가 어딘가를 가려고 하면 엄마의 옷자락을 놓지 않으려고 한다. 잠을 잘 때도 엄마의 어딘가를 꼭 잡아야지 잠을 이룬다. 어머니는 말로는 아이가 좀처럼 자신에게서 떨어지지 않으려고 한다며 걱정하는 듯이 이야기하지만 속으로는 그 의존적인 것이 바로 사랑이라고 생각하며 만족해한다. 하지만 바로 옆에 네 살짜리 버려진 아들이 그 모습을 항상 바라보고 슬퍼한다는 것이다. 더 웃기는 것은 그 엄마가 할 수 없어 멀리 떨어질 수밖에 없는 상황이 되면 그 아이는 엄마를 잊어버리고 할머니와 잘도 논다는 것이다.

물론 우리 대부분의 사람들도 자식들이 엉겨 붙는 것을 싫어하지 않는다. 하지만 지나치게 독립성을 잃게 하고 의존성만을 키우는 것은 아주 바람직하지 못한 일이다. 또한 바로 옆에서 큰 아이는 차별대우를 인내하며 자신을 버린 세상을 저주하며 복수심에 불타고 있다는 사실을 인지해야 한다.

    대부분의 거짓 부모의 아이들은 성인아이가 된다. 다르게 표현하자면, 성격 장애인들이 된다. 어쩌면 세상에 부적응하는 아이들이 되는 것이다. 결혼생활도 성공할 확률이 그리 높지 않다. 다른 사람에 대한 의존성이 너무 높기 때문이다. 물론 직장생활은 더욱 그렇다. 한 직장에서 2년 이상 견디지를 못한다. 이 직장에서 저 직장으로 전전하게 된다. 결국 거짓 부모들은 자신의 자녀들의 독립성을 파괴하고 의존성만을 길러 놓은 것이다.

> 의존성은 사람들로 하여금 끈질기게 상대방에게 애착하도록 하는 힘이 있으므로 그것이 사랑이라고 착각할 수도 있다. 그러나 실제로 그것은 사랑이 아니다. 그것은 사랑의 반대형이다. 그것은 부모의 사랑이 결핍된 데서 처음 시작된다. 그리고 주는 것보다 받는 것을 추구하게 하며 성장하기 보다는 어린아이로 퇴행을 부추긴다. 이것은 자신과 다른 사람을 자유로운 해방으로 인도하는 것이 아니라 함정에 빠지게 하는 것이다.[25]

    언제나 거짓의 사람은 자식들이 자신만을 바라보며 자신을 위해서 살아가는 존재로 만들어지길 원한다. 하지만 이것은 결국 자녀들의 미래를 망쳐놓는 것이다. 의존성은 사람들과의 관계를 세워주기보다는 파멸에 이르는 문으로 밀어뜨리는 것이다.

---

25) Ibid, 148.

6

거짓의 사람들은 배우자를 사랑하지 못한다

우리 모두는 결혼에 대한 환상을 가지고 있다. 그것은 결혼하면 저절로 행복해질 것이라는 생각이다. 반쪽이 다른 반쪽을 만나니까 이제는 온전한 하나가 된다는 생각이다. 한 사람의 힘으로는 부족하니까 서로 도우며 살게 되면 삶이 더욱 쉬워질 거라는 생각이다. 한 사람의 등이 가려우면 다른 사람이 긁어주는 그런 식의 단순한 행복논리이다. 다시 말해 결혼을 백설 공주가 자신을 구해줄 왕자를 만나 행복하게 살게 되는 동화로 착각한다. 하지만 결혼한 사람들로부터 들려오는 소식은 비보이다. 그것은 결혼하면 더 힘들다는 이야기다. 정말 멋있게 생각했던 그 사람이 막상 결혼해보니 생각했던 사람이 아니더라는 이야기다. 심지어는 시간이 갈수록 숨이 막혀오고 미치겠다는 이야기까지 들린다.

그리고 마지막으로 들리는 소리는 결혼은 해도 고생이고 안 해도 후회라는 것이다. 이러한 결혼에 대한 환상에 대해 스캇 펙은 말한다. 결혼을 순풍에 미끄러지듯 흘러가는 항해로 생각하는 것은 우리가 극복해야 할 심각한 환상 중의 하나라고 말이다.

2008년 어느 날, '아침 마당'에서 행복한 가정에 대한 토크가 있었다. 당시 손범수, 이금희 아나운서가 사회를 보고, 토크 게스트로 엄앵란, 전원주, 이만기 등이 출현하였다. '아침 마당'에서 주관한 행복한 가정에 대한 설문조사에 따르면, 행복한 가정은 불과 4가정 중의 한가정이라고 답했다. 이러한 설문조사에 대해 토크 게스트들이 일제히 한 말이 있다. "그 한 가정은 보나마나 신혼부부일거야!" 이는 정말 어처구니없는 현상이다.

왜 그리도 행복한 가정이 없을까?

요즈음 행복한 결혼생활을 위해 거론이 되고 있는 가장 유력한 요소는 바로 성격차이의 극복이다. 대부분의 이혼부부들이 성격차이를 극복하지 못하고 끝내는 결별한다는 것이다. 오래 전에는 우리는 이렇게 생각했다. "내가 잘하면 저 사람도 잘 하겠지." 하지만 이러한 막연한 황금률은 깨지고 말았다. 아무리 내가 먼저 잘해도 소용이 없다는 것이나. 서로 잘해야 하는데 무엇인지 몰라도 서로 엇박자가 난다는 것이다. 왜 이리 서로 안 맞는지 모르겠다는 생각을 신혼부부들이 하게 된다. 입맛도 다르고, 잠자는 시간도 다르고, 대화하는 방법도 다르고, 심지어 치약을 쓰는 스타일도 다르다. 뭐하나 같은 것이 없다는 것을 깨닫게 된다. 정말이지 실망이다. 누구 말대로 결혼하고 나면 한쪽 눈을 감아야 된다는 말이 옳은 것 같다. 연애시절에 서로 아이스크림을 먹여주면서 "자기야, 한입만 더 먹어! 맛있지……"라고 말하던 때를 생각하면 참으로 우습다는 생각까지 들게 된다. 그러면서 시간이 갈수록 "뭐 이런 사람이 다 있어?!"라는 생각에까지 이르게 된다.

자 이제 서로 대화가 사라지게 된다. 필요하면 쪽지에 글을 남기면 된다. 정말이지 말도 하기 싫어진다. 대화할 가치도 없다고 생각하게 된 것이다. 그러다가 경제적인 어려움이 닥치면 결국 이혼서류를 들고 법원으로 향하게 된다. 이것이 현대인들이 결혼에서 이혼까지 이르는 과정일 것이다.

처음으로 두 사람 사이의 차이가 서서히 드러나게 되면, 첫 반응은 그런 차이를 부정하려 하고, 또 사랑 때문에 서로에게 빠졌다는 사실도 부정한다. 그 차이를 더 이상 부정할 수 없게 되면 배우자가 나와 다르다는 이유로 배우자에게 화를 낸다. 화를 내도 아무런 소용이 없고, 배우자가 아무런 변화도 보이지 않게 되면, 이런 저런 방법으로 타협을 시도한다. "당신이 이렇게 변하면, 나는 저렇게 변하겠어." 이런 타협이 아무 소용없게 되면, 우리는 우울증에 빠지고 결혼생활 자체를 회의하게 된다.[26]

행복한 결혼생활을 위해서 우리는 성경이 말하는 황금률, "무엇이든

---

[26] 스캇 펙, 그리고 저 너머에, 159.

지 너희가 대접을 받고자 하는 대로 너희가 먼저 대접하라."는 가르침을 넘어서 이제 서로의 성격, 기질, 취향, 입맛 등의 다름을 인정해야만 한다는 것을 알게 되었다. 다시 말해, 행복한 결혼생활의 제 1단계가 황금률에 의한 서로간의 배려라면, 제 2단계는 서로의 성격차이를 인정하는 것이다.

　서로가 다르다는 점을 인정하게 되면 성격차이가 오히려 결혼생활의 즐거움과 양념이 될 수도 있다는 것이다. 하지만 서로간의 차이를 인정하는 것은 뼈를 깎는 아픔이 따른다.

　신혼부부가 서로를 알아가며 그리고 이해해가는 과정은 그리 쉬운 일이 아니다. 이는 바로 정신적인 성숙을 필요로 하는 것이다. 처음에 연애할 때 사랑의 감정으로 시작했지만 이제는 그런 낭만적인 감정이 사라지게 된다. 쉽게 말해 콩깍지가 벗겨진 것이다. 청춘남녀가 사랑에 빠지면 뇌의 특정부분에 정말로 콩깍지가 씌어 진다는 것은 이제 과학적으로도 증명된 사실이다. 그 기간이 180일이다. 사랑에 빠지면 콩깍지가 씌운다는 말처럼 대략 6개월 동안 이성적인 감정으로 사랑에 빠진 사람의 좋은 점 외에는 아무 것도 보이지 않는다. 어쩌면 조물주가 인류의 종족 번식을 위해 깔아놓은 아주 절묘한 소프트 프로그램인 듯싶다. 사랑의 감정이 풍성해지는 콩깍지 기간이 없다면 누가 누구를 사랑하겠는가. 만일 콩깍지가 씌워지지 않는다면 "정말 미쳤어~, 왜 내가 그 사람이랑 살아?"라고 말할 것이다. 여러분은 아는가? 로미오와 줄리엣이 서로 동반자살을 할 정도로 사랑을 한 기간이 겨우 일주일이라는 것을. 사랑의 감정이 극도로 자극되면 함께 죽는 것도 행복한 일로 여겨지는 것이다.

하지만 콩깍지가 벗어지고 나면 어쩔 것인가?

사랑의 감정이 사라지게 된다. 그러기에 배우자의 진정한 모습이 저절로 드러나게 된다. 정말이지 전혀 알지도 못하고 상상도 못하던 배우자의 결점들이 속속들이 보인다. 콩깍지가 벗어지고 나서 배우자간의 감정은 실망이다. 그래도 그 정도까지는 아닐 것이라고 생각하였던 데드라인도 훨씬 넘어선 배우자의 모습을 보게 될 때 어쩌면 충격을 받을 수도 있다. 아마도 로미오와 줄리엣도 6개월 이상 연애를 허락했다면 동반자살이라는 비극적인 결말을 보지는 않았을 것이다. 그렇다. 낭만적이고 이성적인 감정은 6개월이면 끝난다. 그 후로는 현실을 인식해야 한다. 이제는 감정적이기보다는 의지적인 사랑을 시작해야 할 때이다. 바로 내가 선택한 사람에 대한 책임의식을 가지고 의지적으로 사랑해야 하는 것이다.

그런데 문제는 이러한 책임감 있는 진정한 사랑을 할 수 있는 사람이 별로 없다는 것이다. 대부분의 많은 사람들이 6개월간의 콩깍지의 사랑을 원한다. 그 누구도 6개월이 지난 후 가면을 벗은 후의 책임과 고통의 진정한 사랑을 원하지 않는다. 그래서 그런지 대부분의 동화나 멜로드라마들은 행복한 결혼으로 엔딩을 맺는다. 그저 낭만적인 사랑의 감성만을 자극시킨 채 말이다. 행복한 결혼 이후에 벌어지는 지지고 볶는 삶은 다루려고 하지 않는다. 그래서인지 우리 모두는 연애의 달콤함만을 그리워한다. 실제로 요즘 젊은이들은 더더욱 책임적인 사랑에 익숙하지 않다. 좀 더 구체적으로 말하자면, 정상적인 결혼생활을 꾸릴 수 있는 건강한 젊은이들이 드물다는 것이다. 다시 거꾸로 말하자면, 경제적인 성장과 함께 성인아이들의 비율이 너무나 증가했다는 것이다. 그래서인지 콩깍지가 씌워졌을 때 서로에게 잘 보이는 데에는 모두가 명수인데, 콩깍지가 벗어지고 난 후에는 아무도 그 시간을 맞닥뜨릴 준비가 되어 있지 않다. 이는 일회성 태도이다. 그냥 그때만 잘 보이면 된다는 생각이다.

그렇다면 콩깍지가 벗어질 때를 대비해서 도대체 무엇이 준비되어야 할까?

그것은 바로 정신적인 성장이다. 다르게 이야기하면 인격 혹은 성격이다. 정신적인 성숙이 되지 않으면 그 누구도 결혼으로 인한 혼란을 통과하기 쉽지 않다. 특별히 요즈음 시대에는 더욱 그렇다. 불과 50년 전만해도 아니 20년 전만해도 사회의 구조나 시스템이 이혼을 막았다. 그냥 참고 살 수 밖에 없는 상황이었다. 문화적으로 사회적으로 그리고 경제적으로 이혼하고 나서 독립적으로 살아갈 수 있는 상황이 아니었다. 그래서 선택의 여지없이 배우자로 인한 모든 고통을 억지로라도 인내할 수밖에 없었다. 하지만 이제는 아니다. 특별히 여성들에게 요즈음 시대는 창조와 기회의 시대이다. 경제적인 독립의 시대이다. 그 옛날 여성들이 이혼할 수 없었던 첫 번째 이유가 바로 경제적인 것이었다. 그러니 이제는 가정에서 억눌려 고통을 받고 있는 것은 말도 안 되는 시대가 되어버린 것이다. 결국에는 남녀 배우자가 서로 잘해야 한다. 서로가 정신적인 성숙을 이루지 않는다면 불행한 가정일 수밖에 없다. 왜냐하면 정신적인 성숙만이 서로간의 차이를 인정할 수 있기 때문이다.

  요즈음 배우자의 조건을 크게 세 가지로 분류할 수 있겠다. 그것은 얼굴, 능력, 성격이다. 이 시대는 무조건 얼굴이 제일 기준인 것 같다. 그래서 너도 나도 성형수술에 여념이 없다. 불과 20년 전 만해도 첫 번째 결혼조건이었던 능력이 얼굴 다음으로 밀린 것이다. 그리고 그 다음이 성격이다. 이러한 세태는 앞으로 얼마나 많은 사람들이 이혼으로 고통을 당할 것인지를 예고하는 것이다. 생계를 위해서는 능력이 가장 중요하지만 지속적인 결혼생활을 위해서는 성격을 무시할 수 없다. 최소한 성격이 얼굴보다 더 중요하지 않을까 생각된다. 왜 그럴까? 그것은 결혼 후에 아니 콩깍지가 벗어진 후의 사태를 위해서 성격이 그렇게도 중요하다는 것이다. 어쩌면 능력과 성격이 함께 맞물려갈 때 행복한 결혼생활이 보장되지 않을까 싶다. 얼굴은 잘생기면 더할 나위 없이 좋고 말이다. 하지만 얼굴이 성격을 앞설 수 없다는 것이 필자의 입장이다.

  이제부터 배우자의 성격에 대해 말하고자 한다. 요즈음 시대에 많은 젊은이들이 성격장애를 경험하고 있다. 또한 신경증도 마찬가지다. 앞서 말했듯이, 거짓의 사람들은 성격 장애인일 가능성이 크다. 물론 모든 성격 장애인들이 거짓의 사람들은 아니다. 바로 성격장애는 성인아이 기질로 이어진다. 행복한 결혼생활을 위한 첫 번째 단계는 서로 대접하는 황금률을 지키는 것이다. 그리고 두 번째 단계는 서로간의 차이를 인정하는 것이다. 마지막 단계는 바로 성인아이 기질을 극복하는 것이라고 생각한다. 우리 모두는 선천적으로 성인아이 기질이 조금씩 있다. 하지만 너무나 지나친 성인아이 기질은 결혼생활을 불행하게 한다. 성인아이 기질이 지닌 의존성 때문이다.[27] 심리학 전문가들은 이러한 수동적인 의존성은 사랑의 결핍에서 온다고 말한다. 성인 아이들이 지닌 공허감이나 의존성은 그들이 어린 시절에 필요로 했던 부모의 사랑과 충분한 보살핌을 받지 못한 결과라는 것이다.

일반적으로 어린아이들은 부모나 친지들 그리고 개나 고양이를 자신들을 위해 존재하는 하인이나 하녀로 생각한다. 그리고 자신들을 우주의 중심으로 생각한다. 그러다가 미운 세 살이 되면, 엄마나 아빠는 이렇게 말하기 시작한다.

"성철아! 그렇게 하면 안 돼. 그것도 하면 안 돼, 안 돼, 안 돼, 그러면 나쁜 아이야. 엄마, 아빠는 너를 얼마나 사랑하는지 알아? 하지만 성철아, 안 돼.

넌 우리에게 너무나 소중한 아이야. 하지만 안 돼, 그러면 안 돼, 넌 네 맘대로 해선 안 돼."

이런 과정에서, 이 아이는 심리적으로 군대의 장군에서 이등병으로

---

[27] "수동적으로 의존하는 사람들은 언제나 사랑받기를 갈구하며, 다른 사람을 먼저 사랑 하려고 하지는 않는다. 그들은 굶주린 사람 같아서 아무 데서나 할 수 있는 대로 식량을 긁어모으지만 다른 사람들에게 줄 식량은 가지고 있지 않다. 그들 내부는 텅 비어 있어서 마치 바닥없는 웅덩이가 채워지기를 애타게 갈구하는 것과 같다. 그러나 절대로 '충분히 채워짐'을 느끼지 못하고 완전한 느낌도 갖지 못한다. 그들은 항상 '나의 일부분이 결핍되어 있다.'고 느낀다. 그들은 외로움을 참아내지 못한다." 아직도 가야 할 길, 139.

떨어지게 된다. 바로 미운 세 살의 특징인 우울증과 울화증이 이때 나타난다고 한다. 그렇지만 만일 부모들이 아이에게 부드럽게 대해주고 이 힘든 시기를 가능한 잘 헤쳐 나와 미운 세 살이 지날 때까지 도와줄 수 있다면, 아이는 자신의 나르시시즘에서 벗어나서 큰 발전을 이루게 된다는 것이다.

하지만, 항상 이런 식으로 일이 해결되는 것은 아니다. 때때로 부모들은 수치심을 느낄 수밖에 없는 이 시기에 아이에게 온화하지도 않고 도와주지도 않으면서 오히려 수치심을 자극한다는 것이다. 이런 취급을 받게 되면 아이들은 어떤 식으로 성장하게 될까? 아이들은 자신들이 전능함이나 나르시시즘을 포기하는 것이 아니라 오히려 집착하는 방식으로 성장한다는 것이다.[28]

성인아이의 특징 중의 하나가 바로 나르시시즘이다. 나르시시즘은 유아기적인 자기도취라고 해석될 수 있다. 이는 내가 없는데 세상이 어떻게 돌아갈 수 있는가라고 생각할 만큼 자기중심적인 사람들을 말한다. 자아 도취자들은 다른 사람의 입장을 생각하지도 않고 생각할 능력도 없다.

---

28) "이러한 심리과정이 너무 독특해서 정신과 의사들이 이름을 하나 붙였다. '가족 로맨스' 이런 경험을 가진 아이들은 자신들에게 이렇게 말한다. "자기들이 나의 부모라고 말하는 이 사람들은 사실은 내 부모가 아니야. 난 정말로 왕과 여왕의 딸이고 귀족의 혈통을 가진 공주야. 언젠가 사람들은 내가 누구인지 알아보게 될 거야. 그러면 나는 진정한 내가 될 거야." 이러한 환상은 아이들이 수치심을 극복하는데 상당한 위안이 된다."
끝나지 않은 여행, 251-53.

커다란 굴욕감을 경험한 아이들은 철저하게 자기중심적인 세계관에 집착하려는 경향이 있다. 이런 현상이 일어나는 한 가지 이유는 그들은 글자 그대로 자신만의 귀중한 삶을 계속해 가야 된다고 느끼기 때문이다. 이들에게 자기도취는 험난한 세상에서 안전함을 느끼게 해주는 유일한 안전장치이다. 그들은 아주 심하게 굴욕감을 경험했기 때문에 그들의 자아는 아주 약해졌고, 그 결과 그들은 자기도취의 기준틀을 통해서 인생을 바라보는 것이 곧 자신들의 생존방식이라고 생각하게 된다.[29]

이러한 자아도취는 심리적인 질병으로 간주된다. 자아도취를 쉽게 설명하자면, 우리가 흔히 말하는 왕자병 내지는 공주병이라고 보면 된다. 만일 우리가 자아도취에서 벗어나지 못한다면 아주 파괴적인 결과가 나타난다고 한다. 여기까지 내용을 정리한다면, 성격장애, 성인아이, 의존성, 자아도취, 왕자병 내지는 공주병을 관련지을 수 있다. 이들 개념들의 특성은 모두가 사랑의 결핍에 의한 정신질환이라는 것이다. 그리고 이 개념들은 서로 분리되어서 이해될 수 있는 것이 아니라 오히려 상호연관성에서 이해되어야 한다.

쉽게 풀이하자면, 어린 아이가 세 살 때에 버림받는 충격을 겪게 되고, 그리고 그로인한 수치심을 가지게 된다. 하지만 자아도취적 자아를 통해 그 위기를 극복하게 된다. 이러한 자아도취적인 자세는 공주병 내지는 왕자병으로 이어져 다른 사람의 독립성을 인지하지 못하는 극단

---

29) Ibid, 139.

적인 세계관, 즉 환상을 가지게 만든다. 하지만 자신의 꿈을 이루기에는 너무나 나약하고 게으르다. 그래서 결국은 다른 사람을 의존하지 않고는 살 수 없는 사람이 된다. 하지만 자아도취로 인한 오만함과 빗나간 자존심, 그리고 누군가에게 심지어 배우자에게도 버림받을 지도 모른다는 두려움, 더 나아가 배우자를 포함한 어느 누구를 막론하고 자신보다 앞서나가는 사람을 용납할 수 없는 병적인 질투심[30]을 가지게 된다. 심지어 성인아이는 자아도취라는 심각한 질병으로 인해 현실을 명확히 인식하지 못하고 자기를 신이라고까지 믿게 되는 과대망상 속에 살아가게 된다.[31] 모든 문제의 원인을 세상으로 돌리는 까닭에 피해의식은 극대화된다. 우리 모두는 어느 정도는 자아도취적인 성향을 지니고 태어난다. 하지만 우리 자신을 지나치게 높게 평가하는 자아도취적인 입장과 우리 자신이 중요하고 가치 있는 사람이라고 생각하는 긍정적인 자세 사이에는 분명한 차이가 있다. 이러한 차이를 이해하는 것은 바람직한 정신건강을 위한 필수조건이다.

 자 이제 행복한 결혼생활로 돌아가 보자. 과연 성인아이가 정상적인 결혼생활을 할 수 있겠는가? 그것은 불가능한 것이다. 성격 장애와 성인아이의 기질이 왕자병이나 공주병으로 이해된다면, 그것은 거짓의 사람들과 가짜 거짓의 사람들에 해당된다고 볼 수 있다. 이들 모두 다 세 살 때에 받은 버림받은 충격 그리고 그 후로 이어지는 거짓 부모의 집중

---

30) 그리고 저 너머에, 239.
31) 끝나지 않은 여행, 253-55.

훈련으로 자아도취와 빗나간 자존심, 피해의식 그리고 과대망상으로 똘똘 뭉쳐진 의존적인 사람들이 되는 것이다.

그렇다. 거짓의 사람들도 성인아이적인 기질이 다분한 사람들이다. 그래서 거짓 배우자들은 매우 의존적이다. 이들이 하는 일들의 동기는 다른 사람들이 자기와의 관계에 집착해서 자신만을 보호하고 사랑하도록 매어두려는 데 있다는 것이다.[32]

사랑이 결핍되고 보살핌을 잘 받지 못하거나 혹은 그런 것이 주어졌더라도 지속적으로 주어지지 못한 환경에서 자란 아이들은 그러한 내적 안정감을 갖지 못하고 성년기에 들어가게 된다. 그들은 "나는 충분히 갖지 못하고 있다."는 불안전감과 더불어, 세상은 예측할 수 없고 아무 것도 주어지지 않는다는 느낌을 가지게 된다. 또 자신이 사랑받을 만한 가치가 있는 인간이라는 사실을 회의하게 된다. 그러므로 그들은 사랑과 주의와 돌봄이 있는 곳을 발견만 하면 아무 생각 없이 맹목적으로 달려 나가게 되는 것이다. 그래서 일단 찾기만 하면 결사적으로 꼭 들러붙어서 수단과 방법을 가리지 않는 교활하고 권모술수에 능한 사람으로 변해 결국은 자신이 집착했던 관계를 파멸의 구렁텅이로 빠뜨리게 되는 것이다…… 이와 같은 수동적 의존자들의 지나친 의존심은 자기 훈련이 모지리기 때문이다. 그들은 주위 사람들로부터 주의와 보살핌을 받는 만족감을 지연시키거나 떨쳐버릴 수 없다. 결사적으로 달라붙고 집착하기 위해서는 정직함도 바람에 날려 보내버린다. 그들은 포기해야 하는 낡은 관계에도 끈덕지게 매달린다. 가장 중요

---

[32] 아직도 가야 할 길, 143-44.

한 것은 그들이 자기 자신들에 대한 책임감이 부족하다는 것이다. 그들은 수동적으로 다른 사람들, 심지어는 자녀들에게조차도 자신의 행복과 만족의 원천을 기대한다. 그 결과가 불만스럽거나 불행할 때 그들은 노골적으로 다른 사람들을 원망하고 책임을 전가시킨다. 그렇게 해서 그들에게 남는 것은 좌절뿐인데도 말이다.[33]

결국 거짓의 사람들은 배우자를 사랑하지 못한다. 그저 수동적이고 의존적인 결혼생활을 오래 지속하려고 할 뿐이다. 이것은 건강하거나 순수한 사랑이 아니다. 이러한 결혼은 서로를 구속할 뿐만 아니라 배우자의 성장을 지연시키거나 파괴시킬 뿐이다. 정상적이고 건강한 결혼생활은 부부 사이의 역할 분담이 역동적이고 효율적으로 이루어진다. 하지만 거짓의 사람들은 상대방에 대한 의존심을 줄이거나 상대방의 자유를 늘려주는 것을 용납하지 않는다. 결과적으로 거짓의 사람들은 부부생활의 역할 분담을 의도적으로 매우 엄격하게 나누어서 서로에 대한 의존심을 강화시키려고 한다. 하지만 이는 행복한 결혼생활에 커다란 함정을 만드는 것이다.[34] 진정한 사랑은 다른 사람의 개별성을 인정해 줄 뿐만 아니라 서로 분리 또는 상실의 위험에 직면하면서까지 독립성을 길러주려고 애쓰는 것이다. 인생의 궁극적인 목적은 개인의 정신적 성장이며 정상으로 올라가는 이 고독한 여행은 혼자서 갈 수밖에 없

---

33) Ibid, 146-47.
34) 아직도 가야 할 길, 144-45.

기 때문이다.

거짓의 사람들은 자아도취에 빠진 사람들이다. 그래서 타인을 타인으로 인식하지 못하고 단지 자신의 연장이라고 인식한다. 이들이 염려하는 것은 오직 자기 자신의 이미지뿐이다. 그러나 칼리 지브란은 결혼은 서로가 서로의 독립성을 인정할 때 행복해진다고 권고한다.

> 서로 사랑하라. 그러나 서로 포개어지지는 말라.
> 당신 마음을 주라. 그러나 상대방 고유의 세계 속으로는 침범하지 말라.[35]

진정한 사랑은 애착을 초월한다. 진정한 사랑은 사랑의 느낌이나 애착과는 상관없이 존재하는 것이다. 진정한 사랑과 애착이 구별되는 것은 바로 의지이다. 이러한 의지는 바로 책임으로 이어진다. 그러므로 진정한 사랑은 의지가 있고 책임을 다하는 사랑이다. 또한 서로의 정신적인 성장을 위해 서로 간의 독립성을 존중한다. 하지만 거짓의 사람들은 사랑과 사랑의 느낌을 혼동하는 사람들이다. 이들은 사랑의 느낌을 위해서 온갖 자기기만을 할 뿐만 아니라 자신만을 위하는 자기 위안적인 사랑을 추구한다. 결론석으로 사랑은 순간적인 느낌이나 감정이 아니다. 또한 단순한 애착도 아니다. 사랑은 의지적인 행동인 것이다.

---

[35] Ibid, 246.

7

거짓의 사람들은
배우자를 학대한다

거짓의 사람들은 자신의 자녀들은 학대한다. 왜냐하면 그들에게 있어 자녀란 하나의 소유개념이기 때문이다. 하지만 이러한 현상은 그들의 배우자들에게도 예외가 아니다. 거짓의 사람들은 자신의 배우자를 통제하기 원하며 더 나아가 자신이 원하는 사람이 되도록 유도한다. 이러한 현상은 거짓의 사람들이 지닌 나르시시즘 (자기애성 성격장애) 때문일 것이다. 즉 지나치게 자기중심적이고 지나치게 자신만을 사랑하는 병적인 현상이 자신의 배우자를 자신을 위한 사람으로 생각하게 한다. 이러한 자기애성 성격장애가 강박성 성격장애[36]를 겸하게 되면, 거짓

---

36) "강박성 성격장애는 지나치게 완벽주의적이고 세부적인 사항에 집착하며 과도한 성취지향성과 인색함을 특징적으로 나타내는 성격장애를 말한다. 이러한 성격특성으로 인해 효율적

의 사람들의 배우자나 자녀들이 겪게 되는 학대와 그로 인한 고통은 말로 설명할 수 없을 정도로 극심하게 된다.

이러한 자기애성 성격장애는 흔히 우리가 말하는 왕자병 내지는 공주병이다. 나르시시즘 (자기애성 성격장애)이라는 용어가 연못에 비친 자신의 아름다운 얼굴을 너무 사랑하여 연못 속에 몸을 던져 죽었다는 그리스 신화 속의 인물 나르시시우스Narcissus에서 연유하는 것처럼 자기애성 성격장애는 과도한 자기사랑과 자기도취로 인해 사회적 부적응을 초래하는 장애이다.[37] 이러한 자기애성 성격장애는 누구에게나 조금씩은 있다. 만일 적당한 자기애나 균형 잡인 자신감이 없다면 오히려

으로 일을 처리하지 못할 뿐만 아니라 자신과 주변의 사람들을 고통스럽게 하는 경우가 대부분이다. 강박성 성격장애는 정리정돈, 완벽주의, 마음의 통제와 대인관계의 통제에 집착하는 행동특성이 생활전반에 나타나며 이런 특성으로 인해 융통성, 개방성, 효율성을 상실하는 대가를 치르게 된다. 강박성 장애는 돈에 매우 민감하여 씀씀이가 인색하다. 경제적 여유가 있음에도 불구하고 만일의 재난상황에 대비하여 저축해 두어야 한다는 생각으로 인해 자신과 가족을 위해서 돈을 쓰지 못한다. 이러한 강박성 성격장애는 배변훈련과정에서 나타난 어머니의 양육방식과도 관련된다. 정확한 시간과 장소에서 규칙적인 배변을 하도록 엄격하게 훈련받은 경험이 시간엄수, 정리정돈, 청결, 자기통제, 완벽주의와 같은 강박성 성격의 형성에 영향을 미치게 된다. 또한 부모의 과잉통제적인 양육방식이 강박성 성격장애를 초래한다는 주장도 있다. 이들은 부모로부터 따뜻한 사랑과 보살핌을 받지 못했기 때문에 내면적으로 애정에 대한 갈망과 의존욕구를 지니고 있는 한편 이를 제공해 주지 않은 부모에 대한 분노를 지니고 있다. 따라서 부모에게 처벌을 낭하지 않고 인정받기 위해서는 철저하게 자신을 통제해야 하며 실수를 허용하지 않는 완벽주의를 추구하게 된다." 권석만, 현대이상심리학, 336-38.

[37] "자기애성 성격장애자는 자신을 남들이 평가하는 것보다 현저하게 과대평가하여 웅대한 자기상에 집착하며 대단한 탁월함과 성공을 꿈꾼다. 따라서 자신은 주변사람들과는 다른 특별한 존재이며 특별한 대우를 받아야 한다는 특권의식을 지니게 되어 매우 거만하고 오만한 행동을 나타낸다. 다른 사람들이 자신을 칭찬하고 찬양해주기를 바라며, 그렇지 않을 때는 주변 사람들을 무시하거나 분노를 느낀다. 이들은 다른 사람의 입장이 되어 생각하고 느끼는 공감능력이 결여되어 있으며 대인관계에서 매우 자기중심적이고 일방적이다. 따라서 주변사람들로부터 따돌림을 당하거나 잦은 갈등을 경험하게 된다." Ibid, 325-26.

건강하지 않은 사람이 된다. 바로 성격장애의 정반대현상인 신경증에 걸리는 것이다. 하지만 지나친 자기애성 성격장애는 주변에 있는 사람들에게 고통을 안겨다주기에 때론 심각한 문제가 된다.

이러한 자기애성 성격장애가 심각하게 드러나는 사람들은 바로 거짓의 사람들과 가짜 거짓의 사람들이다. 자기애성 성격장애와 강박성 성격장애 등과 같은 모든 성격장애들은 하나같이 어린 시절의 사랑결핍에서 온다는 것은 이미 설명되었다. 특별히 태어나서 세 살에 이르면서 겪게 되는 유기(버려짐)로 인한 좌절과 상처, 아니면 부모의 과잉보호나 특이한 성장과정(예를 들면, 병치레)으로 인해 이러한 좌절경험을 하지 못하게 될 때 이러한 유아기적 자기애가 고착되는 것이다.[38] 거짓의 사람들은 가짜 거짓의 사람들과는 달리 자기애성 성격장애를 아주

---

[38] 권석만 교수는 유아기적 자기애가 고착되는 이유를 Kohut과 Kernberg의 주장을 통해 다음과 같이 설명한다. "Freud는 유아기적 자기애에 고착되는 이유를 설명하지 못했으나, Kokut과 Kernberg가 이에 대한 설명을 제시하고 있다. Kohut에 따르면, 신생아는 부모의 전폭적인 애정과 보살핌을 받는 정상적인 발달과정에서 웅대한 자기상을 형성하며 유아기적 자기애를 나타내게 되지만 성장과정에서 필연적으로 이러한 웅대한 자기상은 좌절과 상처를 경험하게 된다. 점차 성장하면서 아동은 부모로부터 규제와 질책을 받게 되고 자신의 한계에 직면하게 되는 좌절경험 속에서 "세상은 나를 중심으로 돌아가지 않으며 나는 그렇게 대단한 존재가 아니다"라는 사실을 아프게 깨닫게 된다. 이러한 좌절경험을 통한 깨달음은 성숙하고 현실적인 자기애로 발전하는 필수요소이다. 그러나 부모의 과잉보호나 특이한 성장과정으로 인해 이러한 좌절경험을 하지 못하게 되면 유아기적 자기애가 지속되어 자기애성 성격장애로 발전될 수 있다. 또는 웅대한 자기상에 대한 지나친 좌절을 경험하게 되면, 강한 심리적 충격을 받게 되어 비참한 현실을 외면한 채 웅대한 자기상에 더욱 집착하게 되고 주변 사람들로부터의 인정과 칭찬을 강렬하게 추구하는 자기애성 성격장애로 발전될 수 도 있다. 즉 유아기의 웅대한 자기상에 대한 좌절경험이 없거나 또는 좌절경험이 너무 심하면 자기애성 성격장애로 발전될 수 있다는 것이 Kohut의 주장이다. Kernberg는 자기애성 성격장애자들이 어린 시절 어머니와 상호작용 속에서 형성한 이상적 자기상과 어머니상이 혼합된 웅대한 자기상을 통해 자신에 대한 과장된 생각을 갖게 된다고 설명한다." 현대이상심리학, 327.

묘하게 드러낸다. 다시 말해, 거짓의 사람들의 자기애성 성격장애는 분명히 드러나지만 그것이 특정한 사람들에게만 투영된다는 것이다. 거짓의 사람들은 무분별하게 아무 때나 자신의 나르시시즘을 표출하지 않는다. 이들이 거리낌이 없이 자신들의 유아기적 자아도취를 드러내는 대상은 자신의 배우자와 자녀들이다. 하지만 필요에 의해 자신의 배우자에게조차도 때론 눈가림을 한다. 예를 들면, 시어머니를 학대 할 때 아내는 남편의 눈 밖에서 시어머니를 학대한다. 그리고 남편에게는 아주 착한 며느리인 것처럼 연기를 한다. 또 다른 상황은 배우자와의 힘겨루기를 위해서 거짓의 사람들은 자녀들과 자신의 남편 혹은 아내 사이를 이간한다. 이를 다르게 표현하자면, 자신이 원하는 상황이 설정되기 위해 사람과 사람 사이의 관계를 조정하는 것이다.[39]

거짓의 사람들은 특정한 관계와 상황을 포착해 아무도 모르게 특정한 사람들을 억압하고 괴롭힌다. 그들의 최종목표는 가정이면 가정, 교회면 교회, 직장이면 직장을 통제하고 장악하는 것이다. 문제는 그들의 성실함과 능력으로 자연스러운 영향력을 발휘한다면 문제가 되지 않겠지만, 거짓의 사람들은 부지런한 것 같으면서 게으르기 때문에 그 게으

---

[39] 권석만 교수는 설명한다. "연극성 성격장애자는 대인관계의 초기에는 매우 매력적으로 느껴질 수 있지만, 관계가 지속되면 지나치게 요구적이고 끊임없는 인정을 바라기 때문에 부담스럽게 느껴진다. 이들은 거절에 대한 두려움을 지니며 자신의 요구가 관철될 수 있도록 타인을 조정하는 기술이 뛰어나다. 자신의 중요한 요구가 좌절되는 상황에서는 자살하겠다고 위협을 하거나 상식을 벗어난 무모한 행동을 나타내기도 한다……연극성 성격장애를 지닌 여성의 경우, 엄마의 애정부족에 실망을 느끼고 자신의 의존욕구를 충족시켜 줄 대상으로서 아빠에게 집착하며 아빠의 주의를 얻기 위해 애교스럽고 유혹적이며 과장된 감정표현양식을 습득하게 된다." Ibid, 322.

름을 보완하기 위해 온갖 권모술수를 다 사용한다는 것이다. 그러므로 거짓의 사람들이 자기애성 성격장애를 지니게 될 때 그들이 속한 가정이나 공동체는 신음하게 된다.

특별히 가정에서 이들이 드러내는 통제와 억압은 이들의 배우자와 자녀들의 삶을 아주 비참하게 만든다. 자기애성 성격 장애인으로서 지니는 피해의식, 거만함, 빗나간 자존심 그리고 병적인 질투심에다 강박성 성격 장애인으로서 지니는 엄격함, 완벽주의, 융통성이 없는 원칙주의가 더해지면 그 피해는 엄청난 것이다. 가짜 거짓의 사람들과는 달리 거짓의 사람들은 이러한 성격장애적인 요소를 아주 기술적으로 발휘한다는 것이 문제이다. 거짓의 사람들의 이러한 면들이 드러나지 않는 것은 아니지만 절묘한 타이밍 그리고 관계성의 사각지대와 관계성의 환차를 십분 활용하기에 잘 들키지 않는다는 것이다. 더 나아가 이들은 자신들이 저지른 비행들을 감쪽같이 덮어버리는 능력이 탁월하다는 것이다. 만일 이들의 결점이나 실수를 가지고 공격하려고 한다면 잘못하다가 공격한 사람이 오히려 더 큰 봉변을 당하게 될 수도 있다. 이런 점으로 인해 거짓의 사람들이 가정 내에서 저지르는 억압과 통제 그리고 악행들은 밖으로 잘 드러나지 않을 뿐만 아니라 설사 드러난다고 할지라도 그 누구도 함부로 간섭하거나 중재할 수 없게 된다.

거짓의 사람들은 도대체 어떻게 생겨나는가? 그리고 가짜 거짓의 사람들과는 차이점은 무엇인가? 이 책을 통해 수도 없이 거짓의 사람들 그리고 가짜 거짓의 사람들을 언급하였기에 이제는 독자의 궁금증이

클 것이라고 생각한다. 거짓의 사람들, 즉 악한 사람들은 성경에도 언급되어있지만, 특별히 현대 심리학자들 에릭 프롬이나 말라기 마틴이 제기하였고, 결정적으로 스캇 펙 박사가 "거짓의 사람들"이라는 책을 통해 거짓의 사람들의 존재를 알렸다. 하지만 가짜 거짓의 사람들이라는 개념은 거짓의 사람들을 좀 더 구체적으로 이해하기 위해 필자가 개인적으로 창안해낸 것이다. 거짓의 사람들이 생겨나는 것은 심리학자들이 설명하는 세 살 이전의 유기(버려짐)로 인한 좌절과 상처에 깊은 연관이 있는 것 같다. 하지만 태어나기 전에 주어지는 유전적인 영향도 간과할 수는 없다.[40]

필자는 유전적인 영향을 두 가지 유형으로 분류한다. 하나는 따뜻한 유형, 다른 하나는 차가운 유형이다. 태어날 때 차가운 피나 따뜻한 피가 유전적으로 주어진다고 보는 것이다. 물론 심리학자들이 필자의 견해에 동의하지 않을 수도 있지만, 이것은 필자의 개인적인 관찰과 분석에 의한 것이다. 좀 더 구체적으로 주장하자면, 태어날 때 따뜻한 피를 유전적으로 물려받은 사람이 부모로부터의 애정결핍으로 인해 유아기적 좌절과 상처를 받게 되면 가짜 거짓의 사람이 될 확률이 높다는 것이다. 또한 차가운 피를 물려받고 유아기적 좌절과 상처를 받게 되면 거짓의 사람이 될 경우가 많다는 것이다. 이를 추론한다면, 따뜻한 피, 유아기적 좌절과 상처 그리고 거짓 부모의 지속적인 양육이 이어지면 가짜

---

[40] 거짓의 사람들, 237, 486.

거짓의 사람이 나온다는 것이고, 차가운 피, 유아기적 좌절과 상처 그리고 거짓 부모의 지속적인 양육이 이어지면 거짓의 사람이 나온다는 것이다. 그러기에 가짜 거짓의 사람은 거짓의 사람들의 흉내를 내지만 그 완성도가 높지 않다는 것이 필자의 견해이다. 요약하자면 거짓의 사람들은 유전과 환경에 의해 영향을 받아 생겨난다는 것이다. 거짓의 부모의 양육, 즉 이들의 지속적인 학대, 통제, 억압이 자녀를 거짓의 사람으로 만드는데 결정적인 역할을 한다는 것이다.

사실 거짓의 사람들은 왕자병이나 공주병을 겸하지만, 공주병이나 왕자병을 가진 자기애성 성격 장애인들이 모두 거짓의 사람들은 아니다. 거짓의 사람들은 기본적인 자기애성 성격장애에 거짓 병이라는 정신적인 질병을 더하여 가지고 있는 셈이다. 그러기에 거짓의 사람들은 일반적인 공주병과 왕자병을 넘어서 좀 더 악하고 교활하다는 것이다. 공동체에 어떤 큰 문제가 일어나도 이들이 배후에 있을 때에는 그 원인을 찾기도 힘들뿐만 아니라 그 원인이 바로 거짓의 사람들이라는 것이 드러날지라도 이들을 정죄하기가 정말로 힘들다는 것이다. 그래서 아주 수준 높은 거짓의 사람들은 10-20년이 지나도 잘 발각되지 않은 채로, 사회로부터 존경을 받을 수도 있다는 것이다. 하지만 자녀들을 통한 자신들의 거짓된 모습의 표출은 어쩔 수 없는 것 같다.

일반적으로 공주병이나 왕자병인 사람들은 자신들의 하인이나 하녀를 찾는다. 이상하게도 공주는 하인을 좋아한다. 하인도 공주를 사랑한다. 바꿔서 말하면, 왕자는 하녀를 좋아한다. 그리고 하녀도 왕자를 사랑한다. 공주병이 있다면 하인병도 있다는 것이다. 보통 공주병이나 왕자병이 자기애성 성격 장애인으로 분류된다면, 아마도 하인병이나 하녀병은 신경증적인 사람들일 것이다. 신경증인 사람들은 모든 문제의 원인을 자신에게서 찾을 뿐만 아니라 자신을 스스로 학대하는 유형의 사람들이다. 앞에서 언급했듯이 그들은 자신의 결점은 현미경으로 보면서 남의 결점은 망원경으로 바라보는 사람들이다. 그러기에 자신의 문제를 망원경으로 바라보고 남의 문제를 현미경으로 관찰하는 성격 장애인들과는 아주 잘 어울리는 한 쌍이다.

많은 청춘남녀들이 연애를 하지만, 잘 살펴보면 바로 이런 역학관계에서 서로 이끌리는 것을 볼 수 있다. 바로 세상으로 탓을 돌리고 남을 학대하기를 즐기는 공주와 왕자들이 자신에게 모든 문제의 탓을 돌리며 자신을 학대하기를 원하는 하인, 하녀들과 얼마나 잘 어울리겠는가. 친구관계도 같은 관점에서 보면 다르게 보인다. 우리가 흔히 말하는 우정이 때로는 이러한 공주와 하인 아니면 왕자와 하녀 관계를 지칭할 때도 있다는 것이다. 바로 정신적인 병리현상이 하나의 조화를 이루는 것인데 이는 아주 비정상적인 건강하지 않은 관계이다. 하지만 세상에 이런 비정상적인 관계들이 역학적인 조화를 이루며 아주 아름답고 건강하게 표현되어 보이는 것이 안타까울 뿐이다.

배우자를 학대하는 공주나 왕자도 문제이지만 학대당하는 것을 당연시하는 하인이나 하녀의 문제도 만만치 않다. 그들은 자신들이 하인이라고 생각하지 않는다. 아니 생각하지 못한다. 이들에게 있어 공주나 왕자를 섬기는 것은 인생의 즐거움이요 보람이다. 거짓의 사람들은 보통 왕자병과 공주병을 겸하기에 이러한 절묘한 관계를 즐기는 데는 명수들이다. 그 누군가 이런 관계를 지적하며 그들의 사랑을 문제시하면, 신기하게도 거짓의 사람들이 반응하는 것이 아니라 하녀와 하인들인 신경증적 사람들이 더 크게 부정적으로 반응한다. 아니 신경질을 낸다. 그리고 오히려 자신의 배우자를 두둔한다. 그때 거짓의 사람들은 단지 웃어주면 된다. 즉 신경증인 사람들은 학대에 대한 자신의 굴종을 사랑으로 여기는 것이다.

바로 거짓의 사람들은 사랑의 이름으로 자신의 배우자를 속이는 것이다. 거짓의 사람들은 가짜 거짓의 사람들, 문제의식이 없는 사람들, 소심하고 겁 많은 사람들을 아주 잘 다독거리며 이용할 수 있는 명석한 두뇌와 냉정한 마음을 가지고 있기 때문이다. 거짓의 사람이 왕자 남편이고 아내가 하녀일 경우에 거짓의 남편은 아내를 통해 친정의 모든 것을 다 가져다 쓸 수 있다. 몇 번씩 사업이 망해도 아내 앞에서 신음하며 고통스러운 모습을 연기하면 된다. 그러면 하녀 아내는 그것을 보면서 마음아파 견디질 못한다. 남편이 기가 죽는 것 같아 걱정이 태산 같다. 결국 그 다음 날 아침, 하녀 아내는 친정에 전화를 한다. 그것도 눈물을 흘리면서 말이다. 문제는 왕자 남편은 눈물로 연기를 한 것이라면, 하녀 아내는 마음 깊은 곳에서 나오는 진정한 눈물을 흘린다는 것이다. 결국 친정의 모든 재산이 바닥날 때까지 이러한 연극은 이어진다. 또 다른 문제는 이런 하녀 아내의 친정에는 또 다른 하녀 친정어머니가 대기하고 있다는 것이다. 정말이지 비극이다. 하녀 아내는 학대를 받을수록 남편을 더 사랑하고 존경하게 되는 믿을 수 없는 상황이 전개되니 말이다.

거꾸로도 마찬가지다. 공주인 아내는 하인인 남편을 돈벌어오라고 죽도록 일을 시키고도 모자라 학대한다. 심한 경우는 밥도 잘 얻어먹지 못한다. 쉽게 말해 공주는 게으르다. 하지만 편안하고 안락한 그리고 즐거운 일들은 멈출 수 없다. 하인 남편이 웬 만큼 벌어가지고는 공주 아내의 마음을 만족시킬 수 없다. 하인 남편은 5,000원짜리 국밥도 제대로 사먹지 못하고 다니는데 공주 아내는 5만 원짜리 뷔페를 찾아다닌다. 그리고 8,000원짜리 호텔 커피를 즐긴다. 그리고 집에 돌아오면 허기진 남편에게 라면을 끓여준다. 그러다가 남편이 짜증을 내면 더 큰소리를 친다. 그리고 은근히 공갈 협박을 한다. 살아주는 것 만해도 고맙게 생각하라고 말이다. 특별히 문제의식이 없거나 소심한 남편이라면 공주가 한 번씩 등을 긁어주면 된다. 이 말의 의미는 필요할 때 단비 내리듯 칭찬을 해주거나 나름대로 생각한 서비스를 해주면 그 불만을 잠재울 수 있다. 남편은 하인이기에 그것이 아내의 사랑이라고 믿는다. 문제는 남편이 직장을 잃거나 병이 들 때이다. 공주는 그러한 상황을 견딜 수 없다. 하인이 일을 해야지 실직하다니. 하인이 건강해야 하는데 아프다니 말이다. 공주의 결정은 하인을 버리는 것이다. 그래서 하인 남편이 실직하면 공주 아내의 구박을 견디지 못하고 집을 나가거나 자살하는 경우가 많을 것이라 여겨진다. 또한 공주 아내가 구박하지 않아도 하인 기질에 그러한 상황을 견디지 못한다. 남편 스스로 자신을 한탄하며 자학의 길을 선택한다는 것이다. 그렇다. 하인과 하녀 병에 걸린 사람들은 어쩌면 현대판 노예라고 볼 수도 있다. 열심히 일하고도 욕을 얻어먹는 사람들이라고나 할까. 아니 열심히 일하고도 잘 얻어먹지 못하고 후에 쓸모없으면 쫓겨나는 사람들이라고나 할까. 그래도 공주 아내나 왕자 남편을 지극한 정성으로 모시지 못해서 안타까워하는 사람들이다.[41]

  실제로 필자의 친척 중에 있었던 일이다. 하인 남편이 나이 들어 병이 들자 공주 아내의 구타가 시작되었다. 아픈 것도 서러운데 병간호는 뒷전이고 몸이 좀 힘들다고 하면 오히려 남편을 때렸다. 문제는 자식들이다. 공주 아내는 이미 자식들을 자신의 편으로 다 돌려놓았던 것이다. 평생 열심히 일했는데, 그 마지막은 병들고 자식 잃고 아내에게 배신을 당한 것이다. 너무나 억울해서 일기를 쓰기 시작했다. 아무도 모르게. 하지만 그것도 들키고 말았다. 성격상 소심해서 아무에게도 그런 부끄러운 일을 말하지 못하기에 일기를 썼건만 그것도 빼앗기고 날마다 감시를 당하였다. 가족들이 자신의 죽을 날만을 기다리며 말이다. 믿기지 않겠지만 현실이다.

  거짓의 사람들은 자신의 자녀들이 모두 거짓의 사람들이 되도록 최선의 힘을 쓴다. 그렇지 않으면 자신의 문제들이 드러나기 때문이다. 그

---

41) "만약 모든 악한 부부들은 충분하고도 깊이 있게 조사해 볼 수 있다면, 내 생각엔 아마도 우리는 어느 한 쪽이 다른 쪽에 조금이라도 얽매여 있다는 사실을 발견하게 될 것 같다……. 물론 그것의 정도는 모두 다를 것이다……. 결혼관계에서의 속박현상은 진기한 일이 아니다. 정신치료에 종사하는 사람들이라면 매일매일 현장에서 이런 경우들을 수없이 마주할 것이다. 그리고 독자들 역시 잘 생각해보면 주위 사람들 가운데 최소한 몇 커플은 이런 유형의 결혼관계를 맺고 있는 커플들이었음을 발견할 것이다." 거짓의 사람들, 223-24.

래서 배우자와 자식들 사이를 이간한다. 또한 자식과 자식 사이도 이간한다. 때론 유전적으로 따뜻한 피가 흐르는 자식이 있기에 그렇다. 이들은 유전적으로 피가 차가운 자식은 방치한다. 그냥 방치하면 저절로 거짓의 사람이 되기 때문이다. 때론 지나친 편애로 거짓 병의 속도와 깊이를 더하게도 한다. 반대로 유전적으로 피가 따뜻한 자식은 속된 말로 아주 부셔버린다. 그의 감성과 의지를 망가뜨려서 자신에게 대항하지 못하도록 한다. 아니 자신의 배우자와 연합되는 것을 원천적으로 봉쇄하려고 한다. 아니면 최소한 가짜 거짓의 사람이라도 만들려고 한다. 이런 면에서 가짜 거짓의 사람들은 때론 불쌍하다. 실속도 차리지 못하면서 온갖 욕은 다 얻어먹으니 말이다. 두뇌는 되지 않은 채로 나름대로 험한 세상에서 생존하기 위해 몸부림을 쳤건만 정도를 걷지 않는 까닭에 이리 저리 구설수에만 오르게 된다.

 거짓의 사람들은 기본적으로 자기애적인 성격 장애인으로 자신의 배우자를 학대한다. 문제는 공주와 하인, 왕자와 하녀의 병리적인 현상으로 그들의 학대가 수면 위로 잘 떠오르지 않는다는 것이다. 오히려 자상한 아내나 남편으로 둔갑하여 다른 사람의 부러움을 받기도 한다. 하지만 거짓의 사람들의 배우자는 언젠가 병이 들게 되어있다. 마음의 병이나 신체의 병이 들게 되어 있다. 설명할 수 없는 억압을 그들의 무의식은 체감하기 때문이다. 하나하나 무의식적인 고통이 쌓이게 되면 언젠가는 밖으로 드러나게 되어있기 때문이다. 소심하고 겁 많은 배우자는 정신적인 질병이 들 가능성이 크다. 문제의식이 없는 배우자들도 예외는 아니다.

거짓의 배우자들이 이들을 세뇌한다. 그것은 바로 학대를 사랑으로 이들이 받아들일 수 있도록 정말 말도 되지 않는 논리를 이들에게 주입한다는 것이다. 소심하고 겁 많은 사람들은 이러한 말도 되지 않는 논리가 그들에게 반복적으로 주입되고 동시에 그 논리에 맞는 억압이 진행될 때에 결국 정신 줄을 놓을 수도 있다. 문제의식이 없는 사람들은 그 말도 안 되는 거짓 남편의 논리를 따라 살다가 정말 이상한 사람이 된다. 남들 보기에 정말 실없는 사람이 된다. 무엇인가 말을 많이 하지만 앞뒤가 안 맞고 자세히 바라보면 때론 이들의 눈빛이 초점을 잃은 것을 목격하기도 한다. 더 큰 문제는 이들 하녀, 하인기질의 사람들은 자신들이 병든 것에 대해 왜 그런지를 모른다는 것이다. 바로 거짓의 사람들의 그 놀라운 사기기술 때문이다. 그래서 소심하고 겁 많은 하녀, 하인 배우자가 정신을 잃고 정신병원에 실려와도 별다른 문제가 없다. 환자 자신도 자신이 정신적인 학대를 받은 것을 모르기 때문이다. 비록 그 원인을 안다고 해도 그는 그것을 제 1원인이라고 생각하지 않는다. 대신 거짓 배우자가 심어놓은 가짜 원인을 자신의 병의 직접적 원인이라고 생각한다.

거짓의 사람들은 가정에서 배우자와 자녀들을 학대하면서도 가정 밖에서 존경을 받기를 원하는 사람들이다. 하지만 이들도 때론 양심의 가책을 받는 것 같다. 그래서 그 양심의 가책을 피하려고 어떤 나쁜 일이라도 저지를 수 있다. 그 중에 그들이 가장 능숙하게 잘하는 일이 바로 증거를 인멸하는 것이다. 그들은 자신이 문제의 원인이라는 사실, 가해자라는 사실을 아주 은밀하게 감춰버리는데 너무나 뛰어나다. 자신의 죄를 남에게 알리는 것을 죽기보다 싫어할 뿐만 아니라 자신 스스로도 그것을 인정하거나 용납할 수 없기 때문이다. 증거를 인멸하고 스스로를 가해자가 아니라 피해자라고 다른 사람들을 믿게 만들고 자신 스스로에게도 최면을 거는 사람들이 바로 거짓의 사람들이다.[42] 그렇지 않다면 그들 스스로 겪게 되는 정신적인 공황상태를 견딜 수 없으리라.

---

[42] "악한 사람들을 정신질환으로 죄를 지은 나머지 모든 사람들과 확연히 구별해 주는 것은 그들이 특정한 유형의 고통으로부터 부득부득 피하여 달아나려 한다는 사실이다……. 그들은 고도의 존경스러운 이미지를 얻어내고 유지하려는 노력에 그 누구보다도 자신들을 끊임없이 헌신하는 사람들이다. 그러한 지위의 추구 과정에서 어떠한 어려움이 따른다 하더라도 그들은 기꺼이 아니 그보다 더 열정적으로 견뎌낼 것이다. 그들이 참을 수 없는 고통은 특정한 고통 하나뿐이다. 자신의 양심을 직시하는 고통, 자신의 죄성과 불완전함을 인정하는 고통이다. 자기 성찰에서 오는 이 특정한 고통을 피할 수만 있다면 거의 못할 일이 없는 게 그들이고 보면, 일반적인 상황에서 정신치료를 가장 완벽하게 거부하는 사람들이 바로 악한 사람들이다. 악한 사람들은 빛을 미워한다. 자기 모습을 비춰주는 착한 선의 빛, 자신을 드러내는 성찰의 빛, 자신의 기만을 드러내는 진리의 빛을 그들은 죽도록 싫어하는 것이다." 거짓의 사람들, 138-39.

chapter 2

거짓의 사람들의 특징

8. 성경 속 거짓의 사람은 누구인가?
9. 우리 주변에도 거짓의 사람은 있는가?
10. 거짓의 사람들이 움직이고 있다
11. 하나님의 사람과 거짓의 사람은 무엇으로 구별되는가?
12. 거짓의 사람의 도구가 되지 마라
13. 거짓의 사람들과의 전쟁은 피할 수 없다

8
성경 속 거짓의 사람은 누구인가?

거짓의 사람들도 여러 가지 유형이 있다. 자폐성 거짓의 사람, 소심한 거짓의 사람, 비범한 거짓의 사람, 대범한 거짓의 사람 등 다양한 유형들이 관찰된다.

다윗 왕의 아들 중 암논은 아마도 가짜 거짓의 사람같이 보인다. 아니면 문제의식이 없는 사람일 수도 있다. 암논은 자신의 배다른 동생 압살롬의 여동생 다말과 짝사랑에 빠지게 된다. 이러한 그에게 다윗의 형 시므아의 아들, 요나답이 아주 비상한 방법을 가르쳐준다. 그것은 다윗 왕에게 자신이 아픈 척을 해서 다말로 하여금 병간호를 받도록 유도하는 것이었다.

암논에게는, 시므아의 아들인 요나답이라는 친구가 있었습니다. 시므아는 다윗의 형이었습니다. 요나답은 아주 간교한 사람이었습니다. 요나답이 암논에게 물었습니다. "왜 날마다 그렇게 슬퍼하는가? 자네는 왕자가 아닌가? 대체 무슨 일이 있는지 말해 보게." 암논이 대답했습니다. "나는 다말을 사랑한다네. 하지만 다말은 나의 이복동생 압살롬의 누이일세." 요나답이 암논에게 말했습니다. "침대로 가게. 가서 아픈 척하게. 그러면 자네 아버지가 자네를 보러 올 걸세. 그러면 아버지께 말하게. '제발 제 누이 다말이 와서 저에게 먹을 것을 주게 하십시오. 제가 보는 앞에서 음식을 만들게 해 주십시오. 다말이 음식 만드는 모습을 보고, 다말이 만든 음식을 먹으면 나을 것 같습니다.'"[43]

이제 암논이 병이 든 듯 아픈 연기를 성공적으로 하고 드디어 다말로부터 병간호를 받게 된다. 그리고 그때를 이용하여 암논은 다말을 강제로 동침하는데 성공하고 만다. 그러나 문제는 여기서 부터이다. 강제로 동침한 후에 암논이 다말을 그 즉시 그 집에서 쫓아 내어버린다. 비록 강제로 동침을 했지만 만일 암논이 다말을 책임졌다면 문제는 작아졌을 것이다.

그리하고 나니, 다말에 대한 암논의 마음이 미워하는 마음으로 변했습니다. 전에 다말을 사랑했던 것보다 지금 미워하는 마음이 훨씬 더 컸습니다. 암논이 다말에게 말했습니다. "일어나 가거라!" 다말이 암논에게 말했습니다. "안 됩니다! 저를 보내는 것은 더욱 큰 죄를 짓는 것입니다. 그것은

---

43) 삼하 13:3-5절

오라버니가 지금 하신 일보다 더 큰 죄입니다." 그러나 암논은 다말의 말을 들으려 하지 않았습니다. 암논은 자기의 젊은 종을 다시 들어오게 했습니다. 암논이 말했습니다. "이 여자를 당장 밖으로 끌어내어라. 그런 다음에 문을 잠가 버려라."[44)]

자신이 짝사랑하는 사람과 강제로 동침하는 것은 분명 바르지 않은 행위이다. 이러한 불의한 행위는 남자청년들이 범할 수 있는 강간죄에 해당한다. 강제로 동침한 행위로 보아서는 암논이 어떤 유형의 사람인가를 정하기는 좀 힘들다. 하지만 그가 행한 두 번째 불의한 행위에 의해서는 그를 쉽게 판단할 수 있다. 그의 두 번째 불의한 행위, 즉 동침 후 다말을 내어 쫓아버린 행위는 너무나 어리석고 미련하기 짝이 없는 행위다. 금방 들켜서 문책을 받을 일을 저지르고 마는 한치 앞도 내다보지 못하는 바보왕자 암논이다. 이것으로 보아 암논은 가짜 거짓의 사람이거나 문제의식이 없는 사람으로 생각된다. 만약 암논이 소심하고 겁 많은 사람이라면 요나답의 사악한 조언을 귀담아 듣더라도 행할 만한 용기가 없었을 것이다. 아니면 요나답의 조언을 의롭지 못하다 생각했을 것이다. 이에 반해 분별력이 있는 암논이라면, 그런 조언을 하는 요나답을 친구로 두지 않았을 것이다. 설상 그의 충고를 듣고 그런 실수를 범했다고 할지라도 다말을 책임졌을 것이다.

문제는 요나답이다. 그는 정말 간사한 사람이다. 이제 그로 인해 다윗

---

44) 삼하 13:15-17절

뿐만 아니라 그의 가족 모두가 정말 상상도 못할 환란 속에 빠지게 된다. 성경은 말한다. "악인의 입은 그 마을을 망하게 한다."[45] 요나답을 통해 한 사람의 거짓의 사람이 그가 속한 공동체를 어느 정도 무너뜨릴 수 있는지를 보게 된다. "나무가 없으면 불이 꺼지듯, 험담꾼이 없으면 다툼도 그친다."[46] 요나답은 이 사람과 저 사람 사이를 오가며 말을 전해 다툼을 일으키는 패역한 혀[47]를 가진 거짓의 사람인 것이다.

이제 다말의 친오빠 압살롬이 자신의 동생을 범한 암논을 향한 복수를 준비하게 된다. 요나답이 간사한 거짓의 사람이라면 압살롬은 비범할 뿐만 아니라 아주 대범한 거짓의 사람이다. 압살롬이 다말에게 말한 것을 들어보라.

> 다말의 오라비인 압살롬이 다말에게 말했습니다. "너의 오라비인 암논이 너를 강간했다고? 하지만 그도 너의 오라비니 지금은 잠자코 있어라. 이 일로 너무 슬퍼하지 마라." 그리하여 다말은 자기 오라비 압살롬의 집에서 살았습니다. 다말은 슬프고 외로웠습니다.[48]

여기에서 우리는 압살롬이 치밀한 사람이며 대범한 사람이라는 것을 알 수 있다. 하지만 아직까지는 그가 거짓의 사람인지 아닌지를 말할 수는 없는 단계이다. 그로부터 2년 동안 압살롬은 복수의 칼을 갈며 때를

---

45) 잠언 11:11절
46) 잠언 26:20절
47) 잠언 15:4절 "패역한 혀는 마음을 상하게 하느니라."
48) 삼하 13:20-22절

기다린다. 정말 대단히 치밀하고도 인내력이 있는 압살롬이다. 만 2년이 지난 후 복수의 날이 이르렀을 때, 압살롬에게는 두 가지의 선택이 놓였다. 하나는 다윗 왕을 죽이고 아예 자신이 왕이 되는 것이다. 암논을 죽이는 것은 그리 쉬운 일이 아니다. 그를 죽이고 나면 압살롬 자신도 곤경에 처하게 된다. 그렇다고 자신의 누이를 더럽힌 이복형제 암논을 그대로 보아 넘겨줄 수는 없는 노릇이다. 이제 압살롬은 아예 왕권을 차지하는 것이 최선이라고 생각하게 된다. 그래서 죽음의 잔치에 자신의 아버지 다윗 왕을 초청한다. 이 얼마나 비극인가. 암논에 대한 요나답의 간사한 조언으로 인해 왕자 압살롬이 자신의 아버지 다윗 왕을 죽여야만 하니 말이다.

이 년 후, 압살롬이 에브라임 근처의 바알하솔에서 자기 양 떼의 털을 깎는 일이 있었습니다. 양털을 깎을 때는 크게 잔치를 여는 풍습이 있어서 압살롬은 왕자들을 모두 초대했습니다. 압살롬이 왕에게 가서 말했습니다. "양털을 깎는 일에 사람들을 초대했습니다. 왕께서도 신하들과 함께 와 주십시오." 다윗 왕이 압살롬에게 말했습니다. "내 아들아, 아니다. 우리는 가지 않겠다. 우리가 가면 너에게 짐만 될 뿐이다." 그래도 압살롬은 다윗에게 와 달라고 간절히 청했습니다. 다윗은 가지 않고 압살롬에게 복을 빌어 주기만 했습니다.[49]

하지만 다윗 왕이 그의 초청을 거절하면서 압살롬은 두 번째 선택을

---

49) 삼하 13:23-25절

할 수 밖에 없다. 그의 두 번째 선택은 암논을 죽이는 일이다. 비록 모든 왕자들을 초청했지만 암논 한 사람만을 죽이는 선택이다. 그 이유는 간단하다. 왕을 죽인다면 모든 문제가 쉬워지지만 왕을 죽이지 못했다면 사건을 최소화해야 한다. 암논 한 사람만 죽인다면 비록 처벌은 받겠지만 다말사건에 대한 정상이 참작되어 처벌이 약해질 수밖에 없다. 결국 망명과 같은 견딜만한 처벌이 주어질 것이다.

> 다윗 왕이 압살롬에게 말했습니다. "내 아들아, 아니다. 우리는 가지 않겠다. 우리가 가면 너에게 짐만 될 뿐이다." 그래도 압살롬은 다윗에게 와 달라고 간절히 청했습니다. 다윗은 가지 않고 압살롬에게 복을 빌어 주기만 했습니다. 압살롬이 말했습니다. "왕께서 가시지 않겠다면 제 형 암논을 저와 함께 가게 해 주십시오." 다윗 왕이 압살롬에게 물었습니다. "왜 암논을 데리고 가려 하느냐?" 그래도 압살롬이 계속해서 암논을 보내 달라고 했습니다. 그러자 다윗은 암논과 왕자들을 모두 압살롬과 함께 가게 했습니다.[50]

이제 압살롬은 정말 과감하게 암논에 대한 복수를 자행한다. 그리고 다른 모든 왕자들은 살려서 보낸다. 압살롬은 비상하고도 치밀한 복수에 성공한다. 그는 대범한 왕자임에는 틀림없다.

> 그 때에 압살롬이 자기 종들에게 명령을 내렸습니다. "암논을 잘 살펴보아

---

50) 삼하 13:25-27절

라. 암논이 술에 취하거든, 내가 '암논을 죽여라' 하고 말할 테니, 그러면 당장 그를 죽여 버려라. 두려워하지 마라. 내가 명령하는 것이다. 마음을 굳게 먹고 용기를 가져라." 그리하여 압살롬의 젊은 종들은 압살롬이 명령한 대로 암논을 죽였습니다. 그러자 다윗의 다른 아들들은 나귀에 올라타고 도망쳤습니다.[51]

압살롬은 이제 거짓의 사람이거나 분별력이 있는 용감한 사람 중의 하나로 생각되어진다. 가짜 거짓의 사람이거나 문제의식이 없는 사람이기에는 너무나 치밀하고 인내력이 뛰어나다. "가짜 거짓의 사람"이 "거짓의 사람"과 다른 점은 치밀함과 인내력에서 나타난다. 물론 과감한 면에서는 서로 비슷할 수도 있다. 또한 "문제의식이 없는 사람"도 인내력과 치밀성에서 거짓의 사람을 따라갈 수가 없다.

왕자들이 도망치고 있는 동안, 소문이 다윗에게 전해졌습니다. "압살롬이 왕자들을 다 죽였고, 아무도 살아남지 못하였다." 다윗 왕은 자기 옷을 찢고 땅 위에 누워 슬픔을 나타냈습니다. 가까이에 있던 왕의 모든 종들도 자기 옷을 찢었습니다. 다윗의 형 시므아의 아들 요나답이 다윗에게 말했습니다. "왕자들이 다 죽었다고 생각하지 마십시오. 암논만 죽었을 뿐입니다. 압살롬이 이 일을 꾸민 것은 암논이 그의 누이 다말을 강간했기 때문입니다. 내 주 왕이여, 왕자들이 다 죽었다고 생각하지 마십시오. 암논만 죽었을 뿐입니다."[52]

---

51) 삼하 13:28-29절
52) 삼하 13:30-33절

이제 다시 한 번 간사한 거짓의 사람, 요나답을 주목해보아야 한다. 다윗 왕가의 엄청난 불행이 닥치게 한 원흉은 바로 요나답이다. 하지만 그는 이제 그 엄청난 사건을 강 건너 불을 보듯이 말한다. 그는 자신이 그 문제의 원인제공자가 아니라고 생각할 것이다. 문제의 원인은 바로 암논이라고 생각할 것이다. 그가 암논에게 조언한 것은 단지 아픈 척 연기해서 다말로 하여금 병문안을 오도록 왕에게 허락을 받으라고 말한 것뿐이었다. 그 조언은 암논을 사랑하기에 그를 위해서 말해준 것이다. 그 이후에 벌어진 일들은 자신은 모르는 일이다. 하지만 요나답의 이러한 변명이나 논리는 거짓의 사람들이 자주 사용하는 대표적인 것이다. 그들이 속이는 것은 바로 이것이다. 암논은 문제의식이 없는 사람이기에 자신이 짝사랑하는 다말이 자신의 침소에 들어오게 되면 사고를 칠 수 밖에 없는 단순하고 본능적인 사람이라는 사실을 그는 알고 있었다는 것이다. 그런 단순한 사람에게 왜 그런 무서운 비법을 귀에 슬쩍 넣어주었냐는 것이다. 그리고는 속된 말로 오리발을 내민다. 더 나아가 정작 엄청난 사건이 벌어졌을 때 다윗 왕에게 나아가 너무나 천연덕스럽게 사건의 전말을 설명한다. 마치 자신이 제갈공명과 같은 지혜롭고 비상한 사람임을 다윗 왕에게 보여주기 위해서 말이다. 그 흉악한 조언을 통해 그 엄청난 사건이 벌어지게 만든 사람이 바로 요나답 자신인데 말이다. 이제 그 사실을 아는 사람이 암논 단 한 사람뿐인데 그가 죽었으니 요나답의 말장난은 계속될 수밖에 없다.

요나답이 다윗 왕에게 말했습니다. "보십시오. 제가 말한 대로, 저기 왕자들이 오고 있습니다." 요나답이 이 말을 하자마자 왕자들이 이르렀습니다. 그들은 크게 소리내어 울었습니다. 다윗과 그의 모든 신하들도 크게 울었습니다.[53]

이제 압살롬은 도망하여 그술 왕에게로 피신한다. 그야말로 망명이다. 그렇지 않다면 다윗 왕이 그술로 쳐들어가서 압살롬을 찾아서 죽였을 것이다. 다윗은 압살롬을 사랑하였던 것이다. 그 이유는 추측하건데 압살롬이 다윗의 비상한 지혜를 닮았기 때문일 것이다. 압살롬이 그술로 망명하여 3년이 지났을 때 압살롬에 대한 다윗 왕의 그리움이 간절해진다. 다윗의 군대장관 요압이 다윗의 이러한 마음을 알고, 왕의 허락을 받아서 압살롬을 예루살렘으로 데려온다.

압살롬은 암미훌의 아들 달매에게로 도망쳤고, 다윗은 날마다 죽은 아들 암논을 생각하며 슬프게 보냈습니다. 압살롬은 그술로 도망친 후에 그 곳에서 삼 년 동안 머물렀습니다. 다윗 왕은 암논의 죽음으로 인한 슬픔이 가라앉자, 이제는 압살롬이 매우 보고 싶어졌습니다.[54]

다윗 왕이 압살롬을 매우 그리워하고 있다는 것을 스루야의 아들 요압이 알게 되었습니다.[55]

---

53) 삼하 13:35-36절
54) 삼하 13:37-39절

왕이 요압에게 말했습니다. "자! 이제 허락하겠다. 젊은 압살롬을 데리고 오너라." 요압은 얼굴을 땅에 대고 절을 했습니다. 요압이 왕에게 복을 빌어 주면서 말했습니다. "제가 바라던 것을 들어 주시니, 이제서야 왕께서 저를 총애하시는 줄 알겠습니다." 요압은 일어나 그술로 가서 압살롬을 예루살렘으로 데리고 왔습니다. 그러나 다윗 왕은 이렇게 말했습니다. "압살롬을 자기 집으로 가게 하여라. 나의 얼굴을 보지 못할 것이다." 그래서 압살롬은 자기 집으로 돌아갔습니다. 압살롬은 왕을 만나러 가지 못했습니다.[56]

압살롬은 자기 집으로 돌아온 지 2년이 지나도록 아버지 다윗 왕의 얼굴을 보지 못하게 된다. 이제 압살롬은 화가 나게 된다. 만나주지도 않을 거면서 왜 자신을 예루살렘으로 불렀느냐는 것이다. 용서해주고 빨리 왕자로서의 특권을 내주지 않고 이게 무슨 짓이냐는 것이다. 그래서 결국 압살롬은 요압의 밭에 불을 지르게 된다. 요압으로 하여금 다윗 왕을 만날 수 있도록 조치를 취하라는 것이다.

압살롬은 예루살렘에서 꼬박 이 년 동안 살았지만 그 동안, 한 번도 다윗 왕을 만나 보지 못했습니다. 압살롬은 요압에게 사람을 보냈습니다. 압살롬은 요압을 왕에게 보내 자기에 대해 잘 말해 달라고 부탁하려고 했습니다. 그러나 요압은 오지 않았습니다. 압살롬은 한 번 더 요압에게 사람을 보냈습니다. 그러나 이번에도 요압은 오지 않았습니다. 압살롬이 자기 종들에

---
55) 삼하 14:1절
56) 삼하 14:21-24절

게 말했습니다. "보아라! 요압의 밭이 우리 밭 바로 곁에 있다. 요압은 거기에 보리를 심어 놓았다. 가서 거기에 불을 질러라." 이 말을 듣고 압살롬의 종들은 요압의 밭에 불을 질렀습니다. 그러자 요압이 압살롬의 집으로 와서 말했습니다. "왜 종들을 시켜 내 밭에 불을 질렀습니까?" 압살롬이 요압에게 말했습니다. "나는 당신을 왕에게 보내고 싶어서 나에게 와 달라고 사람을 보내었소. 왕이 왜 그술에 있던 나를 불러 내 집으로 오게 했는지를 알고 싶어 당신을 왕에게 보내려 했던 거요. 차라리 그 곳에 머물러 있는 것이 나에게는 더 좋았을 것이오. 왕을 좀 만나게 해 주시오. 만약 내가 죄를 지었다면, 왕이 나를 죽여도 좋소."[57]

이제 압살롬이 거짓의 사람으로서의 면모를 서서히 보이기 시작한다. 위의 사건은 가짜 거짓의 사람이나 문제의식이 없는 사람도 벌일 수 있는 사건이다. 그렇다면 압살롬은 거짓의 사람일 가능성이 아주 커진다. 왜냐하면 그전에 벌인 암논 살인 사건은 거짓의 사람만이 일으킬 수 있는 정도의 치밀함과 인내가 요구되었기 때문이다. 지난 번 사건과 이번 사건을 합쳐서 모두 할 수 있는 사람은 결국 거짓의 사람이다. 지금 압살롬이 벌인 사건은 바로 적반하장이다. 그렇다. 거짓의 사람들의 특징 중의 하나가 바로 적반하장이다. 자신이 회개하고 지숙해야함에도 불구하고 오히려 불러놓고 왜 만나주지 않느냐고 따지는 것이다. 사실 다윗은 이미 압살롬을 용서한 것이다. 예루살렘으로 불러온 것 자체가

---

57) 삼하 14:28-32절

용서이다. 그러나 시간이 필요하다. 또한 압살롬의 내적인 변화가 요구되는 시간이다. 그것을 모두가 느낄 때 자연스럽게 그 모든 용서와 화해의 분위기가 마련되어지게 된다.

압살롬의 문제는 과거의 엄청난 사건에 대한 회개와 변화를 간과하고 있다는 것이다. 그리고 그술에서 왜 불러왔느냐고 따지는 것이다. 불러왔으면 무엇인가 가시적인 용서를 보여주어야 할 것 아니냐는 것이다. 그렇다. 거짓의 사람들은 사건을 종합적이고 입체적으로 보지 않고 자신에게 유리한 시점에서부터 논리를 전개한다. 그러니 거짓의 사람들과는 대화가 그리 쉬운 것이 아니다. 적반하장적인 궤변이 나온다. 내가 할 말을 그들이 하기에 뭐라고 해야 할지 모르는 상황이 전개된다. 압살롬을 그술에서 불러온 시점에서 그를 2년 동안 만나주지 않은 처사를 놓고 이야기한다면 다윗 왕도 요압도 실없는 사람이거나 무례한 사람임에 틀림없다. 이것이 바로 거짓의 사람들의 적반하장의 논리이다. 이러한 논리는 곧바로 흑백논리로 이어진다. 선택하라는 것이다. 만나주고 용서해주든지 아니면 죽이든지 하라는 것이다. 이것은 바로 공갈협박이다. 흑백논리를 놓고 둘 중의 하나를 선택하라는 공갈협박이 이어진다. 사실은 이것은 말도 안 되는 것이다.

현재 압살롬이 취해야 할 자세는 죄를 지은 자신을 용서해준 아버지 다윗에 대해 감사한 마음으로 겸손히 자신의 자리를 지키는 것이다. 다윗 왕이 압살롬을 용서한 것은 삼척동자도 아는 사실이다. 단지 압살롬을 만나기 위해서 시간이 필요했던 것이다. 바로 그것이 다윗의 사랑이다. 정말 사랑해서 이방 땅에 망명하는 것을 볼 수 없었던 아버지가 다윗이다. 하지만 예루살렘에 데려다 놓고는 경거망동한 압살롬이 마음을 닦고 수양하는 모습을 지켜보고 싶은 것이 또한 다윗이다. 이것은 정말 깊은 사랑이다. 하지만 압살롬이 이러한 사랑을 알 리가 만무하다. 거짓의 사람에게는 이러한 사랑은 사치인 것이다. 또한 이러한 다윗의 사랑을 이해하지 못하기에 오히려 아버지에 대한 복수심만 커져간다. 비록 요압을 억압해서 다윗 왕과의 만남을 성사해놓고도 압살롬의 마음은 이미 떠나있었다. 아마도 과거에 암논을 죽이려고 준비하는 동안에 벌써부터 다윗 왕에 대한 압살롬의 마음은 떠나있었을 것이다. 다윗 왕과 만나서 공식적인 용서를 받으려고 했던 것도 반역을 준비하기 위한 절차이었으리라. 성경은 말한다. "악한 자는 반역만 힘쓰나니……"[58]

그리하여 요압이 왕에게 가서 압살롬의 말을 전했습니다. 왕이 압살롬을 부르니, 압살롬이 왔습니다. 압살롬은 얼굴을 땅에 대고 왕에게 절을 했습니다. 왕은 압살롬에게 입을 맞추었습니다. 이 일이 있은 후에 압살롬은 자기가 쓸 전차와 말들을 마련했습니다. 압살롬은 호위병도 오십 명이나 두었습니다.[59]

이제부터 압살롬의 아주 계획적이고 치밀한 반역이 시작된다. 먼저

---

58) 잠언 17:11절
59) 삼하 14:33-15:1절

단순한 백성들의 '마음 훔치기'를 시도한다. 아버지 다윗 왕의 힘을 이용해서 다윗 왕과 백성 사이를 이간하는 것이다. 이것이 바로 거짓의 사람들의 특징 중의 하나다. 이들은 특정한 사람의 힘과 관계성을 이용해서 오히려 그 사람을 넘어뜨리는 아주 오묘한 기술을 발휘한다. 압살롬은 자신이 용서받고 다시 왕자로서 권위를 회복한 것을 가지고 이제는 오히려 다윗 왕에게 반역할 수 있는 힘을 모으는 것이다. 그것도 그의 거짓된 입맞춤과 값싼 친절로 말이다. "친구가 주는 상처들은 믿음에서 난 것이지만, 원수는 입 맞추고 배반한다."[60]

압살롬은 아침에 일찍 일어나 성문 가까이에 서 있곤 했습니다. 그런데 누구든지 재판할 문젯거리가 있어 왕을 찾는 사람은 그 성문을 지나가게 되어 있었습니다. 그런 사람이 오면, 압살롬은 그 사람을 불러 세워서 "어느 성에서 왔소?" 하고 물었습니다. 그러면 그 사람은 "저는 이스라엘의 무슨 지파에서 왔습니다" 하고 대답하며 자신의 억울함을 이야기했습니다. 그러면 압살롬은 "당신의 주장이 옳소. 하지만 왕궁 안에는 당신의 말을 들어 줄 사람이 없소" 하고 말했습니다. 또 압살롬은 "나는 이 땅의 재판관이 되어 문제를 가진 모든 사람에게 공정한 재판을 베풀기를 원하오"라고 말하기도 했습니다. 사람들은 압살롬에게 가까이 나와 절을 했습니다. 그러면 압살롬은 자기 손을 내밀어 그들을 일으키고 그들에게 입을 맞추었습니다. 압살롬은 다윗 왕에게 재판을 받으러 오는 모든 이스라엘 사람들에게 이런 식으로 행동했습니다. 이런 방법으로 압살롬은 모든 이스라엘 사람들의 마

---

[60] 잠언 27:6절

음을 사로잡았습니다.[61]

　이제 마지막으로 압살롬이 얼마나 무서운 거짓의 사람인지를 말하고자 한다. 그가 다윗 왕을 몰아내고 예루살렘에 왕으로 입성했을 때 행한 일이다. 자신의 왕권을 강화하기 위해 아버지 왕의 후궁들과 더불어 동침한 것이다. 그것도 백주 대낮에 옥상에서 말이다. 이는 도를 넘어서는 것이다. 정말이지 치명적 거리를 넘어서 인륜을 저버린 행위이다. 복수도 좋고, 아버지를 왕권에서 내쫓는 것도 좋다. 하지만 압살롬이 행한 음행은 하나님과 사람 앞에 그 누구에게도 용서받을 수 없는 패륜적 행태이다. 단지 왕권을 강화하기 위해서 찾은 방법치고는 너무나 치졸하다. 그리고 비겁하다. 이런 압살롬을 하나님께서 그냥 보고만 계시지는 않으신다. "사기꾼은 자기 꾀로 말미암아 스스로 망한다."[62]

　그 때에 압살롬은 우연히 다윗의 군대와 마주쳤습니다. 압살롬은 노새를 타고 있었는데, 마침 달리던 그 노새가 커다란 상수리나무 아래로 지나가게 되었습니다. 그 나무의 가지들은 매우 굵었습니다. 노새를 타고 달리던 압살롬의 머리가 그만 그 나뭇가지에 걸리고 말았습니다. 노새는 그래도 그냥 달려갔습니다. 그래서 압살롬은 나뭇가지에 걸린 채 공중에 매달리게 되었습니다. 어떤 사람이 그 모습을 보고 요압에게 그 사실을 이야기했습니다. "압살롬이 상수리나무에 매달려 있는 것을 보았습니다." 요압이 그

---

61) 삼하 15:2-6절
62) 잠언 11:3절

에게 말했습니다. "네가 압살롬을 보았느냐? 그렇다면 왜 죽여서 땅에 떨어지게 하지 않았느냐? 그렇게만 했다면 너에게 은 열 개와 띠 하나를 주었을 것이다." 그 사람이 대답했습니다. "제게 은 천 개를 준다 해도 왕자를 해치고 싶지 않았습니다. 우리는 왕께서 장군님과 아비새와 잇대에게 내리신 명령을 들었습니다. 왕께서는 '어린 압살롬을 해치지 않도록 조심하라'고 말씀하셨습니다. 만약 내가 왕의 명령을 듣지 않고 압살롬을 죽였다면, 왕께서는 반드시 그 사실을 알아 내셨을 것입니다. 그 때에는 장군님도 저를 보호해 주지 않으실 겁니다." 요압이 말했습니다. "여기에서 너하고 이러고 있을 시간이 없다." 요압이 압살롬에게 달려갔습니다. 압살롬은 그 때까지 아직 산 채로 나무에 매달려 있었습니다. 요압은 창 세 자루를 집어 들어서 압살롬의 가슴을 꿰뚫었습니다. 그걸 보고 요압의 무기를 들고 다니는 젊은 군인 열 명도 모여 압살롬을 둘러쌌습니다. 그들은 압살롬을 쳐죽였습니다.[63]

그렇다. 거짓의 사람들은 반드시 비참한 최후를 맞이하게 된다.

---

63) 삼하 18:9-15절

9
우리 주변에도 거짓의 사람은 있는가?

과연 거짓의 사람들은 누구일까? 이들을 경험해보지 못한 사람들은 자못 의아해 할 것이다. 과연 이런 사람들이 존재하는 것일까? 이는 특별히 "문제의식이 없는 사람들"에게는 정말 이해하기 힘든 이야기일 것이다. 하지만 거짓의 사람들을 경험해 본 적이 있는 사람들은 그들에 대한 무서운 공포심이나 마음 속 깊은 곳에서 우러나오는 혐오감을 가지게 될 것이다.

거짓의 사람들은 우리가 생각하는 것보다 훨씬 더 가까이 우리 곁에 존재한다. 이들은 당신의 남편이나 아내가 될 수도 있고, 당신의 아들이나 딸도 될 수도 있다. 아니면 당신의 동서나 시부모 또는 며느리가 될 수도 있다. 교회 안에서 살펴본다면, 당신 교회의 권사님이나 집사님 아니면 장로님이 될 수도 있다. 심지어 목사님도 이 가능성의 테두리에서 제외될 수는 없다. 거짓의 사람들은 교회의 신분에 따라 좌우되는 것이 아니라 그 사람의 존재 자체에 의하여 결정되기 때문에 그 사람이 어떤 신분의 사람인지가 중요한 것이 아니다.

스캇 펙 박사는 거짓의 사람들이 가장 좋아하는 종교가 기독교이고, 이들이 아주 손쉽게 자신의 존재를 은닉하고 은폐할 수 있는 곳이 바로 교회라고 말한다.[64] 그렇다고 불교나 타종교에 이러한 유형의 사람들이 존재하지 않는다는 것은 절대로 아니다. 중요한 것은 이 거짓의 사람들이 지닌 파괴적인 성향이다. 이들이 가는 곳마다 관계가 깨어진다. 이들이 가는 곳이 처음에는 아무런 문제가 없었는데, 시간이 지나면서 어느 순간 갑자기 그 단체가 아주 문제투성이 집단으로 전락해버린다. 실제로 그 무엇 하나도 변한 것이 없는데 왜 갑자기 그 단체가 시끄러워졌을까? 그 소란의 중심에 바로 거짓의 사람들이 있다.

그렇다고 해서 그 누구도 거짓의 사람을 의심하거나 정죄할 수가 없다. 바로 그들이 지닌 외교술과 권모술수 때문이다. 마음으로는 의심이 가지만 그리 쉽게 증거를 찾아내어 죄를 물을 수 없다는 것이다. 다시 말해서 심증은 있지만 물증이 없다는 것이다. 심지어 대부분의 멤버들

---

[64] "악한 사람들의 주된 동기는 위장인 까닭에 악한 사람들이 가장 흔히 발견되는 장소들 가운데 하나가 바로 교회다. 우리 문화에서 교회의 집사나 눈에 띄는 다른 높은 직분자가 되는 것보다 자신의 악을 잘 숨길 수 있는 길이 또 있을까? 그것은 다른 사람에게는 물론 자기 자신에게까지 자신의 악을 숨길 수 있는 최상의 길이다……. 악한 사람들에게는 종교가 보장하는 위장과 은폐를 찾아 그 경건 속으로 숨어 들어가려는 성향이 있다는 얘기를 하려는 것이다." 거짓의 사람들, 137-38.

은 그의 섬세하고 교묘한 말과 행동으로 인해 그의 위장된 순수성을 전혀 의심치 않는다.

> 악의 사악성은 직접 드러나게 자행되는 것이 아니라 이런 은폐 과정의 하나로서 간접적으로 나타나게 된다…… 악한 사람들은 위장 전문가들인 까닭에 그들의 사악성을 꼭 꼬집어 낸다는 것은 거의 불가능하다. 그들의 위장은 대개 판독이 불가능하다.[65]

어느 단체에 가든지 거짓의 사람들은 먼저 자신의 추종자들을 만들어 놓는다. 이들의 희생양은 주로 "문제의식이 없는 사람들"이다. 앞에서 언급했지만, "문제의식이 없는 사람들"은 선과 악의 기준이 아주 교과서적이다. 그래서 아주 단순하고 초보적인 윤리기준으로 세상을 바라본다. 그러나 세상은 교과서에 나오는 그러한 단순한 윤리로는 이해할 수 없는 너무나 미묘하고 복잡한 일들로 가득 차 있다. 그러기에 하나의 사건과 문제를 잘 이해하고 풀기 위해서는 복합적이고 입체적인 사고가 필요한 것이다.

스캇 펙에 의하면 "문제의식이 없는 사람들"은 단순사고를 하는 사람들이다. 우리가 사는 세상은 생각보다 너무 복잡하다는 사실을 이들은 모른다. 험악한 세상 현실을 이해하기 위해서는 복합적인 사고가 필요한데 이들의 단순사고에 의한 도덕적 판단은 문제를 풀기보다는 오히

---

65) Ibid, 137.

려 문제를 더욱 복잡하게 만든다. 그래서 누군가 이렇게 말했다. "만약 당신이 문제를 푸는 사람이 아니라면 당신 자신도 그 문제의 일부이다."

거짓의 사람들에게 있어서 "문제의식이 없는 사람들"의 윤리기준을 맞추는 것은 식은 죽 먹기보다 쉽다. 간단한 연기[66]만으로도 "문제의식이 없는 사람들"의 마음을 얻게 된다.

어쩌면 한국사회나 한국교회가 바라보는 지도자상이나 어른의 이미지가 너무나 도덕적으로 기울어졌기 때문에 거짓의 사람들이 판을 치는지도 모른다. 우리 사회가 원하는 지도자는 능력 있는 지도자보다는 도덕적으로 흠이 없는 공자와 같은 사람들이다. 특별히 종교지도자들에게 바라는 이미지가 있다면 바로 공자와 같은 도덕적인 삶이다. 그러나 현실적으로 능력 있는 지도자나 아니면 문제를 해결하는 지도자가 되려면 막연한 도덕적인 이미지를 가지고서는 역부족이다. 살아있는 지도자, 생명력 있는 지도자라면 겉으로 드러나는 도덕성 혹은 위선적인 삶보다는 내면적인 도덕성이 더욱 중요한 것이다.

일단 거짓의 사람들은 순한 양과 같은 겉으로 드러나는 도덕성(위선?)으로 자신의 추종자를 얻게 되면, 그들에게 자신들이 발견한 단체의 문제점 내지는 문제점이 아닌 문제점을 말한다. 단체를 세워보고자

---

66) 거짓의 사람들은 착한 척 그리고 순진한 척하는 데에 달인이다. 그래서 이들의 착한 척하는 것을 연기라 부른다. 이러한 연기는 연극성 성격장애인의 특성을 잘 반영한다고 볼 수 있다. 현대이상심리학, 321–22.

하는 건설적인 비판보다는 단체를 무너뜨리는 무분별하고 부정적인 비판이다. "문제의식이 없는 사람들"의 귀에는 이런 부정적인 비판이 아주 솔깃하고도 심각하게 받아들여지게 된다.

> 남의 말하기를 좋아하는 자의 말은 별식과 같아서 뱃속 깊은 데로 내려가느니라.[67]

시간이 지나면서 "문제의식이 없는 사람들"은 자신도 모르게 그 문제를 이슈화하게 된다. 그가 속한 단체를 구원하고 싶은 이상과 꿈[68]에 젖어 이들은 자연스럽게 거짓의 사람들의 행동대장(?)을 자처하게 된다. 이제 그 단체는 더 이상 조용해질 수 없다. "문제의식이 없는 사람들"이 그 단체의 문제점을 제기할 때 거짓의 사람들이 살짝 거들게 된다. 정말 그 누구도 상상할 수 없는 완전범죄가 이루어지는 것이다.

여기서 문제가 되는 것은 "가짜 거짓의 사람들"과 "겁 많고 소심한 사람들"의 반응이다. 만약 가짜 거짓의 사람이 그 단체장이라면 다혈질적 성향으로 문제를 단순하게 풀려고 시도하게 된다. 하지만 문제를 풀려고 하면 할수록 더 깊은 수렁으로 빠져들게 되어있다. "가짜 거짓의 사람"이 "문제의식이 없는 사람들"과 멱살을 잡고 싸우면 싸울수록 "겁 많고 소심한 회색분자 사람들"이 점차로 거짓의 사람들에게 기울기 때

---

[67] 잠언 26:22절
[68] 이러한 이상과 꿈이 그들 안에 내재된 메시아 콤플렉스에서 비롯되었을 수도 있다. 아마도 거짓의 사람들이 문제의식이 없는 사람들의 메시야 콤플렉스 근성을 건드렸을 수도 있다.

문이다.

 또한 문제의식이 없는 사람들의 문제 제기가 어느 정도의 진실성을 내포하기에 그 누구도 무를 자르는 식으로 문제를 해결할 수 없다는 것이다. 설상가상으로 문제의 시발점인 거짓의 사람들이 자신들을 "평화의 사도"로 자처하면서 그 사건을 중재하기 시작하게 되면 문제의 심각성이 더욱 극화되어진다.

 결국 그 단체가 문제가 너무 심각해서 현재의 운영진이 도저히 이끌어갈 수 없다는 어이없는 결론이 내려지게 된다. 그리고는 자연스럽게 그 문제를 풀 수 있고, 단체를 회생시킬 수 있는 유일한 인물로 거짓의 사람이 지명된다. 이런 식으로 거짓의 사람은 아주 손쉽게 그 단체를 장악하게 된다.

 하지만 그 단체장이 분별력과 용기가 있는 사람이라면 문제는 달라진다. 그 분별력이 있는 사람은 "문제의식이 없는 사람들"의 충동적이고 저돌적인 반항에 당황하게 된다. 하지만 그들과 감정적으로 싸울 수 없다는 것을 알게 된다. 만약 감정적으로 문제의식이 없는 사람들과 싸우게 되면 바로 이들의 배후세력인 거짓의 사람이 재판관으로 등장하기 때문이다. 이제 분별력 있는 단체장이 할 수 있는 일은 기도하면서 진실이 밝혀지길 기다리는 것이다. 생각한 것보다 훨씬 더 인내력이 요구되어진다. 억울한 감정이 복받치더라도 어디 호소할 곳이 없다.

 어디 문제없는 단체가 있으랴. 그 정도의 문제는 서로 이해하며 나아가는 것이 인간사회가 아닌가. 하지만 이러한 호소도 아무런 도움이 되질 못한다. "문제의식이 없는 사람들"의 이상과 꿈을 맞추어 주기에는 이들의 감정적인 호소는 아무런 도움이 되지 못한다. 고민하다가 결국에 "겁 많고 소심한 사람들"을 찾아가서 호소해본다. 하지만 이들로부터 감정적인 동정만 얻을 뿐 아무런 지지나 도움을 얻지 못해 오히려 비애감만 더해진다. 그렇다고 배후세력으로 추정되는 거짓의 사람들을 찾아가서 멱살을 잡을 수도 없다. 그것은 바로 폐망을 의미하기 때문이다. 오히려 거짓의 사람들은 그들이 그렇게 해주기를 기다린다. 바로 자신들이 놓은 덫에 이들이 걸리면 생각보다 일이 쉽게 끝나기 때문이다.

또한 거짓의 사람들에 대해 맞대응하여 그들을 비난하며 흑색선전을 할 수도 없는 노릇이다. 만약 당신이 진실한 사람이라면 거짓의 사람들과 말싸움이나 흑색선전은 패배의 지름길이라는 사실을 명심해야 할 것이다. 그것은 요리가 전공이 아닌 사람이 요리가 전공인 사람과 요리로 맛 대결을 하는 것과 마찬가지이다. 용기 있고 분별력이 있는 사람이 할 수 있는 유일한 공격은 정직과 진실로 맞대응하는 것이다.

이러한 상황에서 우리에게 하나님에 대한 믿음이 필요하고, 하나님의 시간을 기다릴 줄 아는 인내가 필요하며 또한 진실이 밝혀질 것이라는 소망이 필요한 것이다. 바로 이 시간이 믿는 자들에게 수어진 기노의 시간이다. 거짓의 사람들의 배후에는 이들을 돕고 있는 거짓의 영들이 있다. 그러기에 무릎으로 기도하며 영적으로 대적해야 하는 것이다. 또한 그 시간에는 말 한마디 한 마디도 절제해야 된다. 특별히 감정적인 언사를 금해야 하는 것이다.

하지만 만약 그 단체장이 거짓의 사람이라면 상황은 많이 달라진다. 거짓의 사람들도 등급이 있다. 더 강하고 독한 거짓의 사람이 그 자리를 차지하게 되어 있다. 만약 단체장이 더 강력한 거짓의 사람이라면 그러한 문제를 일으킨 거짓의 사람을 아주 쉽게 퇴출시킬 수 있다. 그것은 그가 지금까지 구축해온 정보망과 더 많은 추종자들을 통해 어렵지 않게 해낼 수 있다. 아니 새로운 거짓의 사람이 자리를 깔기도 전에 내쫓아버리게 된다. 거짓의 사람이 자신과 같은 유형을 알아보는 것은 아주 쉬운 일이다.

또한 새로운 거짓의 사람이 더 강하다면 상황은 전혀 다르게 진행된다. 그가 그 단체장의 모든 비리를 밝혀서 그를 그 자리에서 퇴출시킬 것이다. 아니면 자신이 더 높은 자리에 올라가고 그 단체장이 새로운 거짓의 사람의 하수인으로 전락될 것이다. 왜냐하면 그 단체장은 자신의 거짓과 비리가 드러나서 힘을 잃을 수밖에 없기 때문이다. 모든 거짓과 비리가 폭로되기 전에 이들 거짓의 사람들 간의 합의나 동맹이 이루어질 수도 있다.

참으로 믿기 힘든 현실이지만, 세상의 많은 단체나 기관들이 거짓의 사람들의 사악한 음모와 권모술수로 인해 신음하고 있다는 사실이다. 교회와 같은 종교단체도 예외가 될 수 없다. 만약 당신에게 이러한 사실이 충격으로 다가온다면 당신은 아마도 "문제의식이 없는 사람"이거나 "겁 많고 소심한 사람"일 가능성이 높다. 바로 당신은 우매한 군중들의 한 사람인 것이다.

10
거짓의 사람들이 움직이고 있다

과연 거짓의 사람들은 누구일까?

과연 이들은 어떤 사람들이기에 순진한 사람들을 이용하여 사기를 치는 것일까? 과연 성경에서도 이러한 사람들을 이야기하고 있을까?

다윗은 시편 1편에서 "악인들의 꾀"를 따르지 말라고 말한다. 바로 여기서 다윗이 말한 악인이 거짓의 사람들이리라. 또한 시편 5편에서 다윗은 "주는 모든 행악자를 미워하시며 거짓말하는 자들을 멸망시키시리이다…… 여호와께서는 속이는 자를 싫어하시나이다"라고 말한다. 다윗은 속이는 자들, 곧 거짓의 사람들에 대해 너무나 잘 알고 있었던 것이다. 결국 자신의 힘과 노력으로 살지 않고 남의 힘을 이용하여 쉽게 살아가는 거짓의 사람들이 구약시대에도 있었다는 것이다.

아마도 신약성서에서의 대표적인 거짓의 사람은 가룟 유다일 것이다. 그렇다면 예수님도 거짓의 사람에게 사기를 당한 것이다. 물론 모든 것이 합력하여 선을 이루었다고 볼 수도 있지만, 결과적으로는 예수님도 사기를 당한 것이다. 아니 배신을 당한 것이다. 예수님은 이들을 가라지라 말씀하신다. 가라지와 알곡의 비유처럼, 초기에 그 누구도 가라지와 알곡을 가려낼 수 없다. 정말 똑같이 생겼다. 아니 오히려 알곡이 가라지처럼 보인다고 말해야 할 것이다. 실제로 거짓의 사람들이 당신 곁에 서 있어도 당신은 그를 알아보지 못할 것이다. 아마도 천사와 같은 사람이라고 착각할 것이다. 실제로 경험해보면 거짓의 사람들도 자신들 스스로가 천사와 같은 사람이라고 믿고 있다.

가라지와 알곡의 비유를 통해 우리는 심판의 날이 이르기 전에는 인위적으로 가라지를 걸러 내거나 뽑아낼 수 없음을 알게 된다. 그 이유는 가라지를 뽑다가 알곡을 뽑게 되기 때문이다. 또한 가라지는 혼자 뽑히지 않고 반드시 알곡과 함께 뽑혀 나온다는 것이다. 설불리 거짓의 사람을 건드리면 "문제의식이 없는 사람들"과 "소심하고 겁 많은 사람들"이 더 큰 상처를 받는다는 것이다.

거짓의 사람들은 자신들이 발각되어 쫓겨날 때를 반드시 대비한다. 그들이 하는 일들은 교회나 단체의 성장과 발전에 신경을 쓰지 않고 자신들의 체제를 유지하는 데다 주로 힘을 쏟는다. 수많은 사람들이 단체의 성장을 위해 노력하느라 여념이 없을 때 그들은 자신들의 입지를 강화시키려는 노력 외에는 하지 않는다. 자신들의 추종세력을 만들기 위해 자신들의 돈을 사용한다. 밥도 사주고, 아플 때 병문안도 간다. 생일축하도 잊지 않고 해준다. 정말 고마운 사람들이다. 하지만 이러한 노력들은 그저 사소하고도 쉬운 일이다. 그리고 어쩌면 아주 비겁한 처사이다. 다른 많은 사람들은 교회의 건축이나 행사를 치루기 위해 자신들의 모든 것을 다 쏟아놓는다. 그러기에 아주 사소한 일들을 챙기기에는 너무나 지치고 여력이 없게 된다.

반면 거짓의 사람들은 교회나 단체의 큰일에는 별로 신경을 쓰지 않는다. 어쩌면 문제가 되지 않을 만큼의 체면 치레만을 한다. 항상 힘이 남아 있고 그 힘을 가지고 다른 모든 사람들이 지쳐있을 때 사소한 것들로 사람들의 마음을 녹인다. 그리고는 영향력이나 권력이 있는 자리로 자신들의 위치를 이동시킨다. 생각보다 일이 어렵지 않게 진행된다. 왜냐하면 자신들이 쌓아놓은 지지 세력들이 생겼기 때문이다.

하지만 단체장이나 교회의 목회자 입장에서는 이를 느끼지 못할 리가 없다. 그들의 입장에서는 이들 거짓의 사람들은 정말 한 눈에 보일 수밖에 없다. 거짓의 사람들이 눈에 보이는 것들에 치부는 할지언정 실제적인 도움이 되지 못한다는 것을 피부로 느낄 수밖에 없는 이들이 바로 교회의 담임목사나 기관이나 단체의 장들이다. 정말 도움이 안 된다고 생각하는 순간에는 이들은 때가 이미 늦은 것이다. 거짓의 사람들이 이미 자신의 입지를 구축해 놓은 것이다. 모두가 교회 건축이나 큰일들로 정신이 없는 동안 그들은 차곡차곡 자신들의 세력을 확장해 놓은 것이다. 이제 이들은 도움이 되기는커녕 아주 해로운 존재들이 된 것이다. 본래부터 해로운 사람들이었지만 아무도 눈치를 채지 못한 사이에 자신들의 입지를 굳힌 것이다.

이제 단체장은 그들을 내쫓기로 결심하게 된다. 왜냐하면 거짓의 사람들이 가만히 있는 것이 아니라 세력의 중심으로 다가와서 급기야는 단체장의 영향력에도 도전을 하기 때문이다. 그들이 원하는 것은 권력인 것이다. 힘 안들이고 돈 안들이고 아주 쉽게 권력을 획득하려는 것이 바로 이들의 나쁜 습관이요 본능인 것이다.

그러나 거짓의 사람들은 그리 쉽게 내몰리지 않는다는 것을 알아야 한다. 그들을 내쫓으려는 순간 그들은 반란세력을 구축하게 된다. 그것도 아주 쉽게 말이다. 그 이유는 간단하다. 그들이 잘못한 것이 하나도 없다는 것이다. 단체장이나 개인적으로 기분이 나쁜 것이지 실제로 그들을 퇴출시킬 수 있는 아무런 근거가 없다는 것이다. 교회 건축에 필요한 헌금도 조금은 냈다. 경제적 형편이 되는 데도 아주 눈에 걸리지 않을 만큼 냈을 뿐이다. 하지만 아무도 그것을 문제 삼지 않는다.

또 하나의 이유는 그들이 이미 "문제의식이 없는 사람들"의 마음을 얻었다는 것이다. 인간은 감정의 동물이다. 단체장이나 교회의 지도자들이 까맣게 잊어버린 사람들의 생일이나 어려운 일들을 거짓의 사람들이 미리 챙겼다는 것이다. 자, 한번 생각해보라! 만약 단체장이나 목회자가 그를 아무런 이유 없이 단체나 교회에서 내쫓으려고 한다는 소식이 전해지면 무슨 일이 벌어질 것인가? 바로 민란이 일어나는 것이다. 다윗왕도 자신의 아들 압살롬에게 이런 식으로 왕권을 빼앗긴 것이다. 그러고 보면 압살롬도 대표적인 거짓의 사람임을 알 수 있다.

인간의 정이라는 것이 그렇게 무서운 것이다. 거짓의 사람들은 "문제의식이 없는 사람들"과 "겁 많고 소심한 사람들"의 동정심을 유발시킨다. 그들은 이러한 사태가 벌어질 것을 이미 알고 있었던 것이다. 그리고 인간의 정을 이용하여 동정심을 유발하려는 작전을 미리 세운 것이다. 아니 작전을 세운다기 보다는 본능적으로 아는 것이다. 그러면서 단체장이나 교회의 지도자들로부터 자신들이 내몰리려는 상황을 더욱 부풀려 할리우드 액션[69]을 취한다. 이때 "문제의식이 없는 사람들"은 심한 감정의 요동을 느끼면서 교회 지도자에게 강력한 반발을 하게 된다.

이제 목회자는 "문제의식이 없는 사람들"에게 왜 거짓의 사람들이 문제인지를 설명해야만 한다. 하지만 목회자들이 깨닫게 되는 건, 그들을 이해시키는 것이 불가능하다는 것이다. 이것은 "소심하고 겁 많은 사람들"에게도 마찬가지다. 주로 소심하고 겁 많은 사람들은 원칙주의자들이다. 눈에 보이는 특별한 반칙이나 법에 직접적으로 걸리는 문제점이 없는 이상, 거짓의 사람들을 처벌할 수 없다는 입장을 취한다는 것이다. 사실은 눈에 보이지 않는 아주 큰 반칙을 거짓의 사람들이 행하고 있지만 이는 "겁 많고 소심한 사람들"의 일반적이고 기초적인 윤리의 망으로 도저히 잡을 수 없다.

이제 거짓의 사람들의 무혐의가 드러난 이상에는 거짓의 사람들을 내쫓으려고 시도한 목회자나 단체장이 위기에 내몰리게 된다. 왜 그렇

---

[69] 할리우드 액션은 축구 시합 때에 볼 수 있는 축구선수들의 오버 액션이다. 심판이 선수가 지나친 혹은 가짜 아픔이나 고통을 호소할 경우 경고를 주기도 한다.

게 착한 사람을 내쫓으려고 하느냐는 반박을 받게 된다. 그리고 그의 지도력이 의심받게 된다. 급기야는 단체장이 그를 시기한다는 분위기까지 조성이 되면서 사건은 종결된다. 정말 놀라운 반전이지 않은가!

    결국 단체장이나 목회자는 그 거짓의 사람을 인정할 수밖에 없게 된다. 그리고 그가 원하는 영향력이 있는 자리를 줄 수밖에 없게 된다. 결정권이 있는 교회의 당회나 단체의 심사관의 자리에 앉아 이제는 자신이 원하는 방향으로 단체를 이끌게 되는 것이다. 이러한 비극이 또 있을까? 목회자가 내쫓으려했던 사람이 교회 의사 결정권이 있는 자리에 앉아서 목회자가 원하는 일들을 하나하나를 인준한다니 말이다. 이제 목회자는 다른 목회지를 향해 떠나든지 아니면 철저히 통제된 시집살이를 해야 하는 것이다.

11
하나님의 사람과 거짓의 사람은 무엇으로 구별되는가?

"거짓의 사람들"과 "분별력 있는 사람들"은 많은 면에서 공통점이 있다. 전체적인 상황 파악능력과 임기응변적인 문제해결능력 면에서 매우 유사하다. 때론 분별력 있고 정직한 사람이 거짓의 사람처럼 착각될 수도 있다. 그렇다면 그들은 무엇이 다른가? 거짓의 사람들은 지나치게 사람들의 눈을 의식한다는 것이다. 그들은 마음의 중심이 하나님과 자기 자신의 관계 속에 있지 않다. 다시 말해, 거짓의 사람늘은 하나님을 의식하기보다는 사람들을 지나치게 의식한다. 그래서 그들은 너무나 쉽게 속이고 이간하는 거짓말을 할 수 있는 것이다.

그렇다. 거짓의 사람들의 마음의 중심에는 하나님이 없다. 그것이 문제다. 분별력이 있고 믿음이 있는 사람들은 비록 상황판단능력이나 처세술이 거짓의 사람 못지않지만 하나님을 의식하는 사람들이다. 하나님을 의식 하는가 아니면 의식하지 않는가가 우리의 삶의 방향과 방식을 결정하는 것이다. 분별력 있고 믿음이 있는 사람은 거짓의 사람들처럼 하고 싶지만 하나님을 두려워하기에 못하는 것이다. 그렇다. 그들은 악인들이 가는 길을 따라가지 않는다.

   다윗은 분별력이 있고 믿음이 좋을 뿐만 아니라 정직한 사람이다. 다윗의 생애는 거짓의 사람들과는 구별되는 아주 특별한 생애이다. 그래서 우리는 다윗을 성군이라고 부른다. 하지만 다윗왕도 거짓의 사람들이 가는 길을 간 적이 있다. 그의 생애의 가장 치욕스럽고도 부끄러운 죄를 짓고야 만 것이다. 그것은 바로 밧세바를 간음하고 그녀의 남편 우리아를 죽인 사건이다. 그리고 그는 하나님으로부터 엄청난 처벌을 받게 되었다. 많은 사람들은 이러한 다윗의 복합적인 죄를 잘 해석하지 못한다. 그냥 간음죄와 살인죄를 지은 것으로 단순하게 생각한다. 하지만 다윗이 지은 죄를 분석해보면 그가 거짓의 사람들이 가는 길을 따라 갔음을 목격하게 된다.

   이제 다윗이 지은 복합적인 죄를 거짓의 사람들의 특징을 통해 분석해보고자 한다. 다윗이 지은 간음죄는 보통 왕들이 지을 수 있는 흔한 죄이다. 사람들은 이를 간통죄 내지는 간음죄라고 말하기도 한다. 그 이유는 밧세바가 우리아의 아내이기 때문이다. 구약시대에 왕이라면 자신의 능력에 따라 천명의 후궁들이라도 둘 수 있었다. 그것은 왕으로서의 특권이었다. 그러나 조건은 있었다. 그것은 후궁으로 맞이할 사람이 결혼하지 않은 처녀이어야 했다.

　아무리 왕이라도 남의 아내를 뺏을 수는 없었던 것이다. 하지만 구약 시대의 왕들이 남의 아내를 빼앗는 죄를 짓지 않은 것은 아니다. 왕의 힘을 이용해서 자신이 원하는 남의 아내를 빼앗을 수 있었다. 하지만 그런 왕은 폭군이므로 왕으로서 존경을 받을 수가 없었다.

　그렇다. 다윗이 밧세바를 취한 것은 분명 간음죄이다. 더 분명하게 말하면, 강간죄이다. 왕의 지위를 이용해서 남의 아내를 취했다면 간통죄보다는 강간죄가 더 설득력이 있으리라. 이러한 다윗의 간음죄는 보통 사람들이 지을 수 있는 죄이다. 모든 사람들은 죄인이다. 그래서 너무나 쉽게 유혹에 넘어간다. 다윗 왕도 예외일 수는 없었다. 문제는 간음죄를 짓고 나서 다윗의 자세이다. 다윗은 마음으로 하나님께 잘못했다고 그리고 용서해달라고 기도했을 것이다. 문제는 밧세바의 임신이다. 다윗이 은밀하게 지은 간음죄가 수면 위로 떠오르는 순간이다. 이제 다윗은 결단과 선택을 해야만 한다. 선택은 2가지다. 하나는 자신의 죄를 고백하는 것이다. 그리고 벌어진 문제를 풀기 위해 최선의 노력을 다해야 한다. 다른 하나는 그 죄를 숨기기 위해 또 다른 죄를 저질러야 한다. 다윗이 지은 간음죄가 죄의 심층적 1단계라면, 이제는 간음죄를 숨기기 위한 살인죄를 저질러야 하는 것이다. 바로 죄의 심층적 2단계가 시작되는 것이다.

　죄의 심층적 2단계부터가 거짓의 사람들이 가는 길이다. 거짓의 사람들의 특징은 회개를 하지 않는다는 것이다. 위기를 넘기기 위해서 눈물로 회개하는 연기를 할 수 있지만 진정한 내면의 회개를 하지 않는 것이 거짓의 사람들의 모습이다. 죄가 발각되어 수면으로 떠오르려고 할 때 거짓의 사람들은 두 가지 중 하나의 선택을 한다. 하나는 책임전가다. 그리고 또 다른 하나는 증거인멸이다. 자신이 지은 죄를 다른 사람에게 뒤집어씌우는 것이다. 거짓의 사람들은 책임전가의 천재들이다. 아무도 눈치를 채지 못하게 자신의 죄를 "가짜 거짓의 사람들"이나 "문제의식이 없는 사람들"에게 뒤집어씌운다. 가짜 거짓의 사람들은 그동안 거짓의 사람들을 무조건적으로 대항했던 사람들이다. 물불을 가리지 않고 너무나 쉽게 흔적을 남기는 사람들이기에 사건의 원인으로 뒤집어씌우기에 너무나 용이한 사람들이다. 문제의식이 없는 사람들은 그동안 자신들을 잘 따라다녔던 충복들이다. 하지만 너무나 단순하고 어리석기에 사건을 그들에게 뒤집어씌우기에 별로 어렵지 않다. 그러나 책임전가가 어려워질 경우 거짓의 사람들은 증거인멸을 시도하게 된다. 다윗이 걸어간 거짓의 사람들의 발자취가 바로 증거인멸이다.

  다윗은 두려웠을 것이다. 자신이 밧세바를 범한 사실을 공개적으로 알리고 회개하기에는 잃어야 할 것들이 너무 많았다. 물론 하나님은 그의 회개를 받으시고 용서해주시겠지만 그가 세상적으로 겪어야 할 죄의 결과는 그리 만만치 않을 것이다. 바로 다윗 왕이 성군이라는 이미지를 잃게 되는 것이다. 그와 함께 이스라엘 장군들과 병사들로부터 신뢰를 잃게 될 것이다. 모든 장군들과 병사들이 목숨을 걸고 싸움터에 나가 나라를 지키는데 왕은 궁궐에 누워 낮잠을 자고, 그것도 부족해 야전장군의 아내를 간통하다니. 이러한 이미지 추락과 신뢰상실은 다윗이 너무나 두려워하는 상황이었을 것이다. 다윗은 죄에 대한 인과응보를 피하기 위해 결국 하나님보다는 사람을 의식하는 길을 선택한 것이다. 그래서 죄의 심층적 2단계로 즉 거짓의 사람들의 길을 따라 간 것이다.

밧세바가 임신한 것을 아무도 모르게 하는 방법은 그의 남편 우리아를 죽이는 것이다. 하지만 다윗은 우리아를 죽이기로 결심하기 전에 또 다른 증거인멸의 방법을 간구한다. 그것은 전쟁터에 있는 우리아를 불러서 그로 하여금 밧세바와 동침시키는 것이다. 그러면 자신의 아이가 우리아의 아이로 쉽게 바뀌기 때문이다. 그러나 우리아는 너무나 충성스럽고 우직한 용사이기에 전쟁 중에 감히 혼자서 자신의 아내와 동침할 수는 없었다. 이에 다윗은 정말로 마음이 아팠을 것이다. 자신의 죄를 덮기 위해 그렇게도 충성스러운 부하를 죽여야만 하다니. 이제 더 이상의 선택의 여지는 없었다. 하나님도 두렵지만 그리고 충성스러운 부하를 죽여야만 하는 심정이 괴롭지만 자신이 지은 죄를 덮기 위해서는 가야만 할 길이었다.

그것은 회개의 길이 아닌 바로 증거인멸의 길이었다. 결국 다윗은 요압에게 편지해 우리아를 사지로 내몰게 했다. 바로 간접 살인을 서시른 것이다. 이 간접 살인이 더 큰 죄이다. 직접 살인은 살인자로 붙잡혀서 재판을 받게 되겠지만, 이 간접 살인은 범인이 누구인지도 모를 뿐만 아니라 살인이 살인인지도 밝혀지지 않는 아주 은밀한 죄인 것이다. 바로 증거인멸은 아주 은밀한 간접 살인으로 이어진 것이다.

이제 다윗왕은 합법적으로 밧세바를 아내로 취한다. 정말 감쪽같다. 그 누구도 문제를 삼지 않는다. 증거가 없다. 증인이 있다면 하나님과 군대장관 요압이 있다. 하지만 밧세바 문제에 있어서만은 하나님을 의식하지 않기로 결심한 다윗이다. 그리고 군대장관 요압은 다윗의 충복이기에 별로 문제가 되지 않는다. 다윗은 하나님의 사람들과 거짓의 사람들의 구별이 되는 시금석, 즉 회개할 기회를 놓친 것이다. 그는 죄의 1단계에서 회개했어야 했다. 우리아에게 사과하고 대책을 마련해야 했다. 성군으로서의 이미지 손상과 장군들로부터의 신뢰상실을 겪어야 했다. 이것이 바로 진정한 회개이다. 그러면 역사의 심판자 하나님께서 다윗에 대한 심판을 거기서 멈추셨을 것이다. 하지만 다윗은 죄의 심층적 2단계에 들어가고 말았다. 바로 거짓의 사람들이 다니는 길로 말이다.

이제 하나님께서 나단 선지자를 통해 다윗 왕에게 경고하신다. 이때 다윗왕은 또 선택의 기로에 서게 된다. 바로 증거인멸을 위해서 나단 선지자를 죽이느냐 아니면 그 앞에서 회개하느냐의 선택이다. 만일 나단을 죽인다면 다윗은 죄의 심층적 3단계로 진입하게 된다. 보통 왕들이라면 나단을 죽였을 것이다. 왜냐하면 그들은 하나님을 의식하지 않기 때문이다.

하나님을 의식하는 사람 다윗, 분별력이 있는 사람 다윗, 그는 이제 선택의 여지가 없었다. 그가 이번 회개의 기회를 잃어버린다면 영원히 하나님께 버림을 받는다는 것을 누구보다 잘 알고 있었다. 이제 더 이상 사람을 의식하며 하나님의 음성을 무시한다면 그를 향한 하나님의 은

총이 사라질 것을 직감한 것이다. 이제야 비로소 다윗은 거짓의 사람들의 길을 떠나 믿음의 길로 돌아서게 된다. 평생 거짓의 사람으로 살아왔던 사울 왕의 최후를 누구보다도 잘 아는 사람이 바로 다윗이다.

그렇다. 하나님의 사람과 거짓의 사람을 구별 짓는 시금석은 바로 회개이다. 거짓의 사람은 회개하지 않는다. 단지 후회하거나 회개한 것처럼 위장하는 것뿐이다. 그들은 하나님을 의식하지 않기에 회개하지 않는다. 가룟 유다는 회개하지 않고 자살하였다. 그들은 회개하기보다는 책임전가와 증거인멸을 하기 위해 끝까지 나아간다. 마지막 기회조차도 회개하기보다는 자신의 무죄를 증명하기 위해 목숨을 건다. 다윗이 의로운 사람으로 평생을 살아왔지만, 일평생 단 한 번 악인의 길을 따랐다. 그것은 회개하지 않고 증거 인멸하는 죄를 따른 것이다. 그리고 그로 인해 엄청난 죄의 심판을 받았다. 아들에게 왕권을 빼앗길 뿐만 아니라 백주의 대낮에 옥상에서 자신의 후궁들이 자신의 아들인 압살롬에게 강간을 당하는 수모를 겪게 된다.

죄는 무서운 것이다. 하지만 죄를 짓는 것보다 더 무서운 것은 회개하지 않는 것이다. 회개하지 않고 남에게 죄를 뒤집어씌우거나 증거를 없애려고 하는 것은 아주 큰 죄다. 바로 거짓의 사람들이 짓는 죄다. 성경은 회개하지 않고 증거인멸을 하는 사람들을 "양심의 화인"[70]을 맞았다고 표현하는 것 같다. 또는 이들을 "멸망의 자식"[71]이라고 부르는 것 같다.

---

70) 딤전 4:2절
71) 요한복음 17:12절

지옥에 도달하는 가장 안전한 길은 한 발짝씩 내딛는 완만한 길이다.[72]

우리는 죄인이다. 그래서 우리도 모르게 연약해져 유혹을 받고 죄를 짓게 된다. 하지만 명심해야 할 것이 있다. 바로 죄를 회개하는 것이다. 때를 놓치지 말고 죄를 회개할 때 거짓의 사람들이 걸어가는 길에서 벗어날 수 있다.

---

72) C. S. Lewis, The Screwtape Letters, 65.

12
거짓의 사람의 도구가 되지 마라

오래전 한국이 교통사고 사망률 세계 1위로 우리를 놀라게 했다. 그 후로 부부 이혼율도 세계 1위를 차지했다. 물론 OECD 국가 중의 말이다. 이제는 자살률도 세계 1위가 되었다. 그리고 양주 소비율도 잇달아 세계 1위로 올랐다. 왜 그럴까? 왜 한국인은 이혼율, 자살률, 양주 소비율 등 모든 부정적인 종목에서 그렇게 갑작스럽게 세계 1위를 차지할 수 있을까?

그 이유를 KBS 뉴스를 통해 삼성사회성신건강언구소가 밝혔다. 그 이유는 한국인의 74%가 안정 지향적이고 "현실 순응형"의 사람들이기 때문이다. 이들은 현실적인 문제들에 대한 진지한 사색이나 고민 없이 환경에 순응하는 사람들이다. 삼성사회정신건강연구소 이동수 소장 (성균관의대 삼성서울병원 정신과 교수)에 의하면 한국인의 4명중 3명이 "자아정체성 폐쇄군"으로 자아정체감이 매우 취약한 사람들이라는 것이다.

쉽게 말하면 한국인 중에 아무런 생각 없이 사는 사람들이 의외로 많다는 것이다. 거짓의 사람들이 남을 이용해서 쉽게 살아갈 수 있는 것은 바로 이런 사람들 때문이다. 즉 생각을 하지 않아 너무나 쉽게 속는 사람들 때문이다. 거짓의 사람들은 아무런 생각이 없는 사람들을 좋아한다. 그리고 그들을 통해 자신들이 원하는 일들을 힘들이지 않고 한다.

한국교회의 성도들도 마찬가지인 것 같다. 흔히 한국 선교사들이 선교 사역보고나 프로젝트 보고를 할 때 그 승패는 단 한가지이다. 성도들의 마음을 감동시키는 것이다. 무슨 프로젝트건 어떤 사역이든 중요하지 않다. 무조건 성도들이 눈물을 흘려야 한다. 그러면 된다. 가슴이 뭉클해지고 나면 어떤 사역이든 오케이다. 그래서 한국선교사들은 선교보고를 할 때 성도들에게 선교지에서 죽도록 고생한 이야기를 해야 한다. 그래야 선교후원을 하게 된다. 참으로 이동수 소장의 말이 옳은 것 같다. "현실 순응형 사람들은 헌신도는 높지만 사색은 적다."

선교사역을 잘 감당하고 있다고 보고하면 별로 은혜를 받지 못한다. 선교보고가 끝나면 하여튼 선교사는 이런 소리를 들어야 한다. "선교사님, 정말 고생 많으셨슈~~" "그렇게 몸도 아끼지 않고 고생해서 어떡해유~~" "참말로 눈물이 나서 혼났네." 이런 감정적인 칭찬을 받지 못하면 그의 선교사역은 인정받지 못한 것이다. 한국성도들은 가슴이 움직여야 머리가 이해되어지는 사람들이기 때문이다. 이런 면에서 거짓의 사람들에게 한국교회 성도들은 너무나 쉬운 상대인 것이다. 그러므로 스스로 생각할 수 있는 능력을 갖지 못한다면 우리는 통제와 책략의 손쉬운 표적이 되는 것이다. 참으로 안타까운 일이다. 선교사역은 감정으로 되는 일이 아니다. 하나님의 은혜와 더불어 철저한 전략이 필요한 것이 선교이다. 선교지에 나와 보면 이슬람교도들을 만난다. 그리고 불교와 힌두교 사람들도 만난다. 그들을 상대로 전도하려면 정말 막막하다. 한국교회가 생각하는 개인전도는 꿈도 꾸지 못한다. 만약에 노방전도를 한다면 아주 끔찍한 일이 생길 수도 있다. 그리고 역작용으로 오히려 전도의 문이 막힐 수도 있다. 우리는 생각해야 한다. 그렇지 않으면 우리는 의존적인 존재로 전락해버린다. 또한 개인적인 성장과 성숙도 기대할 수 없게 된다.

　삼성사회정신건강연구소에 의하면, 한국인의 10.6%가 수동적이고 무기력한 방관자형 "혼미군"이다. 바로 필자가 말하는 "소심하고 겁 많은 사람들"이다. 그리고 12.6%가 능동적이고 진취적인 개척자형의 "성취군"이다. 바로 분별력이 있고 용감한 사람들이다. 물론 삼성연구소의 데이터 분석에 거짓의 사람들의 유형이 다루어지지 않았지만, 문제의식이 없는 사람들, 소심하고 겁 많은 사람들 그리고 분별력이 있고 용감한 사람들의 비율을 보면서 한국사회와 한국교회가 어떠한 정리병리현상을 갖고 있는지를 알게 된다. 바로 사색이나 고민이 없이 사는 시민이나 성도가 너무 많다는 것이다. 그 말의 의미는 거짓에 너무나 쉽게 속을 수 있다는 것이다. 또한 소심하고 겁 많은 사람들은 너무나 무기력하고 수동적이기에 문제를 방치하고 방관할 소지가 크다는 것이다. 더 나아가 분별력이 있고 진취적인 사람들은 이러한 정신적인 병리현상들을 어떻게 극복할 수 있는지를 탐구해야 한다는 것이다.

병법에 따르면 지피지기면 백전백승이라고 한다. 바로 적을 알고 나를 알면 모든 싸움에서 이긴다는 것이다. 하지만 대부분의 사람들은 거짓의 사람들을 너무나도 모른다. 반면 거짓의 사람들은 다른 사람들을 너무나 잘 알고 있다. 이것이 문제다. 거짓의 사람들은 "문제의식이 없는 사람들"의 단순함과 인간적인 정에 약한 심리를 이용한다. 거짓의 사람들은 문제의식이 없는 사람들의 힘과 능력을 마치 자신의 것들인 것처럼 자유자재로 활용한다. 이를 위해 거짓의 사람들은 이들의 눈과 귀를 막을 뿐만 아니라 이들의 생각조차 통제한다. 결국 그들은 당신으로 하여금 올바르고 독립적인 사고를 하는 능력을 갖지 못하도록 유도한다. 정말 믿기지 않는 현실이지만 사실이다.

시골에 있는 사람들은 아주 잘 아는 일이 있다. 그것은 바로 닭을 잡아먹는 쥐의 이야기다. 밤에 닭이 잠이 들 때쯤 쥐가 다가온다. 쥐는 닭의 항문을 간지럽게 한다. 닭은 왠지 모르게 기분이 좋아진다. 그때 쥐는 아주 조금씩 닭의 내장을 뜯어 먹기 시작한다. 쥐는 계속해서 간지럽게 하면서 결국 닭의 모든 내장을 다 먹어치운다. 그 다음 날, 닭은 멀쩡히 닭장의 보금자리에 앉아 있는데 움직이질 않는다. 주인이 이상해서 그 닭을 만지면 그냥 풀썩 넘어져버린다.

그렇다. 거짓의 사람들은 마치 쥐가 닭을 간지럽게 해서 기분을 좋게

했던 것처럼 문제의식이 없는 사람들을 다룬다. 그리고 결국은 그들을 삼켜버린다. 그래서 잠언은 말한다.

> 원수의 잦은 입맞춤은 거짓에서 난 것이니라.[73]

악한 눈이 있는 자의 음식을 먹지 말며 그의 맛있는 음식을 탐하지 말지어다. 대저 그 마음의 생각이 어떠하면 그 위인도 그러한즉 그가 네게 먹고 마시라 할지라도 그의 마음은 너와 함께 하지 아니함이라 네가 조금 먹은 것도 토하겠고 네 아름다운 말도 헛된 데로 돌아가리라.[74]

거짓의 사람들은 또한 "겁 많고 소심한 사람들"의 수동적이고 방관적인 자세를 십분 활용한다. 거짓의 사람들은 이들 소심한 사람들에게 두려움의 감정을 일으켜 자신들이 일으키는 비행에 수동적이고 방관적인 자세를 취하게 만든다. 그래서 성경은 말한다.

> 사람을 두려워하면 올무에 걸리지만, 여호와를 신뢰하는 자는 안전할 것이다.[75]

거짓의 사람들은 소심한 사람들에게 겁과 두려움을 줘서 잠시 동안 그들을 묶어둔다. 두려워서 누구에게 말하지 못하게 할 뿐만 아니라 그

---

[73] 잠언 27:6절
[74] 잠언 23:6-8절
[75] 잠언 29:25절

자리에 누워있게 만든다. 이러한 두려움은 단지 폭력적인 차원을 넘어선다. 이들은 경제적인 얽힘이나 인간관계적인 연결고리를 통해서 소심한 사람들을 위협한다. "당신 말이야, 만약 쓸데없는 짓하면 그 돈을 못받을 줄 알아. 알지?" "내 사촌이 경찰 서장이야, 당신의 그 문제는 내가 잘 이야기 해 줄게." 하지만 이들의 협박은 공갈이고, 이들은 약속은 공수표이다. 그들은 소심한 사람들이 무엇을 두려워하는지를 정확히 알기에 그것을 이용할 뿐이다. 그래서 잠언은 말한다.

> 사악한 자의 길에 들어가지 말며 악인의 길로 다니지 말지어다. 그의 길을 피하고 지나가지 말며 돌이켜 떠나갈지어다. 그들은 악을 행하지 못하면 자지 못하며 사람을 넘어뜨리지 못하면 잠이 오지 아니하며 불의의 떡을 먹으며 강포의 술을 마심이니라.[76]

문제는 거짓의 사람들이 능동적이고 진취적인 사람들과 충돌할 수밖에 없다는 것이다. 능동적이고 진취적인 사람들이 이루어 놓은 업적과 열매를 자신도 함께 누리고 싶기 때문이다. 아니면 그것을 빼앗고 싶기 때문이다. 거짓의 사람들은 게으른 사람들인데다가 욕심은 많기 때문에 결국은 남의 열매를 훔치기를 원한다. 그래서 잠언은 이렇게 말한다.

> 악인은 부정한 이익을 탐한다.[77]

---

76) 잠언 4:14-17절
77) 잠언 12:12절

악인은 숨어서 사람을 죽이려고 한다.[78]

그런데 그 방법이 문제이다. 거짓의 사람들은 그 방법이 평범한 사기꾼들과는 다르다. 바로 악한 계교를 꾸며서 완전범죄를 이루는 것이다. 그래서 성경은 이들을 마음이 궤사한 자[79], **악을 꾀하는 자**[80], **패역한 자**[81] 그리고 **간사한 자**[82]라 부른다. 거짓의 사람들은 이간과 속임수를 쓰면서 거짓증인까지 고용하는 정말 치밀하고도 무서운 사기행각을 벌이는 사람들이다.

어쩌면 독자는 정말 이런 일이 우리들 가운데 벌어질 것인가를 의심할 것이다. 하지만 사실이다. 당신 옆에 있는 사람 중의 한 사람이 바로 그 거짓의 사람일 수도 있다.

---

78) 잠언 12:6절
79) 잠언 13:2절
80) 잠언 14:17절
81) 잠언 16:28절
82) 잠언 2:22절

13
거짓의 사람들과의 전쟁은 피할 수 없다

    수많은 드라마들이 매일같이 방영되지만 인생의 교훈을 제대로 배울 수 있는 드라마는 그리 많지 않은 것 같다. 대부분의 드라마들은 시청자들을 즐겁게 해줄 수는 있겠지만 삶을 동화처럼 판타지로 묘사한다. 아니면 러브 스토리와 같은 멜로드라마로 삶의 한부분만을 부각시킬 뿐이다. 하지만 우리에게 진정한 감동을 주는 드라마는 인생의 고난과 역경 그리고 그 가운데 벌어지는 전쟁과 같은 삶을 여과 없이 보여주는 드라마일 것이다. 이러한 드라마들은 우리로 하여금 현실에 눈을 뜨게 한다.

    세상을 아는 것은 영적 전쟁의 기본이다. 세상을 알지 못한 가운데 벌어지는 마귀와의 막연한 전쟁은 백전백패이다. 마귀는 세상을 주관하는 자로 하나님을 대적하기 위해 세상을 자유자재로 이용하기 때문이다.

하지만 많은 기독교인들이 마귀가 사용하는 싸움터를 잘 모른다. 정말 웃긴 일이다.

균형 있게 보자면, 하나님, 마귀, 세상 그리고 나 자신을 잘 알고 있을 때에 영적 전쟁의 승리는 보장되는 것이다. 참으로 안타까운 일이지만, 많은 기독교인들이 하나님과 마귀에 대해서는 잘 알지만 세상에 대해서 그리고 자신에 대해서 잘 모르는 것 같다. 다르게 표현한다면 기독교인들은 하나님과 마귀에 대해서 이론적으로 알고 있을 뿐이라는 것이다.

왜 그럴까?

왜 기독교인들은 하나님과 마귀에 대해서 이론적으로 밖에 알지 못할까?

그것은 기독교인들이 세상과 인간에 대해서 잘 모르기 때문이다. 하나님을 세상과 분리해서 이해할 수는 없다. 또한 마귀를 세상과 분리해서 이해할 수도 없다. 어쩌면 하나님, 마귀, 세상 그리고 인간은 서로 떼려고 해도 뗄 수 없는 유기체적인 관계로 보아야 할 것이다.

그러므로 우리가 세상을 바르게 이해하는 것은 영적 전쟁의 출발점이다.

그렇다. 우리의 삶은 전쟁이다. 특별히 거짓의 사람들과의 전쟁이다. 필자는 이러한 현실적인 삶을 제대로 드러내는 드라마들을 좋아한다. 그리고 필자를 찾아온 젊은이들에게 이러한 드라마들을 보라고 권하기까지 한다. 왜냐하면 내가 만난 많은 젊은이들이 세상을 너무나 낭만적으로 보고 있기 때문이다. 그들은 세상을 자신들이 그려놓은 동화나 판타지로 생각하는 경향이 있다. 그래서 그런지 내가 추천하는 드라마를 보고 난후 그들은 이렇게 말한다.

"교수님, 정말 세상이 그래요?"

"세상이 너무 무서워요!"

"세상을 살아간다는 것이 너무 슬퍼요!"

"교수님, 어떻게 살아가죠?"

나는 지금도 이 책을 읽고 있는 젊은이들에게 세상에 눈을 뜨게 해주는 드라마들을 권하고 싶다. 대부분의 역사 드라마는 약간의 픽션이 가미되지만 대체로 전투적이고 비극적인 삶을 제대로 보여준다.

인생의 교훈을 가장 많이 남긴 역사 드라마 중의 으뜸은 아마도 KBS 역사 드라마 "불멸의 이순신"일 것이다. 그리고 MBC 드라마 "상도"가 있다. "상도"는 조선시대의 상인 임상옥을 다룬 역사소설을 극화한 것이다. 하지만 "불멸의 이순신"과 "상도"는 너무나 과거의 사건이기에 우리의 현실과는 멀게만 느껴진다. 그러기에 필자가 눈물을 흘리면서 본 현대판 드라마로 "하얀 거탑"을 소개하고 싶다. 외국 작품으로 이탈리아 마피아 패밀리의 삶을 다룬 "대부"도 좋은 영화이다. 이 외에도 인생의 고난과 비극을 알리는 수많은 영화와 드라마들이 있을 것이다.

필자가 이렇게까지 구체적으로 드라마를 소개하는 이유는 위에서 소개한 드라마들과 우리의 삶이 그렇게 다르지 않다는 것이다. 단지 시대적 상황, 문화적 상황이 조금 다르다는 것뿐이다. 문제가 되는 것은 드라마 속에 진실과 거짓의 전쟁이 너무나 뚜렷하게 드러나지만, 우리의 삶 속에서는 진실과 거짓이 너무나 모호하다는 것이다. 좀 더 쉽게 말하자면, 우리는 누가 진실한 사람인지 그리고 누가 거짓된 사람인지를 잘 구별하지 못한다는 것이다. 그러기에 어쩌면 우리는 속아서 사는 희생양들일 수도 있다.

우리는 드라마를 보면서 거짓의 사람들을 손가락질하고 심지어 "저런 죽일 놈!"이라고 말하기도 한다. 마치 장기 두는 것을 보면서 훈수를 두는 사람처럼 말이다. 시청자는 "불멸의 이순신"을 보면서 "윤두수"와 "윤근수" 형제를 간신이라고 욕하면서 "유성룡"과 "이순신"을 보면 눈물을 흘리면서 충신이라고 칭찬한다. 하지만 그 당시에 누가 "윤두수"를 보고 간신이라고 말할 수 있겠는가. 그때에 그는 충신이었다. 누구보다도 나라를 아끼는 사람이었다. 어쩌면 "유성룡"과 "이순신"보다 더한 충신으로 생각되었을지도 모른다. 만약 그 당시에 이러한 진실과 거짓의 커튼이 벗겨졌다면 역사는 달라졌을 것이다. 하지만 역사는 여전히 진실과 거짓으로 엉켜진 실타래처럼 수많은 순진한 사람들이 거짓에 속고 희생양이 되어 비참한 삶을 살아가게 된다.

성경은 "자기 스스로 깨끗하다 여기고 자기 더러움을 씻지 않는 자들도 있다."[83]고 말한다. 거짓의 사람들은 진실한 척 그리고 깨끗한 척을 하기에 그냥 육안으로 알아보기가 쉽지 않다. 하지만 사람의 마음이 서로 비치는 것처럼[84] 거짓의 사람의 마음은 언젠가는 드러나게 되어있

---

83) 잠언 30:12절
84) 잠언 27:19절

다[85]. 그래서 잠언은 "거짓된 혀는 곧 사라지고 만다."[86]라고 말한다. 또한 "자기 꾀의 결과로 배부를 것이다.[87]"고 말한다. 성경은 거짓의 사람들을 이와 같이 고발한다.

> 불량하고 악한 사람은 남을 헐뜯고 돌아다닌다. 그는 눈짓, 발짓, 손짓으로 남을 속인다. 그는 비뚤어진 마음으로 죄를 저지르고 자나 깨나 싸움을 벌인다.[88]

거짓의 사람들은 **구부러진 말, 비뚤어진 말**[89]로 친한 벗을 이간[90]하고 그리고 자신의 개인적인 이익을 위해 **공동체를 소란하게 하는 자들**이다[91]. 역사는 반드시 거짓의 사람들을 심판한다. 왜냐하면 하나님이 그들을 싫어하시기 때문이다.

> 여호와께서 미워하시는 것, 곧 싫어하시는 것 예닐곱 가지가 있다. 그것은 교만한 눈, 거짓말하는 혀, 죄 없는 사람을 죽이는 손, 악한 일을 꾸미는 마음, 범죄하러 급히 달려가는 발, 거짓말하는 거짓 증인, 형제 사이를 이간질하는 사람이다.[92]

---

85) 잠언 10:9절 "굽은 길로 행하는 자는 드러나리라."
86) 잠언 12:19절
87) 잠언 1:31절
88) 잠언 6:12-14절
89) 잠언 4:24절
90) 잠언 16:28절
91) 잠언 18:1절 "말쟁이가 없어지면 다툼이 쉬느니라.", 잠언 26:20
92) 잠언 6:16-19절

거짓의 사람들은 반드시 패망한다. 성경이 이를 증언한다.

사악한 혀는 잘릴 것이다.[93]
사기꾼은 자기 꾀로 말미암아 스스로 망한다.[94]
악한 자는 반역만 힘쓰나니 그러므로 그에게 잔인한 사자가 보냄을 받으리라.[95]

역사의 주관자 되신 하나님은 악인을 철저히 그리고 완벽하게 징벌하신다. 이런 면에서 유명한 역사가 찰스 비어드는 "하나님의 맷돌이 천천히 돌아가는데 너무 천천히 돌기 때문에 우리는 하나님이 계신지 안 계신지 잘 모르겠지만 하나님의 맷돌이 천천히 돌아가는 것만큼 가루는 곱게 되기 때문에 의와 진리, 불의와 진리는 분명하게 갈라져 나온다고" 말한 것이다.

과연 당신은 진실과 거짓을 구별할 수 있는가?

당신은 거짓의 사람에게 속고 있지는 않은가?

만약 당신이 거짓의 사람을 알아볼 수 없다면, 셋 중의 하나다.

당신이 그들의 희생양이거나 당신 스스로가 거짓의 사람이다. 아니면 거짓의 사람을 동조하는 사람일 것이다. 하지만 성경은 악을 버리고 선을 선택하라고 말한다. 거짓의 사람들의 악을 보고도 침묵하는 것을

---

[93] 잠언 10:31절
[94] 잠언 11:3절
[95] 잠언 17:11절

하나님은 원치 않으신다. "악인을 의롭다 하고 의인을 악하다 하는 이 두 사람은 다 여호와께 미움을 받느니라."[96] 하나님을 경외하는 자는 악을 미워해야 한다.[97] 그리고 선을 도모해야 한다. 하나님께서 악한 행실과 패역한 입을 싫어하시기에 우리도 그러한 악을 금할 뿐만 아니라 그러한 악을 경계하고 때론 막아야 한다.

의로운 생활이 형식적인 제사보다 여호와를 기쁘시게 한다.[98]

---

96) 잠언 17:15절
97) 잠언 8:13절
98) 잠언 21:3절

chapter 3

거짓의 사람들의 전략

⋮

14. 거짓의 사람들의 거짓말을 분별하라
15. 거짓의 사람들의 화술을 간파하라
16. 거짓의 사람들의 전략을 꿰뚫어라
17. 거짓의 사람들의 이간을 조심하라
18. 거짓의 사람들의 아첨과 과잉충성에 속지 마라
19. 거짓의 사람들의 비겁함과 배신에 울지 마라

14
거짓의 사람들의
거짓말을 분별하라

사람이 하루 평균 거짓말을 하는 횟수는 3회 정도라고 한다. 사람은 자신도 모르게 하루 세 번 밥을 먹듯이 거짓말을 하는 것 같다. 자신을 변호하기 위한 거짓말, 남을 보호해주기 위한 하얀 거짓말, 난감한 상황을 모면하기 위한 거짓말, 다른 사람을 모함하기 위한 거짓말, 다른 사람을 속이기 위한 사기성 거짓말 등 다양한 거짓말들이 있다.

거짓말을 하는 사람들의 특징은 대충 이렇다고 한다.

1. 목소리에 미세한 떨림이 있다.
2. 말을 앞뒤가 맞지 않게 한다.
3. 지나친 제스처를 사용한다.

4. 평소에 비해 말을 많이 한다.
5. 시선처리가 부자연스럽다.
6. 얼굴 표정이 굳어진다.
7. "솔직히", "정말" 이라는 단어를 자주 사용한다.
8. 침착해지려고 애쓴다.
9. 화를 내거나 기분이 나쁜 척 한다.

캘리포니아 대학의 표정심리학자, 폴 에크먼 교수는 <거짓말하기>라는 책에서 "아무리 당당한 체하는 사람이라도 거짓말 하는 사람의 얼굴에는 24분의 1초라는 짧은 순간 표정의 부자연스러운 변화가 나타난다."고 말한다. 다시 말해, 사람이 거짓말을 할 때 얼굴의 좌우표정이 변한다는 것이다.[99] 또한 미국 심리학자가 발표한 '거짓말을 간파할 수 있는 방법'에 의하면 거짓말 할 때에 부자연스러운 행동으로 나타난다고 한다.[100]

---

99) 폴 에크먼이 주장하는 거짓말하는 사람들의 특징들은 이렇다.
   1. 시선처리가 불안정하거나 눈이 오른쪽을 향한다.
   2. 입가는 한쪽만 움직인다.
   3. 눈초리도 한쪽만 올라간다.
100) 그 부자연스러운 특징들은 다음과 같다.
   1. 손을 가만두지 못하고 계속 움직인다.
   2. 주먹을 쥐었다 폈다 한다.
   3. 손을 호주머니에 넣거나, 뒷짐을 져서 숨기려한다.
   4. 손으로 얼굴을 만지며, 얼굴을 무의식적으로 가리려 한다.
   5. 발을 떠는 등의 자세의 불안정이 보인다.
   6. 거짓말한 부분을 넘어가려고 이말 저말 많은 말을 한다.
   7. 의심가는 부분의 간단한 질문에도 표정이 굳어지는 것이 보인다.
   8. 의심가는 부분의 질문을 하면 자꾸만 화제를 바꾸려고 한다.

하지만, 거짓말을 전문적으로 하는 사람들, 사기꾼들은 절대 눈빛이나 손가락, 발을 전혀 움직이지 않는다는 것이다. 많은 사람들을 만나보면 별의 별 사람들 다 있다. 절대 거짓말 지존들은 거짓말 하면서도 능청스럽고 뻔뻔하게 말을 잘한다는 것이다. 그리고 거짓말도 몰입해서 한다. 설령 거짓말을 하다가 들키더라도, "아! 맞다", "아~ 내가 잘 모르잖아", "내가 이렇게 어리석어" 이런 식으로 피해간다는 것이다. 그래서 철학자 쇼펜하우어는 거짓말에 대해 이렇게 말했다. "누군가가 거짓말을 하고 있다고 의심이 갈 때는 그냥 믿는 체하는 것이 좋다. 그러면 상대는 더욱 대담해져서 더욱 심한 거짓말을 하여 스스로의 정체를 폭로하게 된다."

거짓말을 하지 않는데도 성격상 대개 소심하거나, 자신감 결여, 대인기피증이 있는 사람들은 거짓말하는 사람들이 갖는 특징을 보이기도 한다. 그래서 이들은 자주 오해를 받고 살기도 한다. 또한 얼굴의 표정이 양심의 작용과 관련되어 나타나는 것이기 때문에 양심에 거리낌이 없을 때는 얼굴에 드러나지 않는다. 따라서 상대방의 말이 거짓인지 아닌지 판단하는 것은 얼굴표정이 아니라 다른 것으로 판단해야 더 정확하다. 말을 아무 생각 없이 믿어버리는 것이 아니라 듣고 시간을 두고 생각해 보는 것이다. 한 두 번은 속을지 몰라도 계속하여 속지는 않을 것이다. 그러므로 상대방이 거짓말쟁이인지 아닌지를 알아보는 가장 정확한 방법은 그의 삶을 통해서이다.

이제 필자는 거짓말 가운데 가장 나쁜 거짓말을 소개하고자 한다. 그것은 바로 "거짓의 사람들"의 거짓말이다. "거짓의 사람들"의 거짓말은 너무나 교묘해서 아무도 그것을 거짓말이라고 생각할 수 없게 만든다. 일상적인 거짓말들은 조금만 시간이 지나면 탄로가 나서 망신도 당하고 그로 인해 여러 가지 어려움을 겪게 된다. 하지만 거짓의 사람들의 거짓말은 거의 탄로가 나지 않는다. 설상 탄로가 난다할지라도 "오해였다." "착각이었다." 내지는 "잘 몰랐다."라는 말로 웃어넘기면 된다.

하지만 거짓의 사람들의 거짓말은 아주 커다란 파괴력을 가진다. 어쩌면 사기꾼의 거짓말보다 더 큰 위력을 가진다. 왜냐하면 사기꾼의 거짓말은 조만간 탄로가 날것이고, 그냥 무시해버리면 되기 때문이다. 하지만 평소 신뢰하는 사람이 말한 아주 정교한 거짓말은 너무나 큰 비중과 무게를 지닌다. 그들의 왜곡된 증언에 교회와 같은 공동체들이 무너질 수도 있다. 그들의 왜곡된 사실 전달로 인해 사람들 간의 관계가 멀어지고 때론 서로 간에 오해에 휩싸이게 된다. 거짓의 사람들의 거짓말 같지 않은 거짓말은 공동체에 엄청난 혼란을 가져다준다.

왜 그럴까?

거짓의 사람들의 거짓말은 도대체 무엇이 다른 것일까?

거짓의 사람들의 거짓말은 그들의 정교한 편집능력에 있다. 그러기에 그들의 거짓말은 그냥 막연한 거짓말이 아니다. 거짓의 사람들의 거짓말은 거짓말 같지 않은 거짓말인 것이다.

그들은 진실을 전달하지만 전체적이고 객관적으로 이해할 수 있는 "결정적인 단서"를 생략한다는 것이다. 그 단서가 없이는 누구의 잘잘못을 가릴 수도 없을 뿐만 아니라 마치 김빠진 사이다처럼 사건자체가 모호해진다. 그러기에 거짓의 사람들을 증인으로 세워서 이야기할 때 당신의 가슴은 정말 답답해질 것이다. 아니 왜 그 사건을 그렇게 밖에 진술하지 못하는 걸까라는 생각과 함께 화가 치밀어 올라올 수도 있다.

거짓의 사람들의 사건과 사실에 대한 정교한 편집능력은 일대일 간의 대화에서 더욱 빛이 난다. 아무도 증인이 없을 때는 그들의 편집능력이 최대로 발휘된다. 만약 당신이 거짓의 사람과 싸운다면 당신은 미치고 말 것이다. 왜냐하면 당신이 알고 있는 사실과 너무나 다른 내용을 당신 앞에 진술할 것이기 때문이다. 예를 들면, 사건의 시간 순서를 살짝 다르게 엮어 놓는다든지, 어떤 특정 부분을 과장하거나 축소하든지, 전체적인 맥락에서 이야기하지 않고 자신이 부각시키고자 하는 부분만을 전달하든지, 사건의 실마리가 되는 결정적인 단서를 제외시키거나 살짝 언급하고 넘어가든지 하는 것이다. 때론 거짓의 사람들은 엄청난 편집을 통해 상대방을 곤경에 빠뜨리기도 한다. 그것은 사건의 원인은 말하지 않거나 표면적인 원인으로 축소시키고 단지 보이는 결과만을 부각시켜서 사람들로 하여금 심각한 오해를 일으키기도 한다.

그러다가도 객관적인 3자가 나타나면 살짝 당황하는 얼굴빛을 감추지 못하다가 다시 조금 다르게 정교한 편집에 들어간다. 이러한 경계선상을 오가는 거짓말, 아니 그들의 화술로 인해 딱히 그가 하는 정교한 편집 중에서 어느 부분이 거짓말인지를 가려내기란 여간 힘든 것이 아니다. 그렇다. 거짓의 사람들은 큰 문제를 일으키지 않을 정도의 경계선상의 거짓 진술뿐만 아니라 애매모호한 경계선상의 언어를 선택하는 데에 달인들이다. 이들이 즐기는 단어들이 있다. "글쎄요.","잘 모르겠어요.","기억이 안나요.","맞는 것 같아요.","상황마다 다르지 않나요?" 등이 있다.

더 나아가 이들은 시간순서를 조금 다르게 엮어놓거나 사건과 사건을 겹치게 해서 정말 무엇이 무엇인지를 알 수 없게 하고 헷갈리게 하는 능력도 있다. 쉽게 말해, 섞어놓는 은사가 있다고나 할까? 하지만 모든 사건을 전체적으로 알고 있는 사람이 듣게 되면 그들이 어디서 어떻게 왜곡했는지를 너무나 뻔히 알게 된다. 그래서 거짓의 사람들과 대화를 나눌 때에 필요한 것은 망원경이지 현미경이 아니다. 만약 당신이 현미경을 가지고 그들과 대화를 나눈다면 당신은 영원한 미로에 빠지게 될 것이다.

문제는 이러한 그들의 거짓말이 자신들의 이익에는 도움이 될지는 모르겠지만 그가 속한 공동체는 무너진다는 것이다. 왜냐하면 사건과 사고가 났을 때 정확한 사건진술과 결정적인 실마리가 되는 단서가 생명이기 때문이다. 거짓의 사람들은 모든 사람들 앞에서 사실을 진술하는 것을 매우 싫어하는 경향이 있다. 각자에게 맞는 개별적 편집을 통해 일대일로 대화하는 것을 즐기기에 그렇다. 그렇기 때문에 이들이 대중 앞에서 사건을 진술할 경우에 가장 두리뭉실한 진술을 펼칠 것이다. 하지만 대중을 상대로도 아주 정교한 편집을 통한 교묘한 거짓말을 즐기는 전문적인 거짓의 사람들도 있을 수 있다.

15
거짓의 사람들의
화술을 간파하라

거짓의 사람들의 말솜씨는 뛰어나다. 말솜씨라는 말보다는 오히려 화술이라고 해야 바른 표현일 것이다. 그 좋은 화술을 가지고 진실을 갈망하는 청중들에게 진실만을 전달한다면 얼마나 좋겠는가. 100%의 진실도 아니고 그렇다고 50%미만의 거짓도 아닌 아주 미묘하고도 복잡하게 사실을 진술한다는 것이다. 앞에서 말한 것처럼 거짓의 사람들은 진실을 거짓과 섞어 놓는 은사를 지닌 사람들이다.

특별히 거짓의 사람과 단 둘이서 대화를 나누게 되면 당신의 혈압이 갑자기 급상승하는 기분을 느끼게 될 것이다. 객관적인 증인이 없이 서로 옥신각신 말싸움이 벌어지게 되면 반드시 당신이 손을 들게 되어있다. 그들과 싸우기 위해서는 우선 감정조절이 되어야만 한다. 왜냐하면 정말 말도 안 되는 소리를 말이 되게 하기에 당신의 감정이 흔들릴 수밖에 없게 된다. 그렇게 당신의 감정이 조절되지 않아 화를 내면 승부는 간단히 결정이 나는 것이다.

거짓의 사람이 과거에 일어났던 사건을 왜곡할 때 이제 당신도 그 과거의 상황으로 기억을 돌려야 할 것이다. 하지만 기억해야 할 것은 거짓의 사람들은 과거형 인간들이라는 것이다. 과거의 사건 하나하나를 정말 기가 막히게 기억하는 사람들이라는 것이다. 뭐라고 할까? 기억의 보따리를 따로 달고 다닌다고나 할까. 문제는 그 생생한 기억을 가지고 간단한 편집내지는 진실조작을 한다는 것이다. 더 큰 문제는 만약 당신이 진취적이고 미래형 인간일 경우이다. 파레토의 법칙에 따른다면, 가정이나 공동체를 5명중의 한명이 살린다고 한다. 바로 분별력이 있는 사람인 것이다. 하지만 이들은 현재의 문제를 해결하며 미래에 닥쳐 올 갖가지 문제들을 미리 대비하느라 과거에 매달릴 마음의 여유가 없다. 당신은 이제 망각의 바다에서 허우적거릴 수밖에 없다. 도대체 기억이 나지 않는다. 왜냐하면 그러한 사건이 그렇게 중요한 것이 아니었기 때문이다. 최소한 그 당시에는 말이다. 하지만 이제는 그때의 기억을 더듬어야 한다. 정말 머리가 아파진다.

이제 여러 가지 문제가 생긴다. 거짓의 사람들처럼 과거의 사실을 자신에게 유리하게 대충 편집하고 싶은 충동이 생긴다. 하지만 그것은 불가능하다. 그들은 너무나 생생한 기억을 가지고 편집하는 것이고 당신은 아주 불투명한 기억을 가지고 하는 것이기 때문이다. 그러한 시도 자체가 죽음의 길이 된다. 그렇다고 자신의 무의식과 양심은 거짓의 사람들이 조작한 진실에 동의할 수 없다. 정말 화가 난다. 하지만 감정을 다스려야 한다. 그러다가 "문제의식이 없는 사람"이 그 앞을 지나간다. 정말 놀라운 사실은 "문제의식이 없는 사람들"은 과거형 인간들이 아니라는 것이다. 그들은 오로지 현재형 인간들이다. 이제 "문제의식이 없는 사람"이 이들의 싸움에 끼면서 대화는 더욱 복잡해진다. 자신들도 잘 기억하지 못하면서 너무나 쉽게 거짓의 사람들의 미묘한 진술에 넘어가 버린다. 그리고 이들이 기억나는 사실들이 있다면 오히려 거짓의 사람들이 진술한 것들을 뒷받침해주는 역할을 하게 된다. 앞에서 언급한 것처럼 거짓의 사람들은 단순무식한 거짓말을 절대하지 않는다. 그들은 이럴 수도 있고 저럴 수도 있는 경계선상의 언어표현을 사용할 뿐만 아니라 거짓이 드러나지 않을 정도의 정교한 편집을 하는데 전문가들인 것이다.

더 놀라운 것은 "소심하고 겁 많은 사람들"의 입장이다. 우선 이들은 공동체 안에 벌어진 논쟁이나 말싸움에 자신들이 연루되는 것 자체를 꺼린다는 것이다. 그리고 거짓의 사람들과 분별력 있는 사람들 사이의 진실 공방에서 절대로 오버하지 않는다. 자신들이 정확하게 기억하는 것 외에는 말하지 않는다. 그들이 원하는 것은 진실이 밝혀지는 것보다는 공동체가 조용해지는 것이다. 하지만 진실이 밝혀지지 않고 계속해서 두리뭉실하게 진실이 숨겨진다면 언젠가 그 공동체는 완전히 붕괴될 것임을 그들은 알지 못한다는 것이다.

때론 소심하고 겁 많은 사람들이 거짓의 사람들의 조작된 진실을 무너뜨릴 수 있는 증언을 할 수도 있다. 그래도 별문제가 없다. 왜냐하면 거짓의 사람들은 자신이 거짓말한 부분을 인정하면 된다. 그들은 아무렇지도 않다는 듯 너무나 쉽게 그 사실을 인정한다. 별로 중요하지 않은 사실이 밝혀진 것처럼 대충 넘어가려고 한다. 사실은 그게 얼마나 중요하고 얼마나 결정적인 단서인데 말이다. 분별력이 있는 사람 입장에선 정말 화가 난다. 하지만 그는 분을 꾹 참고 그 결정적인 단서를 가지고 물고 늘어지게 된다. 하지만 그것이 그리 쉬운 일이 아니다. 거짓의 사람이 이미 "미안하다" "착각이었다"라고 말하고 난 후에 그 결정적 단서가 아무리 중요하다고 한들 계속해서 그것을 가지고 그 사람을 공격할 수는 없는 노릇이다. 게다가 "문제의식이 없는 사람"이 옆에서 이렇게 끼어든다. "뭐 그럴 수도 있지, 자꾸 똑같은 이야기를 해요!" "진짜 중요한 요점은 그게 아니잖아요?" 여기서 분별력이 있는 사람이 문제의식이 없는 사람의 감정적인 발언에 휘말리면 말싸움의 승부는 끝이 난다. 또 참아야 한다. 그리고는 계속해서 거짓의 사람의 발언에 집중해야 한다. 만약 그 결정적 단서에만 집착하게 되면 속 좁은 사람으로 한순간에 전락된다. 거짓의 사람이 기억을 못해서(?) 실수할 수도 있지 그 조그마한 실수를 가지고 그렇게까지 면박을 주느냐는 것이다. 이때 정말 조심해야 한다. 진실을 밝혀 준 "겁 많고 소심한 사람"조차도 그들과 동일한 생각을 한다는 것이다.

여기서 중요한 문제는 거짓의 사람이 이제 화제를 전환한다는 것이다. 그들은 상황이 불리해지면 자연스럽게 화제를 전환한다. 분별력이 있는 사람은 아직 그 문제가 매듭이 지어지지 않아서 답답한데 말이다. 그리고 말싸움을 종식시켜줄 수 있는 그 결정적인 단서가 나왔는데도 그 문제를 종결짓지 못하게 된다. 정말 억울하고 화가 나서 견딜 수가 없게 된다. 하지만 다른 길이나 방법이 없다. 결국 또 다른 화제로 넘어가야만 한다. 사실은 말싸움의 출발 원인과는 전혀 상관없는 주제로 말이다. 하지만 깊이 생각하지 않으면 그 누구도 새로운 화제가 그 말싸움과 전혀 상관이 없다는 것을 알지 못한다. 단지 분별력이 있는 사람만이 '헉!' 하는 심정을 느끼게 될 뿐이다. 물론 거짓의 사람은 그 사실을 너무나 잘 알고 있다. 바로 "문제의식이 없는 사람들"과 "겁 많고 소심한 사람들"을 눈속임 하는 것이다.

이러한 화제 전환을 샛길 타기라 부르자. 이들은 샛길 타기의 명수들이다. 과거에 대한 생생한 기억력이 있기에 자신들이 원하는 방향으로 아주 유유히 흘러갈 수 있다. 문제는 분별력이 있는 사람이다. 그 모든 진실을 심증으로는 알지만 증명할 만한 기억력이 없다는 것이다. 현실과 부딪히며 미래를 대비하는 것도 힘들어 지치는데 아니 그 과거의 조그마한 사건 하나하나를 어떻게 기억해 내느냐의 문제이다. 그리고 기억해 낸들 또 다른 자료나 비슷한 자료를 가지고 반박하니 어떻게 이길 수 있겠는가. 또한 객관적인 증인의 정확한 진술이 나오더라도 미안하다는 한마디로 일축해버리는데 그 누가 당해낼 수 있겠는가.

이제 또 다른 샛길을 타면서 똑같은 방식의 옥신각신하는 각축전을 벌이게 되면 정말 미치겠다는 생각을 하게 된다. 그러면서 대화의 의욕을 상실하고 만다. 바로 이것이 거짓의 사람들의 대화의 전술인 것이다.

거짓의 사람들은 대화를 통해서 문제를 풀겠다는 데에 초점을 두는 것이 아니라 말싸움 자체에 둔다. 그러기에 당신이 거짓의 사람들과 대화를 통해서 어떠한 문제를 풀어보겠다는 의욕은 버리는 것이 바람직하다. 더 나아가 샛길 타기의 명수들에게 질질 끌려 다니며 과거의 세밀한 사건 하나하나를 뒤지는 것들은 미리 포기하는 것이 당신의 혈압을 안정시키는 데에 좋을 것이다.

하지만 당신이 망원경을 가진 분별력 있는 사람이라면 다음과 같은 거짓의 사람들의 대화의 특징을 발견할 수 있을 것이다. 그 하나는 한 입가지고 두 말하는 것이다. 거짓의 사람들은 필요에 따라 내용을 편집하기에 처음부터 끝까지 대화를 녹취하게 되면 자신의 말이 자신의 또 다른 말과 모순되는 것을 발견하게 된다. 바로 이들의 자기모순은 편집의 한계이다. 거짓의 사람들은 필요에 따라 말 바꾸기를 너무나 쉽게 하기에 자신들의 대화를 녹음하는 것을 매우 두려워한다.

거짓의 사람들의 대화의 특징은 애매모호한 설명이나 단어를 사용하는 것이다. 바로 경계 선상의 언어 그리고 불투명한 설명으로 과거의 사건이나 상황을 아주 흐리게 한다. 그것은 자신들이 진실로 인하여 몰리게 될 때를 대비하는 것이다. 만일 진실이 밝혀지더라도 빠져나갈 수 있는 여지나 구멍을 미리 열어놓는 것이다. 그리고 대화가 진행되면서 상대방이 분노하여 말실수를 하게 되면 그것은 치명적이다. 특별히 가짜 거짓의 사람들이 거짓의 사람들과의 대화를 통해서 패배하는 직접적인 원인이 바로 이것이다. 감정이 격해질 때 자신도 모르게 말실수를 하게 되면, 거짓의 사람들은 그 단어 하나에 집착하면서 또 다른 꼬리를 물게 된다. 왜 그런 감정적인 단어가 튀어나왔는지를 고려하지 않는다. 원인 제공은 바로 자신들인데 말이다.

이제 분별력이 있는 사람이나 가짜 거짓의 사람은 자신도 모르게 튀어나온 감정적인 표현이나 단어로 인해서 곤욕을 치른다. 진실을 밝히기는커녕 이제 비인격적인 아주 못된 사람으로 전락하게 된다. 그리고 거짓의 사람이 다른 사람들을 만나서 이야기를 할 때, 그들의 강조점은 그 비인격적이고 감정적인 말실수뿐이다. 물론 왜 그렇게 감정이 격하게 되었는지는 생략이 된다.

어쩌면 거짓의 사람들을 통해서 우리의 감정이 조절되는 훈련을 받는다면 그것도 '모든 것이 합력하여 선을 이루는 것' 일지도 모르겠다.

우리가 다 실수가 많으니 만일 말에 실수가 없는 자면 곧 온전한 사람이라 능히 온 몸도 굴레 씌우리라.[101]

---

101) 야고보서 3:2절

16
거짓의 사람들의 전략을 꿰뚫어라

예수님은 바리새인들을 외식하는 사람들이라고 책망하셨다. 외식하는 사람들이란 겉으로는 선한 척, 믿음이 있는 척하지만 속으로는 거짓과 불신앙으로 가득 차 있는 사람들이다. 사람들의 눈에는 선량하게 보일지언정 실제로는 악한 사람들인 것이다. 마 23장에서 예수님은 외식하는 바리새인들의 행위를 본받지 말라고 말씀하신다. 왜냐하면 저들은 말만 하고 행하지 않기 때문이다. 더 나아가 무거운 짐을 사람의 어깨에 지우고는 자신의 손가락은 까딱도 하지 않는다. 그래서 예수님은 이들을 회칠한 무덤과 같다고 비판하셨다. 심지어는 "뱀들아 독사의 새끼들아, 너희가 어떻게 지옥의 심판을 피하겠느냐"라고 책망하셨다.

도대체 거짓의 사람들은 어떻게 말을 잘할까?

어떻게 사람들을 설득하여 사람들로 하여금 어깨에 무거운 짐을 지게 할 수 있을까?

그러면서 어떻게 자신은 아무런 일도 안하면서 존경을 받을 수 있을까?

"문제의식이 없는 사람들"은 자신들의 어깨에 지워진 무거운 짐을 자랑스럽게 생각한다. 거짓의 사람들에게 선택받은 사람이요, 신임을 받는 사람이기에 그렇다. 물론 문제의식이 없는 사람들이 거짓의 사람들을 거짓의 사람들로 생각할리는 만무하다. 누가 뭐래도 이들은 하나의 콤비임에 틀림없다. 악어와 악어새라고나 할까. 거짓의 사람들이 "문제의식이 없는 사람들"에게 그 무거운 짐을 정말 특별한 임무로 설명하면 된다. 정말 중요한 임무를 거짓의 사람들이 그들을 위하여 양보한 것처럼 말하면 그들은 감격하여 더 열심히 일하게 된다.

그러다가 그들이 조금 힘들어하는 것 같으면 이제는 동정심을 유발시키면 된다. 왜냐하면 문제의식이 없는 사람들의 특징 중의 하나가 바로 메시아 콤플렉스이기 때문이다. 그렇다. 문제의식이 없는 사람들에게 필요한 것은 자긍심이다. 누군가에게 인정받는 것이다. 쉽게 말하면 칭찬받는 것이다. 거짓의 사람들은 이러한 그들의 필요를 너무나 쉽게 채워준다.

정말 손쉬운 사람들이다.

하지만 "겁 많고 소심한 사람들"은 조금은 신경을 써야 한다. 이들에게는 명분이나 정당성이 중요하기 때문이다. 소심한 사람들은 아무리 칭찬을 받더라도 그 무엇인가 그들의 마음을 받쳐 줄 정당한 근거가 필요하다. 그들은 아무리 힘든 일이라도 그것이 법이라면 쉽게 따른다. 더 나아가 이들은 거짓의 사람들이 손가락 하나도 움직이지 않더라도 그것을 문제 삼지 않는 사람들이다.

그러나 분별력이 있는 사람들에게는 자긍심이 그다지 필요가 없다. 또한 일의 정당성이나 합법성도 그리 중요하지 않다. 그들은 거짓의 사람들에게 언행일치를 요구한다. 하지만 거짓의 사람들은 자신들이 말한 것을 행동으로 옮기기에는 너무나 게으르고 나태하다. 칭찬만 하면 열심히 일하는 충견들(?)이 있고, 칭찬하지 않고도 일의 정당성만 설명해 주면 그 누구의 눈치도 살피지 않으면서 쉼 없이 일하는 개미들(?)이 있는데 어찌 베짱이들(?)이 나가서 땀 흘리며 일할 수 있겠는가? 이러한 광경을 바라보는 분별력이 있는 사람들은 정말 어이가 없을 뿐만 아니라 당황스럽기가 그지없다. 설상가상으로 분별력이 있는 사람들도 거짓의 사람들이 설정해 놓은 일들에 협력하여 열심히 일을 해야 한다는 무언의 압력을 받게 된다.

문제의식이 없는 사람들처럼 아무런 생각 없이 그 일에 동참할 수도 없고, 그렇다고 소심한 사람들처럼 일의 능률성이나 효율성 내지는 목적성에 상관없이 일할 수는 없는 노릇이다. 그리고 그저 자연스럽게 조성된 당위성과 당연히 해야만 한다는 분위기 속에서 일하기에는 그 무엇인가 시간이 아깝고 심지어는 억울한 생각까지 들게 된다. 설상가상으로 그러한 일들을 만든 장본인들, 즉 거짓의 사람들은 그저 감독하며 놀고 있다는 것이다. 분별력이 있는 사람들이 이를 바라볼 때에 정말 어이가 없을 뿐만 아니라 분노의 감정까지 이르게 된다.

　이제 분별력이 있는 사람들이 할 수 있는 선택은 그리 많지 않다. 하나의 선택은 그가 속한 단체나 교회를 떠나는 것이다. 정말 견딜 수 없는 현실이 된 것이다. 어쩌다가 자신의 의지와 상관없이 교회를 떠나야만 하는가. 다른 교회의 문을 두드려본다. 불행히도 그 교회에도 거짓의 사람들이 이미 세력을 확장하고 있지 않는가. 정말 불행한 현실이다. 이러한 상황을 예견하듯 예수님이 말씀하셨다. "화있을진저 외식하는 서기관들과 바리새인들이여 너희는 천국 문을 사람들 앞에서 닫고 너희도 들어가지 않고 들어가려 하는 자도 들어가지 못하게 하는 도다."

　어쩌면 현재 교회에 남아 있는 많은 성도들이 "문제의식이 없는 사람들"이거나 "소심하고 겁이 많은 사람들"일 수 있다. 게다가 거짓의 사람들이 교회 지도층을 차지하고 있다면 정말 불행한 일이 아닐 수 없다. 그렇다고 한국교회 모두가 이런 식으로 거짓의 사람들로 가득 차 있다는 말은 아니다. 하지만 거짓의 사람들이 어떤 교회를 장악했을 때 벌어질 상황을 설명한 것이다.

　만일 교회의 장로 한 사람이 거짓의 사람으로서 교회에 영향력을 행사하고 있다고 하자, 담임 목사가 "문제의식이 없는 사람"이라면 그 목사는 당연히 그 장로의 꼭두각시 노릇을 하게 되어 있다. 거짓의 사람인 장로를 이겨낼 만한 두뇌도 영향력도 부족할 것이다. 단지 그가 뒤에서 조정하는 대로 이끌려 갈 수 밖에 없다. 그러다가 너무 힘들거나 억울한 마음이 들어서 그 장로에게 저항한다면 아주 비참한 최후로 이어지게 된다. 아주 엉뚱한 일로 억울한 누명을 쓰고 "문제의식이 없는 사람들"로부터 손가락질을 받으면서 교회를 떠나게 된다. 평소 담임목사의 비리나 잘못된 점을 하나하나 모아두었다가 타이밍을 맞추어 문제의식이 없는 사람들에게 정보를 흘리면 된다. 그리고 그들로 하여금 폭발하여 목회자가 사임할 수밖에 없도록 유도하는 것이다. 이때 목회자는 사임을 하고 떠나든지 아니면 그 장로에게 가서 빌어야만 한다. 그리고 앞으로 순종하며 잘 따르겠다고 맹세를 하게 된다. 만일 목회자가 사임하게 되면 "문제의식이 없는 사람들"은 더 자신감이 넘치게 되고 마치 자신들이 교회의 주인이 된 것 같은 착각 속에 빠지게 된다. 하지만 소심한 사람들은 왠지 모를 무의식적 죄책감을 가지면서 동시에 마음의 상처를 받게 된다.

　거짓의 사람들은 정말 무서운 사람들이다. 자신들이 나서서 직접 그 더러운 일 혹은 하지 말아야 할 일을 하지 않고 "문제의식이 없는 사람들"로 하여금 그 일을 하도록 유도하기 때문이다. 이는 완전 범죄다. 이제 새로운 목회자가 청빙되어 오게 되면, 그의 목회는 아주 비참해진다. 왜냐하면 소신이 있는 목회는 사라지고 시집살이 목회로 전락해버리기 때문이다. 여기서 문제가 되는 것은 한 번 목회자를 비인격적으로 퇴출시킨 성도들의 영혼이다. 특별히 "문제의식이 없는 성도들"의 영혼이 문제다. 이들은 이제 새로운 목회자를 우습게 여기는 교만한 사람들로 자신들도 모르는 사이에 변해버린다. 그리고 자신의 자녀들과 함께 한

식사자리에서 "그 목사 말이야~~ 요즈음 이상해, 경고 한마디 해줄까?"라는 말을 서슴지 않고 하게 된다. 이상한 것은 그의 자녀들도 그것을 당연하게 여긴다는 것이다. 참으로 슬픈 일이 벌어진 것이다. 그러기에 예수님은 바리새인[102]과 같은 거짓의 사람들에게 이렇게 말씀하셨다.

> 화 있을 진저, 외식하는 서기관과 바리새인들이여 너희는 교인 한 사람을 얻기 위하여 바다와 육지를 두루 다니다가 생기면 너희보다 배나 더 지옥 자식이 되게 하는 도다."

이를 아주 쉽게 설명한다면, 거짓의 사람들이 "문제의식이 없는 순진한 사람들"을 천국에 들어갈 수 없게 만들뿐만 아니라 지옥에 들어갈 사람들로 만들어 버린다는 것이다. 다시 말해, 자신들만 천국에 못 들어가고 지옥의 자식이 되면 되었지 왜 순진한 사람들조차 죄를 짓도록 유도하여 더 지독한 지옥의 자식들이 되게 하는지 모르겠다.

---

102) 스캇 펙은 이 세상의 악은 바리새인과 같은 영적인 특권층에 의해서 저질러진다고 주장한다. "바리새인들은 예수님이 오셨을 당시의 특권층이었다. 그들은 심령이 가난하지 않았다. 그들은 자신이 모든 것을 다 갖고 있고, 모든 것을 다 알고 있으며, 팔레스타인과 예루살렘에서 문화의 지도자급들이 되기에 충분한 자격이 있는 사람이라고 생각했다. 그런 그들이 예수님을 죽인 장본인이 되었다. 이 세상의 악은 영적인 특권층에 의해 저질러진다. 이 시대의 바리새인들, 그들은 자기 성찰의 불쾌감을 눈곱만큼도 견뎌 낼 마음이 없으면서 그걸 핑계삼아 자기는 죄가 없는 깨끗한 존재라고 치부한다." 거짓의 사람들, 128.

17

거짓의 사람들의 이간을 조심하라

　거짓의 사람들은 남을 속이는 사람들이다. 본래 마귀가 거짓의 아버지이기 때문에 그를 따르는 사람들은 거짓의 아들들인 것이다. 에덴동산에서 마귀가 아담과 하와를 최초로 속였다. 창세기는 마귀, 곧 뱀을 간교한 자로 묘사한다. 어떻게 아담과 하와를 속였을까? 우선 아담과 하와 중에 유혹에 약한 자를 선택했다. 하와가 유혹에 약했던 가장 큰 이유는 그녀가 하나님으로부터 직접적으로 선악과를 따먹지 말라는 명령을 듣지 못했다는 것이다. 그저 남편인 아담으로부터 그 명령을 전해 들은 것이다.

　과연 마귀는 얼마나 간교한가? 마귀는 아담과의 정면승부를 피하고 하나님의 명령을 직접 전해 듣지 못한 하와에게 접근하여 속인 것이다.

정말 비겁한 처사이다. 그의 간교함이 비겁한 행동으로 이어진 것이다.

  뱀이 하와를 유혹하려고 한 말은 이렇다. "선악과를 먹으면 눈이 밝아져 하나님과 같이 된다." 과연 무엇이 진실이고 무엇이 거짓인가? 우선 선악과를 먹으면 눈이 밝아진다는 말은 일부 옳다고 볼 수 있다. 하지만 어떤 눈이 밝아진다든지 아니면 눈이 밝아지면 어떤 일이 생기는 것인가에 대한 구체성이 결여된다. 다시 말해 육신의 눈이 밝아져 자신들이 벌거벗음을 알게 됨을 말하지 않았다. 또한 선악과를 먹으면 그들의 영과 육이 죽게 됨을 알리지 않고 그저 그들이 하나님과 같이 된다는 완벽한 거짓말을 하였다.

  결과적으로 뱀은 비겁하게도 하와에게 접근하여 그녀를 유혹하였을 뿐만 아니라 진실을 조금 섞은 완벽한 거짓말을 한 것이다. 거짓의 사람들도 이런 식으로 속인다. 그들의 거짓말은 남을 속이는 것이다.

  거짓의 사람들의 간교한 속임수는 바로 이간으로 이어진다. 이간은 사람과 사람사이를 갈라놓는 것이다. 그리고 그 중심에 바로 거짓의 사람이 선다. 바로 그들의 화술과 위장술이 이를 가능하게 만든다. 이간은 삼각관계일 때 두 사람 사이의 중심에 서서 이 사람과 저 사람을 꼼짝 못하게 묶어놓는 기술이다. 어쩌면 거짓의 사람들은 질투의 화신들이다. 만일 자신들이 가정이나 공동체의 중심에 서지 않으면 잠을 못 이루는 사람들이다. 그가 속한 공동체가 아무리 행복해도 자신이 장악하지 못했다면 그들은 전혀 행복하지 못하다. 자신들이 그 중심에 서기 위해서는 어떠한 수단과 방법을 가리지 않는다. 물론 가짜 거짓의 사람들도 똑같다. 하지만 차이점이 있다면, 가짜 거짓의 사람들은 너무나 생각이 짧아 금방 들통이 난다는 것이다. 그들의 속셈이나 속내가 금방 드러나기 때문이다. 하지만 거짓의 사람들은 얼굴 표정이나 행동들을 보아서는 그들의 속마음을 알아내기 힘들다는 것이 문제다.

거짓의 사람들은 자신들의 속마음을 숨기는 사람들이다. 그러니 이들의 위장된 모습을 누가 알아낼 수 있겠는가. 문제는 이들의 화술에 있다. 거짓의 사람들은 환차이익을 잘 누린다. 환차이익이란 바로 환율의 차이에 의한 이득을 말한다. 달러를 싸게 사서 비싸게 파는 것과 마찬가지이다. 보통 은행들이 사람들로부터 달러를 팔 때는 높은 가격에 판다. 그리고 달러를 살 때는 아주 낮은 가격에 사는 것이다. 바로 달러를 파는 사람과 사는 사람들 사이에서 이중적인 이익을 취하는 것이 은행들이다. 달러에는 환차가 있듯이 사람과 사람 사이의 사건과 진실들 속에는 어떠한 여백이 있는 것이다. 거짓의 사람들은 바로 진실의 여백을 최대한 유용하는 사람들이다. 물론 이는 처세술이다. 그것을 누가 비난할 수 있겠는가. 하지만 진실의 여백을 최대한 이용할 때 자신은 최대한의 이득을 누리지만 누군가는 피해를 입게 된다. 중고자동차를 판다고 하자. 중고자동차 판매인은 가장 싼 가격에 자동차를 구입해 가장 높은 가격에 소비자에 판다. 중고자동차 중매인이 결단코 자동차 파는 사람과 소비자를 이어주지 않는다. 그렇다면 그에게는 아무런 이득이 남지 않기 때문이다.

그렇다. 거짓의 사람들은 사람과 사람 사이를 좋은 관계로 이끌어주지 않는다. 환율차를 남기는 은행이나 자동차 차액을 이중으로 남기는 자동차 중개인은 괜찮다. 아니, 문제가 없다. 그것은 단지 돈 문제이니까. 문제가 발각되면 돈으로 보상하면 된다.

하지만 사람과 사람 사이는 그렇지 않다. 말로 설명할 수 없는 상처가 남는다. 왠지 모르게 소외감과 함께 슬퍼진다. 다시 말하자면 거짓의 사람들이 환율차를 누린다는 말은 이렇다. 문제의식이 없는 사람을 다른 친구들에게 "아무 생각이 없이 사는 사람" 내지는 "푼수"로 말한다. 하지만 그 당사자에게는 "우직한 사람" "의리가 있는 사람"이라고 말해 친하게 지낸다. 그리고 겁 많고 소심한 사람을 다른 친구들에게 "쫌 생이" 내지는 "밴댕이 속"으로 비하한다. 하지만 당사자에게 "세심하고 사려가 깊은 사람"이라 칭찬한다. 거짓의 사람이 중간에서 이렇게 묘하게 조정하는 것을 그들은 꿈에도 모른다. 만약 그것이 쉽게 발각이 되는 사람이라면 그는 가짜 거짓의 사람이든지 아직 수준이 낮은 거짓의 사람이리라.

때론 자동차 중개인 중에 사고 난 자동차를 아주 헐값에 사서 가격을 제대로 받고 파는 악덕 중개인도 있다. 마찬가지로 거짓의 사람들 중에 아주 악독한 사람은 진실의 여백을 넘어서 거짓말을 첨가해서 사람들 사이를 이간한다. 이러한 이간을 당한 사람은 어쩌면 평생 일어서지 못할 수도 있다.

정말이지 거짓의 사람들은 왜 사람과 사람의 중간에 서서 장난을 치는지 모르겠다. 정말로 중심에 서고 싶으면 이 사람과 저 사람을 이어주면 얼마나 좋을까. 만일 이어주지 못하더라도 최소한 서로 오해를 불러일으키지 않도록 해야 하는 것 아닌가. 그런데 거짓의 사람들이 중간에 끼어서 이간을 하게 되면 이유도 제대로 모른 채 무고한 사람들이 몇 달을 아니 몇 년을 서로 뒤도 돌아보지 않게 된다. 정말이지 나쁜 사람들이다.

18
거짓의 사람들의
아첨과 과잉충성에 속지 마라

거짓의 사람들의 이간은 상사에 대한 아첨으로 더욱 강화된다. 성경은 이웃에게 아첨하는 사람은 그의 발밑에 함정을 파는 자라고 말한다. 대개의 경우 거짓의 사람들은 가장 높은 사람 내지는 영향력이 있는 사람의 눈을 가리는데 총력을 기울인다. 정말 놀라운 일이지만 높은 사람들의 주변에는 거짓의 사람들이 많이 몰린다. 높은 지위의 사람들도 거짓의 사람들의 사탕발린 말을 좋아한다.

그렇다면 아첨과 칭찬은 무엇이 다른가? 아첨은 자기 자신이 누군가에게 잘 보이기 위해서 억지로 만들어낸 칭찬이다. 하지만 칭찬은 이러한 이해관계와는 상관없이 그저 순수한 마음으로 누군가의 장점을 말해주는 것이다. 다시 말해서 의도의 순수성에 의해서 아첨과 칭찬은 나누어진다.

때론 아첨하는 사람들을 보면 부담스럽다. 굳이 그렇게까지 칭찬해 줄 필요가 없는데 자꾸 칭찬하니까 때론 거북해지기도 한다. 그러니까 아첨의 문제는 세 가지다. 하나는 칭찬할 만한 가치가 없는 것을 칭찬하는 것이다. 둘째는 상대방의 호의를 얻기 위해서 인위적으로 하는 것이다. 셋째는 비슷한 칭찬을 반복하거나 자주하는 것이다. 필자는 거짓의 사람들이 호들갑을 떨면서 아첨하는 것을 자주 목격한다. 그때 발견하는 것은 정말로 쓸데없는 것을 칭찬한다는 것이다. 그러면서 정작 그 사람이 아주 중요한 성장을 한다거나 놀라운 일을 해낼 때는 입을 꼭 다문다. 이것은 동전의 앞면과 뒷면과 같다. 아무런 가치가 없는 것들에 대해서는 시도 때도 없이 칭찬하는 사람들은 정작 칭찬해야 하는 것들에 대해서는 얼굴이 창백해지면서 침묵을 한다는 것이다.

왜 그럴까? 아무런 쓸데없는 것에 대해 칭찬하는 것은 그 사람의 호감을 얻어서 자신이 원하는 일을 쉽게 해내기 위해서이다. 그리고 정작 중요한 일에 칭찬을 하지 못하거나 억지로 하게 되는 이유는 시기심이 많아서이다. 아무튼 거짓의 사람들은 자신이 원하는 사람들을 달콤한 말로 유혹하는 사람들이다. 그들은 상사의 마음을 얻어내기까지 결단코 아첨을 쉬지 않는다. 문제는 이러한 인위적이고 말도 안 되는 칭찬이 통한다는 것이다. 문제의식이 없는 사람들에게는 더욱 그렇다. 문제의식이 없는 사람들은 거짓의 사람들의 아첨을 그대로 받아들인다. 참 어이가 없다. 소심하고 겁이 많은 사람들조차도 이들의 아첨을 싫어하지 않는다. 소심하고 겁이 많은 사람들은 이들의 칭찬이 단지 아첨이라는 사실을 안다. 하지만 굳이 거부하지는 않는다. 문제는 분별력이 있는 사람들이다. 거짓의 사람들의 아부가 나중에 화살이 되어 돌아온다는 사실을 아는데 웃을 수가 없는 것이다.

대부분의 직장 상사들은 아부나 아첨을 좋아한다. 아마도 외로워서 그런 것 같다. 그들의 높은 자리가 그들로 하여금 뭔가 2% 부족한 목마름을 가져다준다. 거짓의 사람들은 그들의 필요가 무엇인지를 너무나 잘 안다. 그리고 높은 사람의 필요를 채우는데 온갖 노력을 다한다. 정말 눈물겨울 정도이다. 분별력이 있는 사람도 높은 사람의 필요를 채워줄 수 있는 의지도 능력도 있다. 하지만 높은 사람의 주변에 거짓의 사람들이 하는 아부와 아첨, 더 나아가 과잉충성을 목격하고는 머리가 아파진다. 그들과 함께 충성을 경쟁한다는 것이 분별력이 있는 사람들의 입장에서 도저히 자존심이 허락지 않는다. 직장 상사를 위해 온갖 충성을 다할 수 있고, 갖가지 수치와 고통도 참을 수 있지만, 거짓의 사람들과의 막연한 충성심 대결은 그들이 피하고 싶은 일이다.

거짓의 사람들의 아첨과 과잉충성은 언젠가는 반드시 문제를 일으킨다. 충성을 한다는데 무엇이 문제가 되겠는가. 하지만 주변사람들과 조화를 이루지 못하는 충성은 공동체를 병들게 한다. 그 누가 상사로부터 사랑을 받고 싶지 않겠는가. 하지만 이것이 과잉충성으로 이어지면 정말 신경을 써야 할 것들에 무관심하게 되어있다. 어쩌면 과잉충성은 이간의 또 다른 측면이다. 이간이 말장난으로 이해되어진다면, 과잉충성은 이간의 행동적 측면인 것이다.

앞에서 언급했듯이 직장의 최고 높은 회장이나 단체의 장은 언제나 외로움을 느끼게 되어 있다. 문제는 부하직원이 충성된 권고는 뒤로하고 아부나 아첨만을 한다면 그 공동체는 조만간 어려움을 겪게 된다는 것이다. 만일 단체장이 바른 생각과 통찰력을 가지고 있다면 거짓의 사람들의 이러한 아첨과 과잉충성이 그리 문제가 되지 않을 것이다. 하지만 단체장이 겁이 많고 소심한 사람이요 우유부단한 사람이라면 그는 거짓의 사람들의 아첨과 과잉충성에 감격할 것이다. 더 나아가 조만간 그를 의존하게 될 것이고 순식간에 단체의 결정권이 은근히 거짓의 사람들의 손에 넘어 가게 될 것이다.

이러한 상황이 전개되면, "문제의식이 없는 사람들"도 생존의식을 느끼면서 아첨과 과잉충성의 대열에 함께 끼게 될 것이다. 겁 많고 소심한 사람들은 천성적으로 아첨이나 과잉충성을 꺼려하는 사람들이다. 하지만, 거짓의 사람들과 문제의식이 없는 사람들이 줄지어 아첨과 과잉충성을 하는데, 소심하고 겁 많은 사람들이라고 그 분위기를 벗어날 수는 없는 사람들이다. 마음으로는 이건 아니라고 생각하지만 사직서를 제출할 각오를 하기 전에는 별다른 방법이 없다. 결국은 분별력이 있는 사람들이 문제를 제기하고야 만다.

이제 단체장에게 나아가 그 공동체가 처한 실제 문제가 무엇인지 그리고 어떻게 해결해야 할지를 호소하게 된다. 하지만 소심하고 겁 많은 단체장은 그 무엇인가 진실을 느끼긴 하지만 그것을 받아들이기 위해서는 너무나 커다란 희생과 개혁이 필요하다는 것을 깨닫게 된다. 문제는 단체장 자신에게 그것을 감당할 만한 용기나 능력이 없다는 것을 스스로 안다는 것이다.

  분별력이 있는 사람의 직언을 통해 단체장이 할 수 있는 선택은 간단하다. 하나는 사직하는 것이다. 정말 그가 속한 공동체가 건강해지고 올바른 길로 가기 위해서는 뼈를 깎는 고통과 노력을 기울여야 한다. 하지만 그럴 용기나 자신이 없는 것을 그 스스로 알기에 최선의 선택으로 그 자리를 넘겨주는 것이다. 하지만 이런 경우는 매우 드물다. 두 번째 선택은 분별력이 있는 사람의 직언을 무시하고 그냥 갈 때까지 가는 것이다. 그냥 지금처럼 간다고 갑자기 그 단체가 망하거나 문을 닫는 것이 아니기 때문이다. 또한 거짓의 사람들의 호언장담과 문제의식이 없는 사람들의 과잉충성으로 그 무엇인가 되는 것 같지 않은가. 사실 소심하고 겁 많은 단체장은 이중적인 괴로움을 겪을 것이다. 하나는 양심의 가책이다. 그는 소심하고 겁 많은 사람이기에 그 누구보다도 양심적인 사람이다. 하지만 그것은 단체의 단순한 구성원이거나 낮은 위치의 사람일 때이다. 이제는 단체장으로서 양심만 가지고는 살아갈 수 없다는 것을 누구보다 잘 알게 된 것이다. 하지만 마음 속 깊은 곳에서 우러나오는 양심의 소리는 제거할 수 없다. 다른 하나는 패배의 두려움이다. 이대로 간다면 어느 순간 무너질 것이라는 직감이 든다. 게다가 분별력이 있는 직원의 충언에 더욱 겁에 질리게 된다.

  하지만 겁 많고 소심한 사람이기에 그는 결단력을 발휘하지 못하게 된다. 더군다나 거짓의 사람들의 아첨과 호언장담은 단체장에 대한 압력과 부담감으로 작용하게 된다. 처음에는 아첨으로 단체장의 마음을 얻어냈고, 그 다음은 그를 이용해 수많은 쓸데없는 일들을 벌리게 된다. 이제 이렇게 벌려진 일들을 통해 단체장은 벗어날 수가 없게 된다. 거짓의 사람들의 조언으로 웃으면서 함께 시작했지만, 이제 와서 책임은 자신이 져야만 한다. 이래저래 단체장은 개혁도 못하고 사직도 못하는 처지에 놓이게 된다. 바로 그 시간이 거짓의 사람들이 자신들이 단체장을 부추겨서 벌여놓은 일들을 통해 이익을 취하는 시간이다. 그들은 그 단체가 망하든지 망하지 않든지 신경을 쓰지 않는다. 망하더라도 망하기 전까지 최대한으로 개인적인 이익을 취하면 그만이다는 생각을 하는 무책임한 사람들이다.

　이제 독자는 필자가 무슨 말을 하는 것인가 의아해 할 수 있다. 좀 더 쉽게 설명한다면, 위에 언급한 단체장은 조선 시대의 선조로 이해하면 될 것이고, 거짓의 사람들은 윤두수와 윤근수와 같은 간신들로 이해하면 될 것이다. 또한 유성룡과 이순신을 분별력이 있는 사람들로 이해하면 간단하다. 간신은 거짓의 사람들의 대표적인 유형들이다. 역사를 통해 얼마나 많은 충신들이 간신들의 모함으로 인해 사약을 받고 죽었던가. 비극적인 말이지만, 지금 이 시간에도 그와 유사한 일들이 새로운 방식으로 일어나고 있다는 것이다.

　지금 이시간도 거짓의 사람들의 이간으로 인해 수많은 순진한 사람들 그리고 무고한 사람들이 이유도 모른 채 소외당하고 버려지고 있다.

이들의 아첨과 과잉충성으로 인해 수많은 사람들이 쓸데없는 일에 몰두하게 된다는 것이다. 정작 해야 할 일은 너무나 많은데 말이다. 그러므로 지도자에게 필요한 것은 거짓의 사람들의 혀에 휘둘리지 않는 분별력인 것이다.

19
거짓의 사람들의 비겁함과 배신에 울지 마라

거짓의 사람들은 정말로 믿을 수 없는 사람들이다. 성경은 "자기 이웃을 해치고자 거짓 증언하는 사람은 몽둥이나 칼, 날카로운 화살[103]"이라고 말한다. 만약 당신이 곤경에 처했을 때 거짓의 사람을 의지한다면 당신의 운명은 불행해지게 된다. 그래서 잠언기자는 말한다.

어려울 때, 신용이 없는 사람을 의지하는 것은 썩은 이나 다친 발을 의지하는 것과 같다.[104]

---

103) 잠언 25:18절
104) 잠언 25:19절

왜 우리는 거짓의 사람을 신뢰할 수 없을까? 그 이유 중의 하나는 그들의 비겁함이다. 앞에서 수도 없이 그들의 문제점들을 지적해왔지만 이제는 그들의 비굴함, 비열함 그리고 너무나 쉽게 배신하는 속성을 말해보고자 한다.

비굴함과 비열함 그리고 비겁함은 아주 비슷한 의미를 지닌다. 비굴함은 거짓의 사람들이 권력자들에게 얼마나 굴욕적이고 치욕적인 면을 참을 수 있는가를 말한다. 그렇다. 거짓의 사람들은 권력자들이나 부한 자들에게 잘 보이려고 어떠한 수단과 방법을 가리지 않는다. 자신들의 자존심을 과감하게 버린다. 어떨 때는 마치 간과 쓸개도 없는 사람처럼 행동한다. 이들의 눈물어린 정성과 충성에 넘어가지 않을 상관은 없을 것이다. 그 누가 보아도 이들은 자신들의 목숨을 버릴 충성스런 신하요 부하이다.

거짓의 사람들은 누구에게 붙어야 할지를 정확히 아는 사람들이다. 더 나아가 돈이 있는 곳에 가장 먼저 모여드는 사람들도 바로 이들이다. 자신이 원하는 권력이나 재물을 얻기 위해서 온갖 수모를 다 겪더라도 인내하는 사람들이 바로 거짓의 사람들이다. 만약 그 누군가 권력자나 재물이 있는 자에게 접근하려면 거짓의 사람들에 의해 바로 차단되고 만다. 둘 중의 하나다. 포기하고 물러가든지 아니면 적정한 세금을 바쳐야 한다. 그래서 나라의 임금이 정신이 흐려지면 온통 조정이 간신들로 가득 차게 되듯이 그 모든 단체와 공동체도 이와 다르지 않다.

비열함은 비굴함의 다른 면이다. 바로 동전의 앞면과 뒷면의 관계이다. 상전에게 비굴한 사람은 반드시 자신의 아랫사람들을 괴롭히기 마련이다. 자신들이 높은 위치를 차지하기 위해서 권력자들에게 그들의 자존심을 내팽개쳤다면 이제는 그 자존심을 회복해야 할 때이다. 이제부터 거짓의 사람들은 자신들의 빗나간 자존심을 쓸데없이 내세우며 아랫사람들을 하대하며 고통을 주는 사람들로 바뀐다. 그들은 이제 거만한 사람들이 되어 불의의 이익을 탐하게 된다.[105] 이들은 자신들의 "패역한 혀" 내지는 "구부러진 혀"로 권력자와 자신의 아랫사람사이를 이간하며 자신들이 즐길 수 있을 만큼의 충분한 간격을 넓힌다. 그리고는 아랫사람들에게 하지는 말아야 할 일들을 그것도 아무도 모르게 자행한다. 그것을 당하는 사람 외에는 아무도 모른다. 바로 이것이 비열함이다.

거짓의 사람들의 비굴함과 비열함은 바로 "도를 넘어서는 것"이다. 잠언기자는 "바른 길에서 떠나는 자는 엄중한 처벌을 받는다."[106]라고 말한다. 도는 하나님과 우리 사이의 지켜야 할 윤리이다. 도는 인간과 인간 사이의 지켜야 할 예의이다. 어쩌면 도는 율법이다. 그래서 성경은 "내 길을 지키는 자들은 복이 있다.[107]"고 말한다. 거짓의 사람들은 도를 넘어서는 사람들이다.

좀 더 쉽게 말하자면, 이들은 인간이 마땅히 지켜야 할 도리나 예의를 지키지 않는다는 것이다. 사람과 사람 사이에는 지켜야 할 일정한 간격이나 거리가 있다. 이를 치명적 거리라고 말한다.[108] 우리가 그 거리를

---

105) 잠언 12:12절
106) 잠언 15:10절
107) 잠언 8:32절

지키지 않고 넘어서면 상대방은 고통을 받게 되어있다. 치명적 거리는 일정하지 않다. 매우 상대적이다. 부모와 자녀간의 거리, 형제와 형제간의 거리, 자매와 자매간의 거리, 형제와 자매간의 거리, 선생님과 제자 간의 거리, 성도와 성도 간의 거리, 친구와 친구 간의 거리가 모두 다르다는 것이다. 또한 때와 상황에 따라 치명적 거리는 다르게 적용이 된다. 여름에 비키니를 해수욕장에서 입고 다니면 아무렇지도 않을 뿐만 아니라 멋있다는 소리까지 들을 수 있다. 하지만 교회에서나 쇼핑 몰에서 아니면 아파트 앞 어린이 놀이터에서 비키니를 입고 있다면 그것은 문제가 된다. 적정한 예는 아니지만 치명적 거리는 상황에 따라 그리고 관계에 따라 다르게 적용된다는 것이다. 바로 이 치명적 거리가 잘 지켜지면 우리는 평화를 유지할 수 있다.

그런데 누군가 이 치명적 거리를 지나서 당신에게 다가서게 되면 당신은 신변의 위협을 느끼게 되거나 아주 불쾌한 감정을 느끼게 된다. 거짓의 사람들이 도를 배반하거나 도를 넘어서는 것은 바로 이 치명적 거리를 지키지 않는다는 것이다. 이들은 서로간의 지켜야 할 예의나 도리, 곧 치명적 거리를 무시한다. 이들은 상관이나 아랫사람 모두에게 이러한 치명적 거리를 위반한다. 하지만 아무도 그것을 눈치 챌 수 없게 한

---

108) "인간의 독특성은 각 사람에게 '나'라는 정체감을 갖게 하고 독립된 존재의식을 심어준다. 각 개인에게는 누구나 자신만의 영역이 있다. 그래서 다른 사람과 관계를 맺을 때 우리는 일반적으로 상대방의 고유 영역을 존중해 준다. 사실 자신의 자아 영역을 확고히 하고 남의 영역을 인정해주는 것은 정신적으로 건강하다는 것의 한 특성이자 선결요소다. 우리는 어디까지 가야되고 어디서 멈춰야 되는지를 알아야 한다." 거짓의 사람들, 256-57.

다. 그것이 가능한 이유는 바로 치명적 거리의 상대적인 적용 때문이다. 이들이 말장난을 환율차를 이용하듯, 치명적 거리 또한 착시현상이나 사각지대를 이용해서 교묘하게 넘어선다. 치명적 거리가 무너져 위협을 당하는 사람 외에는 거짓의 사람들의 불법을 알지 못한다. 그러기에 위협을 당하는 사람이 아무리 괴롭다고 소리쳐 울며 호소해도 사람들은 왜 그럴까 의아해한다. 또 한 가지 웃지 못 할 일은 자신의 치명적 거리가 무너져도 그것을 느끼지 못하고 마냥 즐거워하는 사람도 있다는 것이다. 바로 문제의식이 없는 사람들이다. 이들이 고통을 느끼는 것은 단지 외적이고 물리적인 것이기 때문이다.

하지만 거짓의 사람들이 넘어서는 치명적 거리는 보통 정신적인 것이 더 많다. 심지어 권력자인 자신의 상관조차도 정신적으로 지배하기도 한다. 바로 다른 사람들의 정신세계를 넘나드는 그들의 신기한 기술 때문이다. 우리는 이를 비인격적인 행위라고 말할 수 있다. 하지만 많은 사람들이 인격적인 것과 비인격적인 것의 차이를 구별하지 못한다는 것이 문제이다. 예를 들자면, 십계명의 외적이고 내적인 의미의 차이다. 거짓의 사람들은 십계명의 모든 외적인 것들을 완벽하게 지킬 수 있는 사람들이다. 십계명의 완성은 바로 사랑이다. 만일 당신이 사랑한다면 십계명은 자연스럽게 지킬 수 있는 것이다. 하지만 당신 안에 사랑이 없다면 십계명을 하나도 지키지 않는 것과도 같다. 다시 말해, 거짓의 사람들은 외형상으로 십계명을 지키는 사람들이지만 실제로는 십계명을 하나도 지키지 않는 사람들이다. 왜냐하면 그들 안에 사람들에 대한 사랑이 전혀 없기 때문이다. 보여주기 위해 십계명을 지키는 것이다. 남에게 보여주기 위해 십계명을 지키지만 그 안에 십계명의 정신인 사랑이 없기에 정작 지켜야 할 것은 지키지 않는다. 이들의 위선적인 사랑은 바로 바리새인들의 위선과도 일맥상통한다. 그 누구보다도 윤리적이고, 그 누구보다도 사랑이 많아 보이고, 그 누구보다도 신앙이 좋아 보이는 사람이 거짓의 사람이라면 우리는 충격을 면치 못할 것이다.

> 악한 사람들의 도덕성을 이해하는 데는 '이미지', '외형상', '겉으로 보기에는' 같은 말들이 퍽 중요하다. 그들은 선해지려는 생각은 눈곱만큼도 없으면서 겉으로 선해 보이려는 욕망은 불처럼 강하다. 그들의 '선함'이란 모두 가식과 위선의 수준에서 선함일 뿐이다. 한마디로 그것은 거짓이다. 그들이 '거짓의 사람들'인 이유가 바로 여기에 있다.[109]

거짓의 사람들의 비겁함은 비굴함과 비열함에서 끝나지 않는다. 그들은 반드시 배신을 하는 사람들이다. 권력자의 권력이 다하면, 새로운 권력자를 위해 그동안 자신이 섬겨왔던 상관을 바칠 사람들이다. 참으로 믿기 어려운 사실인 것이다. 부한 자의 재물이 다하면 그들이 그 누구보다 가장 빨리 사라진다. 물론 권력이나 부가 사라지면 사람들이 떠나는 것은 인지상정이다. 하지만 거짓의 사람들은 이러한 인지상정의 수준을 초월한다. 다시 말해, 새로운 권력과 부를 향해서 그동안 자신이

---

109) Ibid, 135.

온갖 도움과 덕을 입었던 사람들을 다시 재물로 삼는다는 것이다. 그렇다. 바로 배신이다. 그동안 넋을 놓고 이리저리 끌려 다녔던 상관들은 자신들이 토사구팽을 당한 것을 뒤늦게 깨닫게 된다. 뒤로 다시 돌아가기에는 너무 때가 늦었다. 이런 경우 상관이나 권력자들은 고혈압이나 중풍으로 쓰러질 수 있다. 그들이 겪게 될 충격은 상상할 수 없이 크기 때문이다. 아무도 모르게 그들도 당한 것이다.

로마서 1장 28-32절은 바울이 거짓의 사람들에 대해서 쓴 것 같다. 과거에는 이 말씀이 죄인인 우리들을 향해서 썼다고 생각했다. 하지만 바울이 조금 지나치게 인간의 죄를 나무라는 것 같은 생각이 들었다. 하지만 거짓의 사람들을 알고 난후, 이 말씀을 통해 바울도 거짓의 사람들을 알고 있었다는 생각이 든다.

> 사람들이 하나님을 아는 것을 하찮게 여겼으므로, 하나님께서는 사람들이 타락한 생각에 빠지게 하시고 사람들이 해서는 안 될 일들을 하게 내버려 두셨습니다. 그들은 온갖 불의와 악행과 탐욕과 악독으로 가득 찬 사람들입니다. 또한 시기와 살인과 다툼과 속임과 적의로 가득 찼으며, 남에 대해 말하기를 좋아하고, 남들을 비방하고, 하나님을 미워하며, 거만하고 건방지며, 뽐내기를 잘합니다. 그들은 악한 일을 계획하고, 부모님께 순종하지 않습니다. 그들은 양심도 없으며, 약속을 지키지 않으며, 친절하지도 않고, 동정심도 없습니다. 사람들은 그런 일을 행하는 사람은 죽어 마땅하다는 하나님의 의로우신 법을 알면서도 자신들만 그런 악한 행동을 계속하는 것이 아니라 그런 행동을 저지르는 다른 사람들까지 잘한다고 두둔합니다.

chapter 4

거짓의 사람들의 치료와 극복

:
:

20. 어떻게 거짓의 사람들에게 속지 않을 수 있는가?
21. 어떻게 거짓의 사람들을 극복할 수 있는가?
22. 어떻게 거짓의 사람들은 치유될 수 있을까? / 심리치료
23. 어떻게 거짓의 사람들은 치유될 수 있을까? / 공동체치료

20
어떻게 거짓의 사람들에게 속지 않을 수 있는가?

이 세상을 살아가는 것이 우리 모두에게 말할 수 없는 고통이다. 우리는 질병으로 인한 고통, 생계로 인한 고통, 사고로 인한 고통, 재난으로 인한 고통 등 다양한 고통 가운데 살아가고 있다. 하지만 그 고통의 원인 가운데 가장 우리를 힘들게 하는 것은 아마도 인간관계로 인한 고통일 것이다. 직장이나 교회 그리고 가정에서조차 얽히고설킨 관계의 실타래를 풀기란 여간 어려운 것이 아니다. 때론 그 얽힌 관계 때문에 죽고 싶을 때가 있다. 자살하는 사람을 살펴보면, 많은 사람들이 이 관계의 고리에 얽혀 죽음을 선택하는 것 같다. 어떤 사람은 이런 복잡한 관계가 싫어서 그냥 숨어서 살고 싶어 한다. 왜 열심히 일하는 것만으로도 일이 풀리지 않는가. 왜 나는 정말 진실하게 말하고 또한 정직하게 행동하는데도 자꾸 일이 이상하게 돌아가는가. 이러한 질문의 답 중의 하나가 바로 거짓의 사람들이다.

거짓의 사람들은 모든 인간관계의 중심에 서있다. 그리고 그 모든 관계들을 조정한다. 그들은 주변의 사람들에게 그의 고매한 도덕성과 인격으로 존경을 받기까지 한다. 하지만 알고 보면, 눈속임이다. 그들은 고도의 위장술을 가진 전문적인 사기꾼들이다. 사람과 사람 사이의 간격을 이용해서 자신들이 원하는 일들을 성취하는 사람들이다. 더 나아가 각 사람들의 정신세계를 침범해서 자신이 원하는 사람들로 바꾸어 놓는다. 아니 착취를 한다. 어쩌면 학대라는 표현이 더 어울릴 것 같다. 그런데 문제는 학대를 받는 사람들이 웃는다는 것이다. 너무나 높은 수준의 정신적인 학대이기에 학대를 학대로 인식하지 못하고, 오히려 사랑과 관심을 받는 것으로 착각한다.

파레토의 법칙에 따라 생각하자면, 5명중의 한명이 거짓의 사람들일 것이다. 그리고 나머지는 가짜 거짓의 사람들, 문제의식이 없는 사람들, 소심하고 겁 많은 사람들, 분별력 있는 사람들이다. 문제는 가짜 거짓의 사람들, 문제의식이 없는 사람들, 소심하고 겁 많은 사람들이 거짓의 사람들의 손아귀에서 놀아난다는 것이다. 가짜 거짓의 사람들은 문제아로 찍어 소외시키고, 문제의식이 없는 사람들은 자신들의 수하로 삼아 대변인과 행동대원으로 만들고, 소심하고 겁 많은 사람들은 은근한 위협과 협박으로 두려움 가운데 동조할 수밖에 없도록 만든다. 거기에다 그들의 보호자인 마귀가 뒤에서 모든 환경들을 조성해놓는다. 정말이지 거짓의 사람의 힘은 막강해진다. 설상가상으로 좋은 일을 하는 것보다 나쁜 일을 하는 것이 열 배는 쉽다. 거짓의 사람들에게 일이 생각보다 쉽게 풀린다.

이런 상황이 전개되면, 분별력이 있는 사람은 그 가운데서 생존하기가 그리 쉽지 않다. 이제 얽혀 있는 관계의 실타래를 풀기란 거의 불가능해진다. 불리해도 너무 불리한 것이다. 뒤에서 마귀가 돕고, 한 사람은 사고를 쳐서 문제를 풀기 어렵게 만들고, 한 사람은 분위기 파악을 못할 뿐만 아니라 세뇌까지 당하여 거짓의 사람의 오른팔이 되어 있고, 다른 한 사람은 두려워서 감히 반대하는 말 한마디도 못하는 상황에다 거짓의 사람이 가짜 거짓의 사람과 문제의식이 없는 사람들의 역학을 이용해서 자신이 원하는 이기적이고 나쁜 일들을 간접적으로 행하는데 누가 당해낼 수 있겠는가. 이러한 상황은 직장이나 단체 그리고 그 외의 공동체에서 쉽게 발견되어진다.

거짓의 사람들의 위장과 권모술수가 밝혀지지 않고 그들이 공동체를 파괴하는 악한 일을 아주 은밀하게 진행할 때에 우리는 무엇을 해야 할 것인가? 정말 어떻게 대처해야 할 것인가? 우리는 거짓의 사람들의 위장과 술수에 속지 말아야 한다. 먼저 우리는 거짓의 사람들을 알아야 하고 파악해야 한다. 그들의 정체를 알지 못하면 그들이 행하는 악을 멈추게 할 수 없다. 이런 면에서 우리의 삶은 전쟁이다. 그것도 이중적인 전쟁이다. 악한 영들과의 전쟁과 그들을 따르는 무리들과의 세상적인 전쟁이다. 세상적인 전쟁에서 지게 되면 영적인 전쟁도 어려워진다. 다시 말해 영적 전쟁은 반드시 세상적인 전쟁을 포함한다는 것이다. 이런 면에서 23전 23승의 불패의 신화를 만든 이순신 장군에게 우리는 배워야 한다.

그렇다. 이순신 장군은 세상과 사람을 너무나 잘 알고 있었다. 그는 일본을 너무나 잘 알고 있었다. 그리고 그들의 동태를 항상 파악하고 있었다. 일본의 움직임을 항상 관찰하고, 분석하면서 전략을 세웠던 것이다. 더 나아가 그 모든 관계의 역학을 꿰뚫고 있었다. 이순신은 조선의 국왕 선조와 조정대신들, 원정을 나온 명나라 장수들과 군사들, 원균과 같이 자신을 시기하는 주변의 동료 장수들, 그리고 이들 사이를 이간하며 무력으로 돌진하는 일본 장수들 등과 같은 모든 역학을 입체적으로 분석하였다. 그리고 더 나아가 자신이 훈련시키고 있는 조선수군들 그리고 실제 싸움이 벌어지는 땅과 바다의 지형과 지리들, 마지막으로 싸움 당일에 일어날 변수들, 예를 들면 날씨, 풍향, 조류들까지도 그는 파악해야 했다. 우리 그리스도인들도 이러한 세상적인 전쟁을 간과해서는 안 된다. 이순신처럼 지피지기하는 능력을 갖추고 있어야 한다. 그러면서 동시에 하나님의 때와 시기를 기도하며 인내로써 기다려야 한다. 그리할 때, 하나님의 때가 되면 하나님께서는 준비되어진 우리를 통해서 일을 행하신다. 그렇다. 하나님은 준비된 자를 사용하신다.

사실 구약의 다윗 왕이 이스라엘을 통일 시켰을 뿐만 아니라 가장 번성한 나라로 만들 수 있었던 것은 다윗 왕이 지피지기에 능한 전략가이었기 때문이다. 그래서 삼하 17:8절에 "다윗은 병법에 능한 자"라고 말한다. 또한 삼하 14:17절에 "다윗은 하나님의 사자같이 선과 악을 분간하는 사람"이라고 말한다. 다윗의 신하들과 장수들은 그에게 거짓말을 할 수가 없었다. 왜냐하면 그의 상황파악 능력이 너무나 뛰어났기 때문이다. 그렇다. 다윗이 성전에서 하나님께 기도하는 것만으로 전쟁에서 승리를 거둔 것이 아니다. 그는 세상적인 전쟁에도 능한 사람이었다. 한쪽 눈은 하나님을 바라보았고, 한쪽 눈은 세상을 바라보았다. 한쪽 귀는 하나님의 음성에 귀를 기울였고, 또 한쪽 귀로는 세상의 소리에 귀를 기울였다. 그러기에 그는 전쟁을 승리로 이끌었고 이스라엘을 통일시키는 왕이 되었다. 이스라엘이 가나안을 정복할 때도 마찬가지다. 모세와 아론과 훌이 산에서 기도하였고, 여호수아와 갈렙은 칼과 창을 들고 나가서 싸웠다. 여호수아와 갈렙은 믿음뿐만 아니라 힘과 지략이 뛰어난 용사들이었다.

현대 기독교인들은 두 가지 부류의 사람들로 편중되어 있다. 하나는 하나님을 향한 한쪽 눈과 한쪽 귀만 열어놓고 세상을 향한 눈과 귀를 닫아놓은 사람들이다. 대부분의 믿음이 좋다는 사람들이 이에 속할 것이다. 이들은 적과 싸울 때 눈을 감고 칼을 휘두르는 사람들이다. 누구와 싸워야 하는지도 모르는 사람들이다. 세상을 몰라도 너무 모르기에 거짓의 사람들이 그냥 비웃고 지나가는 아무런 영향력이 없는 사람들이다. 다른 한 부류는 세상을 향한 한쪽 눈과 한쪽 귀만 열어놓고 하나님을 향한 눈과 귀는 닫아 놓은 사람들이다. 행함과 실천에 치우친 사람들이 이에 속한다. 이들은 하나님이 무엇을 원하시는지에 관심이 없고 자신이 생각하는 의로운 일들에 열심을 내는 기독교인들이다. 세상을 잘 알지만 하나님을 모르기에 어쩌면 악에 흡수될 수도 있는 사람들이다.

정말 어떻게 하면 세상을 알 수 있을까?

어떻게 하면 거짓의 사람에게 속지 않을 수 있을까?

세상을 알 수 있는 가장 좋은 방법 중에 하나는 역사를 공부하는 것이다. 역사는 우리에게 악의 실체를 명확하게 가르쳐준다. 기독교 역사뿐만 아니라 세계사 그리고 심지어 한국사도 동일한 교훈을 준다. 첫째는 악이 실재한다는 것이고, 둘째는 선보다 악이 우세하다는 것이고, 셋째는 악은 반드시 심판되어진다는 가르침이다. 또 하나는 대부분의 사람들이 악에 이용당한다는 것이다. 선과 악을 구별할 수 없는 무지와 자기 자신 한 사람만은 괜찮을 것이라는 무사안일하며 이기적인 사고방식으로 인해 악이 판을 친다는 것이다. 그래서 기독교인들도 역사를 공부해야 한다. 역사를 알면 미래가 보인다. 기독교인들이 사무엘상하와 열왕기상하와 같은 역사서를 자꾸 읽으면 지혜로워진다. 심지어 삼국지와 같은 역사소설을 읽어도 세상을 보는 눈이 열린다. 이제 역사해석의 3가지 원리를 소개하고자 한다.

첫째는 **반복 순환의 원리**이다. 역사는 선과 악의 뒤엉킨 실타래가 계속해서 이어진다. 이 실타래를 풀 수 있는 사람이 그리 많지 않다. 악인과 간교한 사람들이 득세하고, 그 속에서 많은 사람들이 고통을 당한다. 하지만 악한 사람들의 시간이 다하면 하나님의 심판과 함께 새로운 시대가 열린다. 대부분 악한 사람들의 시간이 길고, 태평성대와 같은 평화로운 시간들은 그리 길지 않다. 불신앙의 시간과 신앙의 시간도 마찬가지다. 기독교 역사를 통해서 보면, 불신앙의 시간들이 길다. 그리고 참회하고 부흥하는 시간은 짧다. 이러한 선과 악의 반복적인 순환 속에 일정한 악의 법칙과 선의 법칙이 발견되어진다. 악인들은 항상 가는 그 길로만 간다. 그리고 그들의 악함이 극에 달하면 또 다른 악에 의해 징벌되든지 아니면 하나님이 일으키신 선한 사람으로 인해 징벌된다. 선한 사람이 악을 징벌하고 평화로운 시대를 열기위해서는 가는 길이 정해져있다. 그들만을 위한 하나님의 훈련방식과 인도하심이 있다. 예를 들면 요셉이 수년간 감옥생활을 하다가 애굽의 총리가 된다든지, 다윗이 군대장관에서 추방되어 광야에서 십여 년을 방랑생활을 한다든지, 모세가 애굽 왕자에서 쫓겨나서 광야에서 40년을 생활을 한다든지, 바울이 다메섹 도상에서 예수님을 만나고 나서 예루살렘으로 직접 가지 않고 아라비아 광야에서 수년간 영적인 훈련을 받은 것과 같은 일정한 패턴이다.

  보편적으로 악인의 최후는 비참하다. 또한 하나님의 영광을 가로채고 인간이 그 자리를 차지하려는 것을 하나님을 용납하지 않는다는 것을 역사가 말한다. 모르드개라는 한 사람이 지은 괘씸죄를 가지고 유대 민족 전체를 죽이려했던 하만이 그렇다. 모르드개를 죽이려고 준비한 장대에 자신이 매달려 죽게 된다. 세계정복을 꿈꾸던 야망의 사람들은 모두 다 실패했다. 알렉산더는 이름 모를 열병으로 요절하고, 나폴레옹은 러시아의 겨울 앞에 무릎을 꿇었고, 유대인 600만 명을 가스실에서 죽이며 세계 2차 대전을 일으켰던 히틀러도 연합군의 기적적인 노르망디 상륙작전의 성공으로 패망하였다. 역사상 그 누구도 하나님의 영광이나 자리를 차지하려는 시도를 하나님은 허락하시지 않았다.

역사는 또한 선과 악의 오묘한 관계를 보여준다. 선을 선이 되게 하고 더 나아가 선을 단련하는 것은 악의 역할이다. 더 나아가 선이 타락할 경우 선을 징벌하는 것도 악을 통해서다. 악인을 징벌하는 것도 악을 통해서다. 권선징악은 역사를 통해서 증명된 역사의 반복적 패턴이다. 더 나아가 하나님의 백성이 걸어가는 패턴도 반복적이다. 타락, 죄/ 하나님의 징벌/ 회개/ 구원이라는 4단계 패턴은 지금도 성도들이 겪고 있는 패턴이다. 하나님은 이스라엘 백성들이 타락하여 우상을 섬기면 주로 우상을 섬기는 나라, 블레셋을 일으켰다. 블레셋이 아니면 미디안이나 페르시아를 통해서라도 이스라엘을 징벌하셨다. 선택된 백성을 하나님께 돌아오게 하기위해 선택받지 않은 백성을 사용하시는 것은 하나님의 신비요 아이러니이다. 역사를 통해 이러한 반복적 순환을 바라보며 우리는 현재와 미래의 상황을 어느 정도 예견할 수 있다. 바로 이것이 역사를 통한 통찰력이다.

둘째는 **양극의 원리**이다. 역사는 동양에서 서양으로 흐른다. 그리고 다시 서양에서 동양으로 흐른다. 또한 양에서 음으로 흐르고 음에서 양으로 흐른다. 오른쪽 극에서 왼쪽 극으로 흐르고 다시 왼쪽 극에서 오른쪽 극으로 흐른다. 만일 반복적 순환의 원리가 망원경으로 멀리서 바라본 역사라면, 반복적으로 순환되는 역사를 다시 짧게 끊어서 현미경으로 보게 되면 역사는 양극의 원리이다. 즉 역사는 한쪽 끝에서 반대쪽 끝으로 왕복하며 오고 간다는 것이다. 예를 들어, 가정교육으로 시작하던 것이 학교교육으로 이어지고, 이러한 학교 공교육이 무너져 다시 홈스쿨이나 대안학교와 같은 교육으로 되돌아온다. 돌고 도는 역사지만 갔다가 다시 돌아오는 역사의 패턴을 말한다. 바로 역동성과 형식의 양극이다. 어떤 조직이든 새로 시작하는 것은 새롭고 역동적이다. 하지만 혼란스럽다. 시간이 가면서 체계가 세워지고 완성을 향해 나아간다. 좀 더 시간이 흐르고 나면 조직이 완성된다. 모든 형식이 갖추어서 안정된 것이다. 하지만 아무도 모르는 사이에 그 조직의 신선함과 역동성은 사라져버린다. 경직된 형식 속에서 역동성은 숨을 쉴 수 없기 때문이다. 그래서 결국 개혁이나 혁명이 일어나는 것이다. 이러한 역동성과 형식의 양극은 좌에서 우로 그리고 우에서 좌로 흐르게 되어있다. 이는 선이 다하면 악으로 흐르고 또한 악이 다하면 선으로 흐르는 이치와도 같다. 이와 같이 선과 악도 양극의 원리에 해당 된다. 하지만 세속 사를 통해 발견되는 것은 선에 비해 악의 시간이 길다는 것이다. 또한 선은 악에 비해 성취하기가 어렵고 또한 그것을 유지하는 것도 쉽지 않다. 그래서 그런지 선을 이루기 위해 급하게 서두르는 개혁은 대부분 실패로 돌아간다. 그리고 단지 성실하고 더디게 이룬 개혁만이 성공하는 것을 보게 된다.

마지막으로 **정반합의 원리**이다. 양극의 원리를 더 정교한 현미경으로 관찰해 보면 역사는 정반합의 양상을 보인다는 것이다. 쉽게 말하자면,

언뜻 보기에 단순한 양극으로 보이지만 더 자세히 살펴보면 이는 단순한 반복이 아니라 시간이 지날수록 더 정교해지는 양극이라는 것이다. 동양에서 서양으로 흐른 역사가 다시 동양으로 돌아올 때는 옛날의 출발했던 그 동양의 모습이 아니라는 것이다. 이제는 서양에서 있었던 모든 문제점들을 보완하며 다시 동양으로 다가오는 새로운 동양이라는 것이다. 이러한 원리를 철학적으로 표현한 것이 바로 정반합의 원리이다.

결론적으로 말하자면, 역사는 멀리서 망원경으로 볼 때는 반복적인 순환의 모습으로 보인다. 하지만 좀 더 가까이 다가서서 역사를 단면으로 끊어서 바라보면 역사는 단순순환이 아니라 양극으로 오가는 왕복적인 역사이다. 그리고 양극으로 오가는 왕복적인 역사는 좀 더 세밀하게 살펴보면 이는 정반합의 역사라는 것이다. 정반합의 역사의 원리는 좀 더 정교해지는 역사를 의미한다. 악은 더 악해지고 교묘해지는 악순환의 역사이다.

신앙과 불신앙조차도 좀 더 정반합으로 작용하면서 좀 더 정교하게 변화된다. 예수 그리스도에 대한 뜨거운 신앙의 역사가 예수의 탄생부터 AD 380년[110]까지 대략 400년을 잡는다면, 예수 그리스도에 대한 뜨거운 신앙을 버리고 형식적인 신앙에 사로잡힌 것은 그 후로 중세기를 거쳐 1517년 루터의 종교개혁에 이른다. 그러니 차가운 형식적인 신앙

---

[110] 로마 황제 콘스탄티누스 대제가 AD 313년에 밀라노 칙령으로 기독교를 공인하고, AD 380년에는 테오도시우스 1세가 기독교를 국교로 삼았다. 이후로 기독교는 쇠퇴의 길로 들어서게 된다.

이 1200년 동안이나 지속된 것이다. 그리고 다시 종교개혁의 뜨거운 신앙은 AD 1612년 갈릴레이가 지동설을 주장하는 때까지 100년 정도를 지속한다. 반대로 AD 1612년을 경계로 근대과학과 철학을 중심으로 성경과 교회, 즉 종교를 거부하는 계몽주의시대가 도래한다. 계몽주의는 자연과학과 이성중심의 철학을 경배하며 무신론적 세계관을 주장하며 지상 파라다이스를 꿈꾸며 제 1차 세계대전1914-19에까지 무려 300년 동안이나 지속된다. 하지만 뜻하지 않은 세계대전으로 인해 지상낙원의 꿈도 무너지고 인간의 선함에 대한 믿음도 사라져 결국 심판하시는 하나님께 회개하며 돌아오게 된다. 그것도 잠시 제 2차 대전으로 인해 사람들의 마음은 오히려 강퍅해진다. 히틀러의 출현, 600만 유대인의 대학살, 히로시마의 원자폭탄의 충격으로 인해 1960년대에는 신 죽음의 신학까지 전개된다. 그리고 그 후로 지금까지 종교다원주의를 중심으로 하는 무신론적 신학들이 판을 치게 된다.

정리하자면

1차 뜨거운 신앙은 기원후부터 AD 380년까지 대략 400년이고,

2차 뜨거운 신앙은 AD 1517에서 AD 1612년까지 100년이고,

3차 뜨거운 신앙은 AD 1919-1960년까지 대략 40년이다.[111]

---

111) 물론 19세기 미국에서 찰스 피니와 무디를 중심으로 한 영적 대각성운동, 그리고 1907년의 미국 아주사와 평양에서 영적 대부흥운동이 일어났지만, 필자가 다루는 것은 세계사적 흐름을 통해 분류하는 것이다.

그리고

1차 차가워진 신앙은 AD 380년 로마의 국교화로부터 AD 1517년 루터의 종교개혁에 이르기까지 무려 1200년 동안이고,

2차 차가워진 신앙은 AD 1612년 지동설을 주장할 때부터 AD 1919년 1차 세계대전까지 300년 동안이고,

3차는 AD 1960년대 무신론 철학과 신 죽음의 신학이 전개된 시점에서 지금까지 50년이다.

자 보라! 뜨거운 신앙과 차가워진 신앙이 어떻게 정반합으로 진행되어졌는가를. 뜨거운 신앙 400년에 이어지는 1200년 동안 형식적인 신앙, 그리고 그 다음 이어지는 100년간의 회복된 뜨거운 신앙, 그리고 300년간 이어지는 과학과 이성 중심의 인간중심적 차가운 신앙, 이어지는 40년간의 회개하는 신앙, 그리고 지금까지 이르는 무신론적이고 종교다원주의적인 신앙[112]이 50년 동안 지속되고 있다. 점차 하나님께 정교하게 등을 돌리고 있는 불신앙의 발자취를 보라!

우리는 역사를 통해 악의 발자취를 추적할 수 있다. 어떻게 거짓의 사람들이 하나님께 등을 돌리며 마귀에게 이용당했는지도 알게 된다. 우리는 악에 대한 현실을 인식해야 한다. 악에 대한 낭만적이고 이상적인 생각은 인류의 자멸을 앞당길 뿐이다. 그리고 만일 당신이 악에 대해 무관심하거나 체념한다면 당신은 악에 이용당하는 사람이거나 악의 일부

---

[112] 종교 다원주의는 모든 종교가 똑같다는 신앙논리이다.

인 것이다. 과거에 악에 대해 낭만적으로 생각했던 사람들이 얼마나 큰 과오를 행했는지를 역사를 통해서 알 수 있다. 우리는 악의 실체를 알아야 한다. 사탄은 항상 인류를 속여 왔다. 특별히 거짓의 사람들을 통해서 말이다. 다윈과 히틀러 그리고 마르크스를 통한 거짓 주장을 통해서 얼마나 인류가 피를 흘리며 고생했는지 모른다. 우리는 거짓의 사람들을 통한 마귀의 거짓말에 속고 또 속아왔다.

이제 우리는 악의 실체를 직시하며 악과 싸워야 한다. 세상 속의 악에 대한 낭만적인 자세는 커다란 재앙을 불러온다. 역사가 이를 증명한다.

세계 1차 대전 당시에 우드로우 윌슨이 미국의 대통령이었다. 그는 고립주의 내지는 불간섭주의라는 미국의 정책을 잘 따랐던 사람이다. 필자의 분석에 의하면 윌슨은 소심하고 겁 많은 사람인 것 같다. 그는 전쟁이 날 때 거의 강 건너 불구경을 하였고, 독일의 함대들이 미국의 배들을 침범하고 인명피해가 너무 많아져서 할 수 없이 전쟁에 참가했던 것이었다. 이로 인해 전쟁은 끝이 났다. 하지만 유럽이 엉망진창이 되었다.

이제 미국이 리더십을 발휘할 기회였다. 이때 윌슨은 유럽의 나라들이 전쟁후유증을 벗어나도록 도왔어야했다. 이때도 그는 이상에 빠져 유럽의 현실을 전혀 고려치 않은 채, 불간섭주의 원칙에 따라 그 당시 국제상황에 맞지 않은 수많은 조약들[113]을 만들었다. 확실히 윌슨은 현

---

113) 그 조약들은 다음과 같다. 비밀 연맹금지, 바다의 자유, 공평한 거래, 군수물자 줄이기, 스스로 자립하는 나라, 국제연합기구 결성 (전쟁이 생기기 전에 갈등이 일어나지 않도록), 국제연합기구는 후에 UN이 된다.

실인식이 부족하였다. 전쟁 때문에 너무 정신없고 약해진 나라들에게 상황에 맞지 않는 조약들을 내세운 것이다. 모든 나라가 이 조항들에 대해 동의하지 않았다. 심지어 이 조약들은 영국과 프랑스와 같은 연합국들도 조차도 몇몇 조항 외에는 지키지 않았다.

더 큰 문제는 독일에게 전쟁을 일으킨 주범이라고 해서 터무니없는 전쟁 보상금을 요구한 것이다. 그것도 독일이 감당 못할 정도의 보상금을 말이다. 설상가상으로 영국과 프랑스는 미국에게 이미 빚을 진 상태였다. 이로 인해 독일은 대 공항을 맞게 된다. 사실 이로 인해 히틀러가 생겨날 수 있는 배경이 조성된 것이다. 독일에 이어 다른 나라들도 차례로 대공황을 맞게 된다. 이 당시 미국은 엄청나게 발전 하고 있었다. 사람들의 삶의 질도 높아지고 일하는 시간도 줄었다. 하지만 유럽이 대공황이 난 이후에 결국 미국도 어쩔 수 없이 대공황에 빠지게 된다. 윌슨 대통령의 현실인식부족과 이기적이고 낭만적인 세계관이 결국에는 세계 대공황, 히틀러의 출현, 그리고 세계 2차 대전을 불러온 것이다.

이와는 달리 세계 2차 대전 때에는 미국이 나서서 어려운 유럽나라들이 다시 일어날 수 있도록 도와주었다. 뉴딜이라는 경제정책으로 대공황을 성공적으로 극복한 루즈벨트 대통령은 전쟁을 강 건너 불구경하듯 하지 않았다. 연합군들에게 군수물자를 팔았고 경제적으로 살 돈이 없을 때에는 빌려주고 헌것을 새것으로 바꿔주고 더 나아가 지원해주었다. 그로인해 연합군은 히틀러와의 전쟁에서 승리할 수 있었던 것이다.

얼마나 극명한 대조인가. 한 사람은 소심한 사람으로 원칙만을 중시하고 악을 대처하는 자세가 너무나 낭만적이기에 전 세계를 망하게 한 사람이고, 또 한 사람은 분별력 있는 사람으로 상황을 중시하여 악에 대하여 신중하게 대처하여 전 세계를 구한 사람이다. 한 사람이 악을 제거하고 악의 출현을 막을 수 있다. 악을 알고, 악에게 속지 않는 분별력 있고 용기가 있는 사람이 필요한 시대이다.

21
어떻게 거짓의 사람들을 극복할 수 있는가?

거짓의 사람들은 악의 축이라고 말할 수 있다. 왜냐하면 마귀가 이 세상에 악의 씨앗을 이들을 통해서 뿌리기 때문이다. 거짓의 사람들 중에 뛰어난 웅변가나 사상가들은 세상을 온통 지옥으로 만들어 놓는다. 대표적인 사람으로 히틀러와 마르크스 그리고 다윈이 있다. 마귀는 이들을 통해 세상을 뒤흔들어놓았다. 수많은 사람들을 하나님으로부터 멀리 떠나게 하였다. 그렇다. 마귀는 거짓의 사람들의 입과 두뇌를 사용하여 자신이 원하는 일을 세상에 행하는 것이다. 그것은 바로 인류를 죄 가운데 빠지게 하는 것이고, 하나님과 인간 사이를 이간하는 것이다.

일반 가정과 단체, 그리고 크고 작은 공동체들 속에서도 작은 히틀러와 작은 마르크스 그리고 작은 레닌이 숨어있다. 항상 폭동 속에서 이들을 자극시키고 흥분시키는 거짓의 사람들이 숨어있다. 이들은 밖으로 드러나지 않지만 그 모든 어둠의 일들을 조용히 해나간다.

마귀는 인간의 영혼을 죽이길 원한다. 아니 죽어있는 영혼들이 다시 살아나는 것을 싫어한다. 그래서 이들은 거짓의 사람들을 통해 순진한 사람들에게 좌절과 상처를 주고, 그로 인해 다시는 일어설 수 없도록 만든다. 심리학적으로 볼 때 거짓의 사람들은 자기애적 성격장애의 특수한 변종이라고 볼 수 있다.[114] 유아시절에 부모로부터 버려진 좌절과 상처로 인해 유아기적 자아도취와 자기사랑이 더 악화된 사람들이다. 그래서 자신이 지배하는 왕국을 꿈꾸며 복수심에 불타 있는 사람들이다. 하지만 이들은 항상 비겁한 복수를 자행한다. 남들에게 숨기면서 은밀하게 자행하는 복수이다. 바로 그 주요대상이 자신의 자녀들이다. 아무 저항할 힘이 없는 그리고 말도 못하는 더 나아가 무엇이 옳고 그른 것을 알지도 못하는 자녀들에게 자신의 복수심을 활활 불태우는 사람들이다. 그리고는 결국 자신과 같은 변종을 만들어놓고야 마는 사람들이다. 이런 이유로 인해 거짓의 사람들을 찾아내는 가장 쉬운 방법은 바로 그 악의 피해자를 통해서 추적해 나가는 방법이다. 바로 그들의 자녀들을 통해서 쉽게 발견되어진다. 특별히 정서 장애어린아이들을 통해 거짓의 사람들을 쉽게 파악할 수 있다.

또한 정신의학적으로 볼 때, 거짓의 사람들은 정신질환을 앓고 있는

---

[114] 스캇 펙은 거짓의 사람들을 나르시시즘적 성격장애, 즉 자기애적 성격장애의 한 특수한 변이로 분류한다. 거짓의 사람들, 240.

사람들이다.[115] 겉으로는 예의가 바르고 선한 양심을 가진 것 같지만 실상은 미친 사람들이다. 그들의 마음은 피해의식, 빗나간 자존심, 아무도 못 말리는 질투심 그리고 복수심으로 가득 찬 사람들이다. 이런 면에서 거짓의 사람들은 일종의 변종바이러스와도 같다. 자신의 질병을 온 세상에 뿌리고 다니는 사람들이다. 자신들로 인해 사람들이 상처받고 쓰러져 일어설 수 없도록 만든다. 심지어 자신의 자식들은 자신과 똑같은 아니 더 심한 악성 바이러스에 감염되도록 심혈을 기울인다. 문제는 이러한 그들의 악행이 은밀하게 진행된다는 것이다. 그리고 설사 그들의 악행을 알게 된다하더라도 그 누구도 함부로 이들을 제지할 수 없도록 시스템을 구축해놓는다. 양의 탈을 쓴 이리라고 해야 할지도 모르겠다.

더 큰 문제는 이들의 변종바이러스의 확산이 매우 빠르다는 것이다. 거짓의 사람들은 마귀가 심어준 사악함과 복수심의 씨앗을 온 세상에 뿌리고 다닌다. 어쩌면 바퀴벌레와 쥐와 같은 번식률처럼 아주 빠른 속도로 그들의 변종 바이러스 전염을 확산시킨다. 이에 반해 좋은 씨앗, 선한 씨앗은 가시와 엉겅퀴가 덮여있는 땅에서 살아남을 확률이 적다. 마치 가라지와 알곡처럼, 처음에는 진실한 사람들과 거짓의 사람들을 구별하기도 힘들다. 솔직한 표현으로 가라지가 더 알곡 같다. 이런 면에서 알곡이 상처받지 않도록 알곡이 영글어 익을 때까지 가라지를 뽑지 말고 기다려야 한다. 선한 씨앗은 가시와 엉겅퀴의 텃새로 좀처럼 햇빛

---

115) 스캇 펙에 의하면, 거짓의 사람들은 정신질환자들이다. Ibid, 227.

을 보기가 힘들다. 그만큼 생존율이 적다. 이에 반해 악한 씨앗은 잡초처럼 아니 가시나무처럼 아무 열매도 맺지 못하기에 무성하게 자란다. 밟아도 베어내도 자라난다. 이것이 바로 악의 전염성이다.

우리가 거짓의 사람들을 경험할 때 느끼는 감정은 대개 분노, 혐오감[116], 증오[117] 그리고 혼돈[118]이다. "악이 혐오감을 주는 이유는 그것이 위험한 까닭에서다. 악과 너무 오래 마주하게 되면 그 악은 반드시 오염시키거나 파괴시키게 되어 있다."[119] 그러기에 거짓의 사람들을 극복할 수 있는 비결 중의 하나는 피하는 것이다. 거짓의 사람들과 우물쭈물 함께 있지 말라는 것이다. 잘못하다가 악한 일에 공조하거나 공범자가 된다. 그렇다고 그들에게 왜 그러냐고 따지고 혈기로 싸우라는 것은 더더욱 아니다. 일단은 피하라는 것이다.

그렇다. 거짓의 사람들은 음흉한 사람들이다. 그러기에 우리가 처음 만난 사람이 거짓의 사람이라는 느낌이 든다면 일단은 멀리해야 한다. 아니 경계를 멈추지 말아야 한다. 그리고 관찰해야 한다. 거짓의 사람들은 일정한 특징이 있기에 신경을 쓰고 조금만 관찰하면 그들의 악이 드

---

116) "혐오감이란 싫은 대상을 즉각적으로 피하게 만드는 아주 강력한 감정이다. 그것은 건강한 사람이 평범한 상황 속에서 악한 대상을 만났을 때 으레 나타내 보일 수 있는 가장 적절한 감정이기도 하다. 즉 거기서 벗어나고 싶은 마음이다." Ibid, 116.
117) "예컨대 아픈 사람들을 볼 때 생겨나는 감정이 대개 동정과 연민인데 반해 악한 사람들에 대해 나타나는 감정은 분노와 혐오감이다. 심지어 증오일 수도 있다." Ibid, 226.
118) "악이 사람의 마음에 불러일으키는 반응에는 혐오감 말고도 또 하나가 있다. 바로 혼돈이다……. 거짓은 사람을 혼돈 시킨다. 악한 사람들은 거짓의 사람들이다. 자기만을 켜켜이 쌓아올릴 뿐만 아니라 다른 사람들 또한 속이는 사람들이다." Ibid, 118.
119) Ibid, 116.

러나게 되어있다. 물론 거짓의 사람인가를 의심하며 살피는 사람에게만 말이다. 이는 그들의 위장술에도 한계가 있기 때문이다. 그리고 거짓의 사람이 당신에게 특별한 해를 끼치지 않는다면 적정한 거리를 유지하면 된다. 악이라는 것은 너무 가까이 가게 되면 나도 모르게 흡수된다. 또한 너무 멀리하거나 잘라버리게 되면 우리가 살아가기가 힘들다. 두 가지 이유에서다. 하나는 거짓의 사람들이 모든 관계의 중심에 서있기 때문이다. 또 다른 하나는 주변의 거짓의 사람들을 다 잘라버리고 나면 어느 날 내가 악한 사람이 되어있다는 것이다. 이는 선과 악의 오묘한 관계성 때문이다. 다시 말해 선을 선이 되게 하는 것은 악이요, 선이 타락할 때 선을 심판하는 것도 악이요, 악을 악하다 심판하는 것도 악이다. 그러기에 선과 악의 필연성은 우리 인간이 떼어놓을 수 없는 운명이다. 죽는 날까지 악을 경계하며, 나 자신이 악에 물들거나 악이 되지 않도록 깨어있어야 한다.

그러기에 우리가 악에 대처하는 가장 지혜로운 방법은 두 가지다. 하나는 치명적 거리를 넘어와서 나와 가정, 그리고 교회나 공동체에서 암적인 역할을 하는 사람을 쫓아내는 것이다.

다른 하나는 필요에 따라 거짓의 사람들과 적정거리를 유지하는 것이다. 첫 번째 방법은 마치 방안에 들어온 모기를 죽여야 하는 것과 마찬가지다. 그렇지 않으면 반드시 물리게 되어 있다. 방안에서 잠들어 있는 아기를 물게 되어 있다. 나의 가정과 내가 속한 공동체를 보호하기 위해 거짓의 사람들을 쫓아내는 것이 바람직하다. 하지만 주의해야 할 사항들이 있다.

하나는 집 밖의 모기들은 신경을 쓰지 말아야 한다. 단지 모기가 집 안에 들어오지 못하게 막는 데만 힘을 써야 한다.

여름철에 그 많은 모기들을 죽이려고 에프킬러를 산다면 이 얼마나 어리석은 일인가. 집 밖에는 모기가 셀 수 없이 많듯이 거짓의 사람들은 헤아릴 수 없이 많다. 만약 당신이 거짓의 사람들만 추적하면서 그들을 저지하려한다면 당신의 삶은 무너진다. 결과적으로 치명적 거리를 넘어서 나 자신과 가정을 침범하는 거짓의 사람들로부터 보호하라는 것이다. 우리가 마귀에게 집착하는 것은 오히려 마귀가 원하는 바이다. 이에 대해 알두스 헉슬리는 자세하게 설명한다.

> 악에 너무 끈질기고 강렬하게 집착하게 되면 언제나 비참해진다. 자기 속에 있는 하나님을 위해서가 아니라 남들 속에 있는 악마에 대항해서 싸우는 사람은 세상을 개혁하는 일에 결코 성공하지 못한다. 잘해야 현상 유지이고 잘못하면 전보다 상황이 악화될 수 있다. 의도가 아무리 훌륭하다 할지라도 주로 생각하는 주제가 악이 된다면, 우리는 악의 경우들을 만들어냄으로써 그 자체를 증명해 보이는 성향을 띠게 되고 말 것이다……악 또한 악의 개념에 집중하고도 영향 받지 않을 수 있는 사람은 아무도 없다. 하나님을 위하기보다 악마를 대적하게 된다는 것, 그것은 엄청나게 위험한 일이다. 모든 개혁가들은 제정신을 잃어버리기 딱 알맞다. 그들은 자신들이 적의 것이라고 분별하곤 하는 그 사악함에 계속 영향을 받으며 어물어물하는 사이에 그들의 일부가 되어버리기 때문이다.[120]

사실 거짓의 사람들과 적정거리를 유지하는 것은 그리 쉬운 일이 아닙니다. 그들의 현혹하는 능력과 치명적 거리를 가볍게 넘나드는 실력으로 인해 어느 새 보면 그들의 휘하에서 놀아나고 있는 자신을 발견하게 된다. 이는 어쩌면 인생 성공의 비밀과도 같다. 어떻게 하면 거짓의 사람들에게 휘말리지 않으면서 그들과 적절한 관계를 유지할 수 있을까? 거짓의 사람들은 모든 관계의 길목을 장악하고 있다. 그리고 모든 돈이 흐르는 중심부에 자리를 펴고 자릿세를 받으려 한다. 그들을 통과하지 않고는 되는 일이 하나도 없다. 그들은 우리가 그들에게 고개 숙이고 굽실거리기를 원한다. 자신들이 그 자리에 올라가기까지 그 모든 자존심을 버렸듯이 우리의 자존심도 짓밟히기를 원한다. 단지 자신들의 빗나간 자존심을 회복시키기 위하여. 정말 악이란 추한 것이다. 이들은 우리를 추하게 만든다. 자신들이 더러운 것처럼 우리도 더럽혀지길 기대한다. 그로인해 우리가 우리 스스로에 의해 더럽혀진 자신을 바라보고 좌절하길 원한다. 이로 인해 하나님을 향한 소망조차도 포기하길 바란다. 더 나아가 우리가 그들에게 인간적인 분노로 폭발하길 바란다. 물론 거짓의 사람은 그렇지 않겠지만 뒤에서 은밀하게 조정하는 마귀는 그럴 것이다. 마귀는 우리가 거짓의 사람들을 통해 고통 받고 좌절하며 쓰러지길 원한다. 때론 하나님을 향한 믿음조차 약화되게 하고 거짓의 사람들에 대한 인간적인 복수심을 불러일으킨다. 이 모든 것이 바로 거짓의

---

120) Aldous Huxley, The Devils of Loudon, Perennial Library Edition (Harper & Row, 1952), 192, 260. 거짓의 사람들에서 인용, 496-97.

사람들의 조정자인 마귀의 전술이다.

　우리가 거짓의 사람들로부터 은밀한 억압을 받게 될 때 우리도 모르게 분노와 증오, 더 나아가 복수심을 갖게 된다. 어쩌면 죽이고 싶은 심정도 들게 된다. 하지만 이는 자멸의 길이다. 거짓의 사람과 함께 당신 자신도 망하게 되어있다. 바로 마귀의 전술이 성공하기 직전까지 이르게 된다. 싸움의 열기에 빠져 있다 보면 우리 자신도 모르는 사이에 아주 간단한 결론을 취하고 싶은 생각이 들게 된다. 바로 동반자살이다. 즉 '저 악한 무리들에게 폭탄을 들고 들어가서 함께 죽자' 라는 것이다. 이제 살인자라도 되고 싶은 심정이다. 만약 우리가 악에 대하여 파괴라는 작전을 펴 나간다면 우리는 우리의 미래까지도 파괴하는 것으로 끝을 내고 말 것이다. 더 나아가 우리 자신뿐 아니라 다른 죄 없는 사람들까지도 해치게 될 것이다.

　그렇다면 우리가 어떻게 거짓의 사람들을 극복할 수 있을까? 먼저 거짓의 사람들을 파괴하려는 단순한 복수심을 버려야 한다. 인간적으로 볼 때, 이들을 쫓아내는 것은 거의 불가능하다. 쉽게 말해 이들은 얼굴에 철판을 깔은 철면피이다. 또한 사람의 등에 딱 붙어 피를 빨아먹는 거머리이다. 정말로 죽이기 전에는 절대로 떨어지지 않는 습성을 가졌다. 거꾸로 말해, 떨어지면 죽는다는 생각에 어떠한 수단과 방법을 가리지 않고 그 자리를 목숨 걸고 사수한다. 이들이 떠날 때는 바로 자신의 희생양이 죽었을 때이다. 그러기에 거짓의 사람들을 극복하는 것은 진퇴양난이다. 정말 죽일 수도 없고 살릴 수도 없다는 표현이 맞을 것이다. 이쯤 되면 저항하는 거짓의 사람도 힘들지만 그와 싸우는 분별력 있는 사람도 도덕적인 혼란과 허무주의적인 진공상태에 빠지게 된다. 이제 차라리 자포자기하고 싶은 심정을 가지게 된다. 두 손을 들고 싶은 마음이 목구멍까지 올라온다.

하지만 우리는 포기해서는 안 된다. 그것은 하나님이 원하시는 것이 아니다. 그렇다면 어떻게 하란 말인가? 하나님이 악을 심판하신다는 믿음과 선이 반드시 악을 이긴다는 소망을 가져야 한다. 악은 선에 의해 패배를 당할 수 있다는 소망을 가지고 인내해야 한다. 하나님으로 하나님이 되게 하라Let God be God는 명제처럼 우리는 악을 심판하시는 하나님을 기다려야 한다. 우리가 먼저 혈기를 가지고 칼로 찌르는 것은 전쟁의 승리에 전혀 도움이 되지 않는다.

그렇다고 거짓의 사람들이 당신의 삶 속에 치명적 거리를 넘어서 치고 들어오는 것을 방어하지 말라는 것은 아니다. 언제나 수동적 방어는 필요하고 정당한 것이다. 그렇지 않다면 당신의 영혼은 악인에 의해 질식당할 것이다. 단지 혈기로써 인간적인 방법과 파괴적인 방식으로 악과 싸우지 말라는 것이다. 그리고 마음 속 깊은 곳에서 그들에 대한 불쌍한 마음을 가져야 한다. 그들은 정말로 가련한 영혼들이다. 유아시절에 사랑의 결핍으로 인해 자신의 왕국을 만들어 왕자로 통치하는 환상을 꿈꿔온 사람들이다. 다시 말해 마귀의 병기가 되기로 자처한 사람들이다. 하지만 거짓의 사람들은 항상 두려움과 불안에 떠는 사람들이다. 자신들의 악행을 스스로 의식하기에 자신도 모르게 불안해지는 사람들이다.

그렇다. 이들은 자신의 가정을 축소판 지옥으로 만들뿐만 아니라 자신들도 그 지옥 속에서 지낸다. 그리고 자신들 스스로 이 땅에서 지옥을 경험하고 있는 사람들이다. 그래서 이들과 오래 대하고 나면 이들에 대한 느낌은 항상 우울하고 음산하다. 그러기에 시몬 베유는 그의 수필집, 지혜의 기준 에서 "상상속의 악은 낭만적이고 다채롭지만, 실제 행하는 악은 음울하고 단조롭고 쓸쓸하고 지루하다."고 말한다.

하지만 거짓의 사람들에 대한 동정심은 금물이다. 영적으로 불쌍히 여기면서 기도해주는 것은 좋은 일이지만 그들에게 동정심을 보여주는 행위는 그들에게 다시 속는 것이다. 그들이 원하는 구멍을 내어주는 것이다. 그들은 바늘구멍만 발견해도 그 구멍을 통해 당신을 망하게 할 수 있는 능력의 사람들이다. 구멍을 내어주는 당신으로 인해 그들은 회개할 기회를 잃어버린다는 사실을 명심해야 한다. 그들은 독심술이 뛰어나기 때문에 당신의 마음이 동정심을 갖게 되면 그들은 곧바로 당신에게 접근한다. 그리고 당신을 통해 피할 길을 찾아내고야 만다. 그리고는 또 다른 은밀한 범죄를 저지르길 준비한다.

이제는 간략하게 거짓의 사람들에 대하여 요약하고자 한다. 그리고 어떻게 그들을 극복할 수 있는지를 간략하게 살펴보고자 한다.

거짓의 사람들의 특징은 다음과 같이 요약할 수 있다.

1. 예의 바르고 도덕적인 사람으로 위장한다. (위장술)

절대로 불필요한 말이나 책임을 질 말을 하지 않는다.

쓸데없는 약속이나 호언장담을 절대로 하지 않는다.

쉽게 말해 말에 실수가 없는 사람들이다. 자신의 약점이 드러나지 않게 말이다. 그러나 사람들은 이들을 점잖고 예의 바른 사람들로 착각한다.

2. 자신의 선한 이미지를 위해서 거짓과 속임수를 쓴다. (완전범죄)

3. 이들은 아무도 믿지 않는다. 심지어 자신의 자식조차도.(편집성 성격장애)

그러면서도 사람들 간에 상호의존적으로 만들어 놓아 아무도 독립적일 수 없도록 만든다.

그 누구도 이러한 뒤섞인 관계의 실타래를 풀 수 없게 한다.

이는 사람들을 못 믿기 때문에 그렇게 만드는 것이다.

뒤섞인 관계를 만들어 놓은 후 관계성의 역학을 이용해 자신이 원하는 모든 일들을 진행한다. 그리고 이러한 복잡하게 얽힌 관계성 안에 숨어서 그 누구도 자신을 정죄할 수 없게 만든다.

4. 하수인을 이용해서 간접적으로 죄를 진다.

그들은 결단코 전면에 나서지 않는다.

5. 화술이 뛰어나다. (발에 걸리지 않는 대화, 애매모호한 표현)

6. 자신의 거짓이 발각되지 않도록 증거를 인멸한다.

7. 만일 발각되면 그 책임을 다른 사람에게 전가한다.

8. 임기응변이 뛰어나며 상황에 몰리면 협박하고 흑백논리로 선택을 강요한다.

9. 자신을 너무 사랑하여 자신과 다른 사람을 구별하지 못한다.

(자기애성 성격장애)

10. 자신의 일은 모르지만 다른 사람 일에는 게으르다.

하지만 부지런한 척 연기한다. (연극성 성격장애)

11. 완벽주의로 가정을 지옥 축소판으로 만든다.(강박성 성격장애)

    배우자를 정신적으로 학대한다. (공주병, 왕자병)

    자녀를 자신의 소유물로 생각하며 학대한다.

12. 매우 인색하다. (강박성 성격장애)[121]

    다른 사람이 자신의 인색함을 눈치 채지 못하도록 아주 기본적인 것 만 지킨다. 하지만 잘 보여야 할 사람과 공동체의 눈을 가리기 위해서는 항상 관대한 척을 한다.

13. 자신이 주도하지 않는 한, 가정이나 단체에서 항상 비협조적이고 파당을 만든다.잠언 18:1 하지만 정작 자신이 가정이나 단체의 주체가 되면 반대로 자신만을 중심으로 하는 철저한 통제와 독재를 추구한다.

이를 종합해보면, 여러 가지 종류의 성격장애 중에 자기애성 성격장애, 강박성 성격장애 그리고 편집성 성격장애 등 몇 가지를 섞어놓은 것 같다. 하지만 이러한 성격장애와 구별되는 점은 바로 거짓 병이다. 이로 인해 이들 거짓의 사람들은 자기애성 성격장애의 특수변종이나 정신질환자로 생각될 수 있다.

이제는 어떻게 이들을 극복할 수 있는지를 간략하게 살펴보자.

1. 거짓의 사람들과는 대화로 승부를 걸지 말아야 한다.

    절대로 그들과 말싸움으로 이길 수 없다.

---

[121] 강박성 성격장애자는 돈에 매우 민감하며 씀씀이가 매우 인색하다. 경제적 여유가 있음에도 불구하고 만일의 재난상황에 대비하여 저축해 두어야 한다는 생각으로 인해 자신과 가족을 위해서 돈을 쓰지 못한다. 현대이상심리학, 336-39.

단지 필요한 말만 전해야 한다.

2. 거짓의 사람들의 위장술에 속지 말아야 한다. 잠언 12:17,20

그들의 본심과 의도를 파악하는 독심술이 필요하다.

마귀가 거짓의 아비이듯 이들도 거짓과 술수 그리고 위장과 은폐에 뛰어나다. 그러기에 망원경적인 시야를 가지고 항상 멀리서 볼 수 있어야 한다. (의도파악) 또한 현미경적인 시야로 아주 조그만 일도 섬세하게 관찰하고 분석할 수 있어야 한다.

그렇다. 망원경으로 우선 숲을 살피고서 그 다음에는 현미경으로 숲 속의 나무를 자세히 살필 수 있는 자만이 험한 세상에서 생존할 수 있다.

3. 진실 된 말과 행동을 통해 결단코 허점을 보이지 말아야 한다.

그들을 흉내 내면 역으로 당한다. 그들에게 조그만 거짓말을 하게 되면 당신은 이미 진 것이다. 그들은 거짓의 전문가들이다. 당신의 조그만 거짓말로 인해 그들은 아주 커다란 구멍을 찾게 된다. 그들은 바늘구멍을 찾으면 그 구멍으로 낙타도 빼낼 수 있는 사람들이다. 이들은 다른 사람들의 티를 이용해서 자신들의 들보를 숨길 수 있는 사람들이다. 마태복음 7:3-5

악한 사람들에게는 자신의 악을 다른 사람들에게 투사하려는 성향이 있다는 것이다. 자기의 죄성을 직면할 줄 모르거나 직면할 마음이 없는 까닭에 그들은 다른 사람들의 결함을 꼬투리 잡아 그것을 해명하여 모면하려 한다.

4. 선으로 악을 이겨야 한다. 로마서 12장 14-21

사람들을 섬기는 사람이어야 한다.

주변 사람들의 인정을 받아야 한다.

거짓의 사람들이 좋은 사람들이라고 인정을 받고 있기에 만일 당신이 희생적인 사람이 아니라면 아무리 당신이 주장이 옳더라도 그들을 정죄하는 당신만 나쁜 사람이 된다.

5. 영적인 능력을 유지해야 한다.

그들과 싸우다보면 어느 날 혈기가 일어나고 인간적인 방법이 동원된다.

하지만 이는 전쟁에서 패하는 요인이다. 우리의 싸움은 혈과 육이 아니기 때문에 매일 1-2시간 정도의 기도생활은 필수이다.

한마디로 영적으로 깨어있으라는 것이다. 악한 사람들이 주변에서 일을 도모하는 비상시에는 더욱 깨어있어야 한다. 마태복음 26:40-41

거짓의 사람들의 배후세력인 마귀를 영적인 능력으로 묶어놓아야 한다.

에베소서 6:12

6. 모든 것을 내려놓아야 한다. 마태복음 16:24

자기를 부인하는 자만이 승리할 수 있다.

명예나 물질에 대한 미련이 있다면 그들이 깔아놓은 함정에 빠진다. 잠언 22:1

거짓의 사람들은 덫과 함정을 파놓는 아주 교활한 사람들이다. 잠언 24:15

7. 사람을 두려워하지 말아야 한다. 잠언 29:25

죽을 각오로 싸우지 않는다면 그들을 이길 수 없다. 마태복음 16:25

살고자 하는 사람을 죽을 것이요, 죽고자 하는 자는 살 것이라는 말씀처럼 죽을 각오로 싸울 때만이 이겨낼 수 있다.

그들은 오히려 겁이 많은 자들이다.[122]

"악인은 쫓아오는 자가 없어도 도망하나 의인은 사자 같이 담대하니라."

잠언 28:1

이들이 당신을 공갈로 위협할 때 두려워하거나 속지 말아야 한다.

당신이 진실하다면 그들은 자신들의 공갈이 수면위로 떠오르는 것을 두려워한다. 만약 당신이 진실하지 못하다면 오히려 공개적으로 공동체 앞에 회개하고 밝히는 것이 좋다. 잠언 28:13 그렇지 않다면 그들은 당신을 볼모로 잡아 끝까지 괴롭히고 이용하다가 결국에는 당신의 은밀한 것들을 폭로할 것이다. 그것도 자신들이 원하는 적절한 타이밍에 말이다.

8. 수동적 방어 외에는 그들을 먼저 공격하지 말아야 한다.

거짓의 사람들은 연기에 뛰어난 사람들이다. 그러기에 자신들이 공격을 받게 되면 할리우드 액션을 하면서 사람들의 동정심을 불러일으킨다.

결국 당신은 가해자가 되고 그들은 피해자가 되면서 당신은 매장된다.

9. 거짓의 사람들에게 당신의 깊은 속마음을 보여주지 말아야 한다.

열왕기하 20:12-21

만일 당신의 비밀을 그들에게 노출시켰다면 당신은 그들의 희생양이 될 것이다.

언젠가는 반드시 그것을 통해 당신의 발목을 잡을 것이다.

그들은 절대로 그들의 본심을 그 누구에게도 털어놓지 않는 사람들이다. 왜냐하면 그들은 아무도 신뢰하지 않기 때문이다.

10. 하나님의 시간을 기다려야 한다. 출애굽기 14:13-14, 시편 46:1,10

하나님께서 구원하실 때까지 가만히 있는 다는 것이 악한 사람들이 공격하는데도 방어를 하지 말하는 것은 아니다. 철저한 수비와 방어는 반드시 해야 한다. 이는 먼저 공격하지 말라는 것이다. 쓸데없이 그들을 비방

---

122) Ibid, 119. "악한 사람들은 그 누구보다도 가장 겁이 많은 사람들이다. 그들은 자기 모습이 빛 가운데 드러나는 것을 끊임없이 피하면서 자신의 목소리 듣기를 거부한다. 그들은 완전한 공포 속의 삶을 살아간다.

하거나 중상모략을 하지 말라는 것이다. 우리는 방어를 잘해야 한다. 왜냐하면 하나님의 심판이 있을 때까지 살아있어야 하기 때문이다.

이상으로 어떻게 악을 극복할 수 있는지를 간략하게 살펴보았지만, 사실은 너무나 부족하다는 생각이 든다. 왜냐하면 거짓의 사람들은 생각보다 더 힘든 상대들이기 때문이다. 그들의 배후조정자가 거짓의 아비요 공중권세를 잡은 자인 마귀이기 때문이다. 게다가 거짓의 사람들 자체가 너무나 권모술수가 뛰어난 사람이라는 것이다. 문제는 악을 이겨내는 방법론보다도 하나님과 우리 사이의 건강한 영적인 관계를 유지해야 한다는 것이다. 우리와 하나님 사이의 틈이 생길 때에 마귀가 침입하는 것이다. 그리고 마귀는 자신의 사람들을 이용해서 하나님의 사람들을 괴롭히는 것이다. 또 다른 각도에서 보면 우리가 하나님으로부터 멀리했을 때에 하나님께서 그들을 통해서 심판하시는 것이다.

마귀의 침입과 하나님의 심판이라는 어쩌면 적대적인 관계가 동전의 앞면과 뒷면처럼 신비로운 조화를 이루는 것이다. 바로 이것이 선과 악의 오묘한 관계이다. 풀릴 수 없는 선과 악의 역학관계에도 불구하고 우리가 하나님과의 인격적이고 영적인 관계를 잘 유지한다면 마귀는 우리에게 어떠한 나쁜 짓도 할 수 없다. 우리가 영적인 전쟁을 할 때, 혹은 거짓의 사람들에게 시달릴 때에 마귀와의 영적인 전쟁에만 집착하는 것보다 오히려 하나님에게 초점을 맞추는 것이 더욱 중요하다. 아니 우선순위이다. 그리고서 우리를 괴롭히는 악한 영들을 대적해야 한다. 그 다음에야 비로소 거짓의 사람들과 싸움을 해야 한다.

　이러한 전쟁 중에 알아야 할 가장 중요한 싸움의 원리는 사랑의 원리이다. 바로 선으로 악을 이기는 것이다. 악이란 사랑에 의해서만 정복될 수 있기 때문이다. 하지만 악을 사랑한다는 것이 자기모순처럼 느껴진다. 악을 사랑하는 것이 악이 아닌가라는 생각이 들기 때문이다. 이것이 바로 기독교의 역설이요 아이러니이다.[123]

　악을 이길 수 있는 사랑은 맹목적인 사랑이 아니다. 맹목적인 사랑이나 동정심은 오히려 거짓의 사람들을 더 망친다. 그들로 하여금 악의 길을 유유히 가도록 돕는 것이다. 그러기에 중용적인 사랑이 필요하다. 인간의 악함을 분명히 알고 그 악함에 속지 않아야 한다. 그러면서도 악을 품을 수 있는 사랑이 필요하다. 그러기에 기독교적인 사랑은 어쩌면 줄타기 곡예와도 같은 것이다.

　잘못된 행동이라고 배척하는 것은 사랑이 아니다. 하지만 잘못된 행동을 아무런 문제없이 받아들이는 것도 사랑이 아니다. 우리는 때론 이해하고 참아 주어야 한다. 하지만 때론 잘잘못을 가리고 책임을 물어야 한다. 그리고 받아 주기도 하지만 필요에 따라 요구도 해야 한다. 쉽게 말해 사랑은 엄하기도 하고 부드럽기도 해야 한다는 것이다. 사랑은 상황에 맞는 적절한 대응을 필요로 하는 것이다. 어쩌면 우리가 하나님과 같은 마음을 소유해야 할지도 모른다.

---

[123] Ibid, 507.

문제는 우리가 이러한 균형 잡히고 중용적인 사랑을 잘 실천하지 못한다는 것이다. 우리는 맹목적인 사랑이나 동정심을 사랑으로 알아왔다. 이로 인해 오히려 거짓의 사람들을 더욱 거짓되게 만들었다. 우리는 하나님의 사랑을 알아야 한다. 긍휼과 자비 그리고 진노와 심판이 조화를 이루어야 한다. 이는 막연한 혼합이나 섞임이 아니다. 시간과 상황에 맞는 적절한 적용이 중요하다. 이를 위해서 때와 상황에 따라 하나님의 마음을 헤아릴 수 있어야 한다. 이런 면에서 진정한 영력이란 막연하게 마귀를 축사하는 능력이라기보다는 하나님의 마음을 헤아릴 수 있고 분별할 수 있는 분별력이라고 보아야 할 것이다. 긍휼을 베풀어야 할 때 긍휼을 베풀고 질책을 해야 할 때 질책을 한다면 악인들도 하나님의 빛을 보게 된다. 바로 당신을 통해서 말이다.

마지막으로 거짓의 사람들을 극복할 수 있는 가장 좋은 비결을 말하고 싶다. 그것은 바로 예방이다. 치료보다 예방이 더욱 효과적인 것은 의학적인 상식이다. 마귀는 거짓의 사람들을 통해서 이 땅에 악의 씨앗을 계속해서 뿌리고 있다. 이 씨앗을 뿌리지 못하도록 막아야 한다. 거짓의 사람들은 유전적인 요인, 유아시절의 버림을 당한 충격 그리고 성장하면서 거짓 부모로부터의 억압과 학대를 통한 양육에 의해서 생성되는 것 같다. 우리가 유전적인 요인은 어찌할 수 없다하더라도 우선 유아시절에 겪게 되는 버림을 받는 충격을 막아야 한다. 그것은 바로 부모의 역할이다.

만일 당신이 거짓의 사람이 아니라면, 당신의 배우자가 거짓의 사람인지 아닌지를 살펴야 할 것이다. 만일 배우자가 거짓의 사람이라고 생각되면 당신의 자녀가 세 살까지의 유아시절에 버림받은 좌절과 충격을 완화시킬 수 있는 최선의 노력을 기울여야 한다. 거짓의 배우자가 아무런 힘도 없는 당신의 자녀를 학대하지 못하도록 막아야 한다. 특별히 세 살이 되기 전에 동생이 태어날 때는 각별한 주의를 가져야 한다. 왜 세상이 나를 중심으로 돌지 않는지를 잘 설명해주어야 한다. 그리고 그것을 잘 극복할 수 있도록 위로해야 한다.

그러나 문제는 거짓 병이 발생될 수 있는 또 다른 요인이 있다는 것이다. 그것은 세 살이 넘어 자라면서 반드시 겪어야 할 좌절과 고통, 즉 유아기적 자아도취를 포기해야 하는 고통을 겪지 않았다는 것이다. 지나친 과잉보호와 편애로 인해 이러한 나르시시즘적 자아도취가 포기되어지지 않는다면 결국 그 아이는 자기애적 성격 장애인이 되고 만다. 이는 거짓의 사람이 될 가능성을 높이는 것이다.

또한 어린 자녀가 유아기적 자아도취를 포기하는 고통과 충격을 완화시켜주기 위한 진정한 사랑과 과잉보호의 차이점이 겉으로는 구별하기 힘들다는 것이다. 이러한 모호한 점을 거짓의 사람이 이용할 경우 이들의 학대나 방치를 멈추게 할 수 없다. 여기에서 우리에게 또 다른 분별력이 요구된다.

결론적으로 영적인 전쟁에서 승리하기 위해 우리는 마귀와의 전쟁뿐만 아니라 거짓의 사람들과의 전쟁에서도 승리해야 한다. 이를 위해 우리는 영적인 세계뿐만 아니라 현실세계도 잘 알아야 한다. 바라기는 이 책을 통해 여러분들이 인간의 사악함을 알았으면 한다. 거짓의 사람을 고발하는 필자 자신도 나 자신의 사악함을 안다. 하나님의 용서를 구할 뿐이다. 하지만 이러한 사악함을 넘어서 마귀의 악한 씨앗을 뿌리는 거짓의 사람들을 그냥 방치할 수 없어서 이 책을 쓰게 되었다. 이 책을 통해 많은 사람들이 악의 실체를 깨닫고 진정한 영적 전쟁을 하길 바란다. 우리의 영적 전쟁은 눈을 감고 허공에 창을 던져 악한 영들을 맞히려고 하는 것이 아니라 눈을 떠서 마귀가 사용하는 악한 사람들을 저지하는 것이다. 하지만 이러한 영적 전쟁을 위해 먼저 우리 자신이 주님 앞에 정결케 되길 바란다.

22

어떻게 거짓의 사람들은 치유될 수 있을까? / 심리치료

지금까지 이 책을 읽고 난후에 독자들의 다양한 반응이 나올 것이다.

만일 당신이 거짓의 사람이라면 처음에는 무척 당황하며 놀랄 것이다. 마치 자신을 거울로 비치듯 비디오 촬영을 당한 느낌이라고나 할까. 그로 인해 순식간에 화가 나면서 이 책을 던지고 싶을 것이다. 하지만 책을 다 읽을 수밖에 없는 자신을 발견할 것이다. 왜냐하면 악의 비밀에 대한 내용에 그 누구보다 민감한 사람들이기 때문이다. 하지만 곧바로 자신은 거짓의 사람이 아니라 소심하고 겁 많은 사람이라고 자기최면을 걸기 시작할 것이다.

다음으로 만일 당신이 가짜 거짓의 사람이라면 당신 역시 무척당황하며 놀랄 것이다. 하지만 가짜 거짓의 사람의 속성상 거짓의 사람들에 비해 그렇게 마음의 충격은 크지 않을 것이다. 어쩌면 책을 다 읽기도 전에 진짜로 이 책을 던져 버릴 지도 모를 사람들이다. 그리고는 얼마 시간이 지나지 않아 자기 자신은 분별력이 있고 용감한 사람들이라는 착면으로 자기착각을 불러일으킬 사람들이다.

　세 번째로 만일 당신이 문제의식이 없는 단순한 사람들이라면, 이 책의 내용을 이해하기가 힘들 것이다. 그리고 과연 거짓의 사람들이 누구일까. 정말 그런 사람들이 존재하기는 할까. 이와 같은 의문들을 가지게 될 것이다. 그리고는 이 책을 끝까지 읽기에는 너무나 흥미가 없는 책이거나 꾸며진 소설이라고 생각하게 될 것이다.

　네 번째로 만일 당신이 소심하고 겁 많은 사람들이라면 이 책을 읽는 내내 괴로워할 것이다. 왜냐하면 마치 자신이 한 거짓된 모습들을 이 책이 너무나 소상히 밝히기 때문일 것이다. 자신 스스로가 거짓의 사람들의 캐릭터를 가지고 있다고 믿기에 이 책을 통해 오히려 낙담하게 될 것이다. 그리고는 바로 자신이 거짓의 사람들이라고 생각하게 될 것이다.

　다섯 번째로 만일 당신이 용기 있고 분별력이 있는 사람들이라면, 이 책을 통해 상당한 위로와 기쁨을 누리게 될 것이다. 그리고 거짓의 사람들로부터 고통을 당하면서 자신의 정체성에 대해 스스로 혼란을 겪는 상황에 있다면 이 책을 통해 자신의 정체성에 대한 확신을 가지게 될 것이다. 그리고 앞으로 어떻게 거짓의 사람들을 극복할 수 있는지에 대한 해법을 찾게 될 것이다.

　하지만 이 책의 문제점은 과연 거짓의 사람들을 영원히 포기해야만 하는가의 문제이다.

과연 이들은 구제받을 수 없는 버림받은 사람들인가?

과연 거짓의 사람들은 회복될 수 있는 길이 전혀 없는 것일까?

과연 우리는 거짓의 사람들을 피하고 멀리해서 그들과 분리된 삶을 살아야만 하는가?

지금까지 이 책은 마치 거짓의 사람들을 들쑤셔놓고 아무런 해법을 내놓지 않은 채 당황스럽고도 허무한 결론을 내리는 것 같았을 것이다. 그리고는 기독교가 말하는 사랑에 대한 회의를 가지게 되었을 것이다.

과연 진정한 사랑으로 대해도 거짓의 사람들은 변화되지 않을까?

과연 성령님도 이들을 변화시킬 수 없을까?

거짓의 사람들을 구원하고자하는 시도나 노력이 없다면 기독교의 사랑은 무가치한 것이 될 것이다. 그러기에 결단코 쉽지 않은 일이지만 이제부터 과연 거짓의 사람들이 치유될 수 있는지의 가능성을 논의해보고자 한다. 또한 가능하다면 어떻게 거짓의 사람들이 치유될 수 있는지의 방법도 모색해보고자 한다.

거짓의 사람들!

정말 쉽지 않은 사람들이다. 거짓의 사람들의 치유가 쉽지 않은 이유는 세 가지이다. 하나는 그들에게 진정한 치유나 변화가 일어나는 것을 그들 자신이 거부한다는 것이다. 다른 하나는 이들의 진정한 변화를 그들을 사랑한다고 말하는 부모나 배우자와 같은 가족들이 원하지 않는다는 것이다. 어쩌면 이는 충격적인 발언일 것이다. 그리고 마지막으로 이들의 변화를 마귀가 원하지 않는다는 것이다.

정말이지 삼중고이다. 마치 이 세상의 그 누구도 당신이 변화되어 가치가 있는 사람이 되는 것을 원치 않는 느낌이다. 나의 이 말을 의심할 사람들도 있을 것이다. 설마 부모인데 자식의 진정한 변화를 거부하겠는가. 설마 아내인데 남편의 진정한 변화를 원하지 않겠는가. 설마 자신이 좋은 사람이 된다는데 자신 스스로 그러한 변화를 막겠는가. 이러한 물음들에 대해 독자들은 정말이지 설마라는 생각이 들 것이다. 하지만 사실이다.

모두가 다 그렇다는 것은 아니다. 하지만 아주 많은 사람들이 자신 주변의 사람들의 변화에 민감하고 또한 그러한 변화를 주저한다는 것이다. 그 이유는 비록 상대방이 변화되지 않으면 자신도 괴롭지만 만일 상대방이 변화되면 그 보다도 더 괴롭다는 것이다. 상대방이 진정으로 변화되면 자기 자신도 변화되어야 하기 때문이다. 사람들은 바로 이러한 자신의 내면의 변화를 꺼려한다. 그러기 때문에 사람들은 필사적으로 그리고 무의식적으로 주변의 사람들의 변화를 막으려고 한다.

이는 어쩌면 정신적인 병리현상이라고 말할 수도 있을 것이다. 서로 아픈 사람들끼리 연결고리로 이어져 함께 누워있는데 한 사람이라도 일어나 바로 서려고 한다면 그 누구도 좋아하지 않을 것이다. 왜냐하면 귀찮고 괴로우니까 그렇다. 하지만 이러한 병적인 현상은 이들의 진정한 자아들이 일으키는 작용이 아니다. 다만 이들의 진정한 자아를 둘러싼 거짓된 자아들이 그들의 변화를 거부하고 막는 현상인 것이다. 더 나아가 마귀들은 사람들이 진정으로 변화되어 영과 혼이 건강해지는 것을 가만히 보고 있지 않는다는 것이다. 이들은 초자연적인 현상으로 이러한 변화를 막기도 하겠지만 가장 손쉬운 방법인 변화하려고 하는 자아의 주변사람들을 통해 이들을 통제하고 막는다는 것이다. 어쩌면 고구마 줄기처럼 모두 묶어서 땅에 꼭꼭 숨겨놓는 것과도 같은 현상일 것이다. 그러기에 혼자서 튕겨 밖으로 나가기에는 반작용과 부작용이 너무나도 심하게 생긴다는 것이다. 하지만 이를 반대로 해석하면 마귀가 땅 속에 숨겨놓은 고구마 한두 개를 잘 캐어 내면 줄기에 붙어있는 다른 고구마들을 줄줄이 캐낼 수도 있다는 것이다. 참고로 이러한 변화를 가장 먼저 예민하게 반응하는 사람들이 바로 거짓의 사람들이고, 가장 열렬히 반대하는 것도 거짓의 사람들이고, 그리고 마지막까지 반대하며 변화를 거부하다가 가장 마지막에 변화될 사람도 바로 거짓의 사람들이다.

필자가 3개월 동안 맡았던 중학교 1학년 아이의 이야기다. 자폐성이 심하여 자기만의 세계 속에서 지내기를 좋아하고 다른 사람과 원만한 대화나 관계를 맺지 못하던 아이였다. 학교에 다닐 때 친구들로부터 멍청하다고 따돌림을 당하였던 아이였다. 하지만 그 아이가 열 명의 다른 청소년들과 어울려 함께 공동체 생활을 하면서 마음의 많은 변화가 생겼다. 뭐라고 할까. 아마 독립심이 생겼다고 해야 할 것이다. 자폐적이고 성격장애의 특성 중의 두드러진 현상이 바로 의존성이라면 바로 그 의존성이 나름 개선된 것이었다.

하지만 신기하게도 그 아이가 정말로 변화가 되려고 하는 직전 그의 부모들이 방문한 것이었다. 정말이지 어떻게 정확한 타이밍을 그들이 아는지 모르겠다. 아마도 본능적으로 아는 것이리라. 처음에는 아이가 눈이 밝아지고 어깨를 바로 편 것을 보고 그들은 기뻐하였다. 또한 3개월 전에 비해 자신이 원하는 의사를 분명히 말하는 것 같은 느낌이 들어서 더욱 기뻐하였다. 하지만 그것도 잠시 뿐이었다. 하루 밤을 같이 자고 나더니 그 엄마가 괴로워하기 시작하였다. 그것은 바로 아들이 변했다는 것이다. 과연 무엇이 변하였을까? 그 엄마가 이렇게 말했다. "아이가 더 이상 자신의 손을 만지작거리면서 잠을 자지 않으며 자신의 얼굴에 아들이 얼굴을 비벼대질 않아요." 그 무엇인가 시원섭섭한 것 같은 말이었다. 하지만 그 다음 날이 더 문제가 되었다. 그 아이가 자신의 엄마, 아빠와 함께 자려고 하지 않고 자신의 또래가 있는 방으로 베개를 들고 나간 것이었다. 이제 엄마는 자신의 아들의 변화를 걱정하기 시작하였다. 마치 아들이 자신을 떠난 것 같은 느낌, 아니 자신을 버린 느낌까지도 받은 것 같았다. 그로부터 얼마가 지나지 않아 그 아이는 결국 엄마의 강요로 다시 집으로 돌아가게 되었다. 자신은 원하지 않았지만 말이다.

그렇다면 어떻게 거짓의 사람들을 치유할 수 있을까?

필자의 결론은 장기적인 심리치료와 영적 전쟁의 적절한 조화를 통해서 이들을 치료할 수 있다고 본다. 그 이유는 심리치료만으로 치료하기에는 마귀의 초자연적인 개입으로 인해 실패할 가능성이 크다는 것이다. 또한 영적 전쟁을 통해 그들을 통해 역사하는 악한 영들을 내쫓는 것만으로는 불충분하다는 것이다. 다시 말해 쫓겨나갔던 마귀가 조금만 방심하면 다시 들어온다는 것이다. 왜냐하면 그 병든 자아에는 마귀가 드나드는 커다란 출입구가 있기 때문이다.

그렇다. 거짓의 사람들과 같은 병든 영혼들은 마치 밑 빠진 독과 같다. 밑이 빠졌기에 아무리 사랑을 부어도 만족이 없다. 결국에는 사랑과 관심을 쏟아 부은 사람이 먼저 지쳐서 쓰러지게 되어있다. 밑이 빠진 독은 바로 마음의 상처일 것이다. 이는 장기적인 심리치료를 하지 않는 한 치료되기가 어려운 것이다. 최근 기독교를 비판한 영화로 알려진 "밀양"의 메시지가 바로 이것이다. 이는 어쩌면 우리 기독교인들이 말하는 소위 "은혜 한번 받으면 된다는 것"과는 너무나 거리가 먼 것이다. 필자가 하나님의 은혜를 과소평가하거나 무용지물로 여기는 것이 아니다. 우리에게 하나님의 은혜와 기쁨, 그리고 하늘의 평안이 필요하다. 하지만 우리가 관찰하는 이러한 은혜는 너무나 일회적인 것으로 오해되어진다. 잠시 왔다가 사라지는 허무한 것, 다르게 표현하자면 그저 일시적 감정에 불과한 것으로 여겨진다. 왜냐하면 마음에 구멍이 났기 때문이다. 그러기에 수련회에 가보면 얼마나 많은 사람들이 구원받은 짜릿한 감정을 맛보기 위해 구원으로 초청하는 자리에 나아가는가. 하지만 이들 중 여러 명이 수련회에서 주어지는 구원의 초청 자리에 매번 나아가거나 매번 나아가고 싶은 충동을 느낀다는 것이다.

어쩌면 마음 속 깊은 상처를 단 한 번의 구원의 감격이나 위로로 대체

할 수 없다는 생각이 들게 된다. 그러기에 구원의 점진성이 요구되어진 다고 볼 수 있다. 그렇다고 병든 자아에 대한 심리치료가 그리 쉬운 것은 아니다. 그것은 병든 자아가 그것을 원치 않을 뿐만 아니라 마귀가 그것 자체를 못하게 막는다는 것이다. 병든 자아가 장기적인 심리치료를 받을 수 있도록 하기위한 마귀와의 영적 전쟁은 불가피한 것이다.

그렇다. 거짓의 사람들과 같은 성격 장애인들이 치료되기 위해서는 근본적으로 심리적인 치료가 필요한 것이고, 이러한 치료가 아무런 방해를 받지 않고 진행되기 위해서 마귀의 침입을 막아야 한다. 그렇게 할 때 어느 순간 밑 빠진 독의 밑이 채워지는 것이다. 영적 전쟁과 심리치료를 기술적으로 진행할 때 마음의 상처가 치료될 수 있다. 밑 빠진 독이 채워지는 것은 어쩌면 기적과도 같은 사건이다. 그러기에 영적 전쟁과 심리치료의 적절한 조화, 기술적인 적용이 불가피한 것이다. 마음의 상처가 치료되면 자연스럽게 마귀의 침입이 불가능해진다.

그렇다면 거짓의 사람들에 대한 심리적인 치료는 어떻게 할 것인가?

심리학적으로 거짓의 사람들은 자기애성 성격 장애인에 분류될 수 있다. 물론 이는 가짜 거짓의 사람들도 마찬가지다. 이들 모두 왕자병 내지는 공주병에 걸린 사람들이라고 볼 수 있다. 차이점이라면 거짓의 사람들은 자기애성 성격 장애인의 특수 변종으로 거짓의 병이 좀 더 강화되어졌다고 보면 될 것이다. 거짓의 사람들과 가짜 거짓의 사람들에 대한 심리치료는 자기애성 성격 장애인을 위한 일반적인 치료법을 적용하면 될 것이다. 이제 자기애성 성격 장애인을 위한 심리치료를 소개하기 위해 필자는 Jeffrey Young[124] 박사와 Weishaar[125] 박사가 공저한 심리도식 치료[126]라는 책을 인용하여 저자의 입장을 전개하려고 한다.

심리치료 전문가들에 의하면 10가지 종류의 성격장애인들 중에 자기애성 성격 장애인의 치료가 가장 힘들다고 한다. 그 이유는 자기애성 성격 장애인들이 머리가 좋고 강할 뿐만 아니라 심리치료의 필요성 자체를 느끼지 않는 유형의 사람들이기 때문이다.

Young 박사는 자기애성 성격 장애인들 모두가 세 가지의 공통점이 있다고 한다.

1. 외로운 아동 (자기 안의)
2. 자기 과장 (특권의식)
3. 자기 위로 (자기만의 세계)

이 세 가지의 공통점은 자기애성 성격 장애인들의 세 가지 양식Mode 내지는 상태State를 보여준다. 자기 안의 외로운 아동은 바로 병든 자아의 중심이다. 자기애성 환자들 대부분이 참된 사랑을 주지도 못했고 받지도 못했기에 외로운 아동인 것이다. 외로운 아동은 거부당한 아동, 무시당한 아동, 부적절한 아동이라고 말할 수도 있다. 이들의 대부분이 어

---

[124] 미국 컬럼비아 대학의 정신과 교수이며 뉴욕 및 코네티컷 인지치료센터와 심리도식치료연구소의 설립자 겸 소장이다. Young 박사는 쉽게 치료되지 않는 만성적인 심리적 문제를 지닌 내담자들을 치료하기 위해 심리도식치료라는 통합적인 접근법을 개발하였다.
[125] 브라운 의과대학 정신의학 및 인간행동학의 임상교수이다.
[126] 권석만 역 (서울: 학지사, 2005), 465-522.

린 시절을 외롭게 보냈다. 이들은 진정한 사랑을 받지 못했기에 심각한 정서적 결핍을 경험한다. 이들은 어머니와 같은 양육자가 많은 관심을 기울이지 않았거나 신체적인 애정표현을 해주지 않았을 수 있다. 아니면 어머니가 공감해주거나 동조해주지 않았을 뿐만 아니라 진실한 사랑과 정서적 애착이 없었을 수 있다. 그러기에 이들은 정서적 결핍, 결함 그리고 사회적 고립을 경험하게 된다. 자기애성 성격 장애인들은 외로운 아동의 상태state나 양식mode일 때 자신은 사랑을 받을 자격이 없다고 느끼게 된다.

대부분의 자기애성 성격장애 환자들은 외로운 아동 양식이나 상태에 머무르면 굉장히 고통스럽게 된다. 자기 안에 숨어있는 외로운 아동은 슬프고 사랑받지 못하고 굴욕감을 느끼며 자기혐오로 괴로운 존재이다. 대부분의 환자들은 자기 안의 외로운 아동을 직면하고 싶어 하지 않는다. 그로인해 외로운 아동의 양식에 머무르는 시간은 아주 순간적이거나 짧다. 이러한 외로운 아동의 양식은 자기애성 성격장애 환자들이 특별한 지위나 인정을 받던 것을 상실할 때 불가피하게 생겨난다. 하지만 이들은 외로운 아동의 아픈 경험을 되살리고 싶지 않기 때문에 가능한 빨리 외로운 아동의 양식을 벗어나려고 한다. 이들은 외로운 아동의 경험을 명확하게 기억하지 못하고 생각하지도 않으려고 하며, 두 번 다시 외로운 아동의 감정을 느끼지 않기 위해서라면 어떠한 일이라도 하려고 한다.

그러기에 자기애성 성격장애 환자들은 외로운 아동의 양식을 피하기 위해 주로 자기과장이나 자기위로의 양식을 취한다. 외로운 아동이 자기애성 성격장애 환자들의 진정한 모습이라면 자기과장이나 자기위로의 상태는 외로운 아동을 보호하기 위해 생겨난 자동방어 장치이다. 그러므로 자기과장이나 자기위로의 상태는 자기애성 성격장애 환자들의 가짜 자아인 것이다. 이런 면에서 우리가 직면하게 되는 자기애성 성격장애 환자들의 모습은 주로 가짜 자아의 상태들이다. 우리가 알아야 할 사실은 우리가 그들 안에 있는 외로운 아동과의 만남이 불가능하다는 것이다. 왜냐하면 자기애성 성격 장애인들이 자신 안의 진정한 자아인 외로운 아동의 양식을 밖으로 드러내기를 주저할 뿐만 아니라 두려워하기 때문이다.

그러므로 자기애성 성격장애 환자들과의 만남에서 우리가 상처를 받는 것은 그들을 보호하기 위해 방어 장치로 생겨난 자기과장의 현상 때문이다. 이들 환자들이 자기과장의 상태를 취하는 것은 자신의 정서적 결핍과 결함의 느낌에 대한 과잉보호이다. 이는 마치 우리 피부가 살짝 긁혀서 상처가 났을 때 진물이 나면서 스스로 자가 치료를 하려는 시스템과도 비유될 수 있겠다. 이러한 자기과장 상태에 있을 때 이들 환자들은 스스로 우월감을 가지려고 노력한다. 이러한 우월감은 자신이 특별하다고 느끼도록 만드는 특권의식을 조장하게 된다. 그리고는 다른 사람에게 어떤 피해를 주든지 상관없이 자신이 원하는 것을 무엇이든지 하려고 든다. 결국 이들은 자신의 특권의식으로 말미암아 무감각하게 행동하는 경향이 생기게 된다. 더 나아가 자기과장의 상태는 인정과 지위를 추구하기에 다른 사람들로부터 칭찬을 받고자 하는 강한 바람을 가지면서 겉으로 드러나는 성공을 지나칠 정도로 중요시 한다. 이는 자신의 내면의 결함에 대한 느낌을 대처하고자 하는 것이다. 그들은 남들보다 못하다고 느끼기 때문에 자신이 보다 우월하다는 것을 증명하기를 추구한다. 이러한 자기과장의 상태에서 자기애성 성격장애 환자들은 다른 사람의 성공을 시기하고 질투 하게 되는데 심지어 자신과 가장 가까운 사람들의 성공도 질투하며 다른 사람이 이루어놓은 성취를 파괴하거나 손상시키고자 한다. 더 나아가 이들은 조종과 착취의 삶의 방식도 취하는데 자신의 만족을 위해서 타인을 이용하는 경향이 있다. 이러한 자기애성 성격장애 환자들의 자기과장의 양식Mode은 현실이 아닌 환상 속에 존재한다는 것이 문제이다.

    자기애성 성격장애 환자들이 다른 사람들과 함께 있는 동안에 특권의식과 같은 자기과장의 상태에 있다가 타인의 칭찬이 없는 혼자만의 시간이 되면 보통 자기위로의 상태로 전환된다. 이들이 혼자 있을 때에 자기위로의 상태로 전환하는 이유는 다른 사람들이 치켜세워주지 않으면 자기 안의 외로운 아동을 직면해야 하기 때문이다. 외로운 아동의 상태는 공허하고 우울하며 지루하기까지 하기에 환자는 이러한 고통을 피하기 위해 자기위로의 형태를 취하게 된다. 자기위로의 상태에서 환자는 스스로를 자극하고 위로하기 위해 다양한 활동을 하게 된다. 때론 이러한 자기위로적인 활동은 중독적이거나 강박적인 방식일 수도 있다. 일중독의 형태로나 도박, 투기적인 주식투자, 카레이싱이나 암벽 등

반과 같은 위험한 운동, 문란한 성생활, 약물복용과 같은 자극과 흥분을 얻어낼 수 있는 활동을 통해 자신을 위로할 수도 있다. 또는 컴퓨터 게임, 과식, 지나친 TV시청, 공상하기, 지나친 독서 삼매경과 같은 스스로를 달래주는 혼자만의 취미활동을 강박적으로 할 수도 있다. 이는 외로운 아동을 직면하지 않기 위해 주의를 분산시키기 위한 자발적인 노력이다.

현상적으로 볼 때, 자기애성 성격장애 환자들은 가장 많은 시간을 자기과장의 상태에 머문다. 그리고 긴 시간동안 혼자 있게 될 때는 자기위로의 상태로 자아를 전환시킨다. 아주 드물게 외로운 아동양식이 드러날 수도 있겠지만 이는 아주 커다란 상실이나 실패를 경험하기 전에는 거의 나타나지 않는다. 자기 안의 외로운 아동을 보호하기 위해 자기과장과 자기위로의 가짜 자아가 시스템적으로 생성되었기에 자기애성 성격장애 환자들의 진정한 자아인 외로운 아동은 보호를 받게 된다. 하지만 문제는 성장이나 성숙은 거의 불가능해진다는 것이다. 바로 이것이 성인아동의 발달과정인 것이다.

우리가 어떻게 외로운 아동을 만날 수 있을 것인가? 그것은 자기애성 성격장애 환자의 진정한 자아와의 만남을 이루는 아주 중요한 일이다. 하지만 우리가 그 외로운 아동을 만난다는 것은 그리 쉬운 일이 아니다. 어린 아이의 정체성을 확립시키는 세 살 이전의 그 모든 애정결핍과 버려짐의 충격적인 경험들이 그로 하여금 가짜 자아의 뒤로 숨어버리게 만든 것이다. 다르게 표현하자면, 자기과장이나 자기위로의 충격완화시스템이 외로운 아동을 감싸기에 그 누구도 그에게 다가갈 수 없다는 것이다.

　우리가 기독교의 사랑을 이야기하지만 이는 아주 단순하고 낭만적이며 이상적인 사랑에 불과한 것이다. 충격과 공포 속에 숨어버린 외로운 아동을 불러내기에는 너무나 늦은 것이다. 어쩌면 외로운 아동도 그 감옥 속에서 스스로는 나올 수 없다고 보아야 할 것이다. 너무나 철벽처럼 단단해진 감옥의 문을 누가 부셔버릴 수 있겠는가. 그리고 어떻게 부셔버릴 수 있겠는가. 더군다나 감옥의 문을 지키는 수문장이 있다. 그가 바로 마귀이다. 더 나아가 그 수문장의 졸개들도 있다. 바로 자기애성 성격장애환자를 둘러싸고 있는 인간관계들이다. 어쩌면 우리 기독교인들이 말하는 사랑은 눈을 감고서 동물원 안에 갇혀 사는 코끼리에게 던져주는 바나나와도 같다. 그 바나나는 날아가는 도중에 웅덩이에 떨어지든지 아니면 원숭이가 있는 곳에 떨어지든지 하여 코끼리는 그 바나나를 먹을 수 없게 된다. 보통 우리가 자기애성 성격 장애환자들을 사랑하다가 지치는 것은 바로 이것이다. 아무리 많이 바나나를 던져도 그들은 감사를 하거나 고마워하는 모습을 전혀 보이지 않고 오히려 더욱 요구하는 자세를 취한다는 것이다. 그 이유는 바로 자기과장의 상태에서 특권의식을 가지고 있는 가짜 자아가 당신이 주고 있는 그 모든 사랑을 다 삼켜버리기 때문이다.

　우리 모두는 말한다. 사랑으로 그 어떠한 죄인도 변화시킬 수 있다. 필자가 그것을 반대하거나 거부하는 것은 아니다. 만일 하나님의 은총이 주어진다면 너무나도 쉽게 외로운 아동을 만나 그에게 마음껏 사랑을 나누어 줄 수도 있을 것이다. 하지만 이는 기적과 같은 이야기이고 하나님의 은총만이 가능케 하는 것이다. 보통 우리가 경험하는 사실은 대부분의 성격 장애인들이 예수를 믿고 나서도 변화되지 않고 죽을 때까지 간다는 것이다. 그것도 아주 수많은 사람들에게 상처를 주면서 말이다.

왜 예수를 믿었는데도 변화가 되지 않을까?

왜 방언을 받고 성령의 세례까지도 받았는데 인격에 아무런 변화가 없이 남에게 상처를 주는 사람으로 남아있는가?

이는 우리 모든 기독교인들의 고민이다. 특별히 거짓의 사람들이나 가짜 거짓의 사람들과 같은 자기애성 성격 장애인들에 대한 우리의 고통스러운 마음은 이루 말할 수 없다. 정말이지 그들을 포기할 수도 없고 그렇다고 품을 수도 없는 상황이 전개되어진다. 이제 자기애성 성격 장애인들을 변화시킬 수 있는 가능성이 제기되어졌다. 그것은 외로운 아동을 둘러싼 자기과장과 자기위로의 방어벽을 어떻게 뚫을 수 있느냐의 문제이다. 가장 보편적인 방법은 바로 전문가에 의한 심리치료이다. 그것도 장기간의 심리치료 말이다.

자기애성 성격장애 환자들이 치료를 받고자 상담을 의뢰하는 한 가지 공통된 이유는 그들에게 가장 중요한 사람 (연인, 배우자, 자식, 직장 상사, 사업 협력자 등)으로부터 거부당하거나 자신들의 자기애적인 행동으로 인해 가정 및 직장생활에서 위기를 맞이했을 때이다. 그것도 위기가 해결되기만 하면 곧바로 심리치료를 종결지으려 할 것이다. 다시 말해 그들은 결단코 자신의 의지에 의해 치료를 받으러 가지 않는다. 왜냐하면 발생된 문제나 위기가 자신의 잘못이라고 생각하지 않을 뿐만 아니라 변화되어야 하는 사람은 자신이 아니라 다른 사람들이라고 생각하기 때문이다. 정신과 의사나 전문 상담가가 3년 동안 한 일이 겨우 마음 문 열고 치료를 위한 준비단계인 신뢰를 구축하는 일일 것이다. 그것도 성공한 케이스다. 심리치료를 하는 중에 그들은 즐거웠던 아동기 기억에 대해서는 기꺼이 말하려고 하지만, 고통스러웠던 기억은 떠올리지 못한다. 아마도 어린 시절 무의식적으로 자신의 아픈 기억들을 스스로 잘라버렸기 때문일 것이다. 그들은 아동기의 고통스러운 경험이나 감정을 드러내기를 거부하며 외로운 아동의 진정한 자아를 보여주길 강력히 저항한다.

사실 자기애성 성격장애 환자들을 위해 우리가 할 수 있는 일은 그리 많지 않다. 그것은 그들이 좌절을 경험할 때 자연스럽게 심리치료를 받을 수 있도록 유도하는 것이다. 하지만 이를 위해서는 우리가 알아야 할 것들이 있다. 그것은 오랫동안 그 시간을 위해 기도로 준비해야 한다는 것이다. 정말이지 마귀가 방해하지 않도록 철저한 중보기도가 요구되어진다. 하지만 이러한 일도 자연스러운 과정으로 이루어져야지 그렇지 않으면 오히려 더 부작용이 커서 나중에는 정말 소중한 기회가 왔을 때에 놓칠 수도 있게 된다. 다시 말해 자기애성 성격장애 환자들은 그 누구보다도 머리가 비상하고 예감이 발달되어있기에 그들을 치료하겠다는 마음만을 가지고서는 일을 더욱 망치게 된다. 오로지 하나님의 인도하심 속에 자연스러운 리듬을 타야만 한다. 이러한 완벽한 조화를 위해 우리가 중보기도를 하는 것이다. 하나님이 예비하신 심리치료 상담전문가와의 만남도 주님이 주선해주신다고 믿어야 한다. 그러나 한 가지 더 알아야 할 일은 자기애성 성격장애 환자들이 마음 문을 열고 심리치료의 가능성을 받아들이는 때는 바로 실패와 상실이라는 좌절의 시간이다. 그 말의 의미는 그들의 배우자나 자녀들도 그로 인해 고통을 함께 져야 한다는 것이다. 사업의 실패로 인한 고통, 건강의 상실로 인한 고통은 자기애성 성격장애 환자뿐만 아니라 그의 가족에게도 미치는 영향이 크다는 것이다. 이러한 각오 없이 단지 가족의 일원인 자기애성 성격 환자의 변화나 성숙을 기대하는 것은 자기모순이다.

자기애성 성격장애 환자들은 다른 사람과의 관계에서 특권의식을 보이기에 Young 박사와 같은 심리치료 전문가들도 그들을 다루기에 힘들어 할 수밖에 없다. 이들은 자신을 돋보이게 하는 상대방 (배우자나 친구, 직장동료, 목사, 심리치료사)을 선택한다. 다시 말해 매력적이고 다른 사람들이 선망하는 사람들을 선택한다. 그리고 한동안은 상대방을 이상화하고 숭배한다. 그러나 시간이 지날수록 그들은 상대방의 가치를 깎아내리고 상대방의 아주 사소한 결점이나 결함들을 꼬집어낸다. 그 이유는 상대방의 결점들을 통해 자신의 결함을 보게 되기 때문이다. 자신에게 결함이 있다는 느낌을 회피하면서 동시에 자신의 자존감을 높이기 위해서 이들은 항상 상대방을 깎아내리는 방식을 취한다. 문제는 상대방이 환자에게 맞추기 위해 노력할수록 오히려 관계가 더 악화된다. 상대방이 환자를 만족시키려고 하면 할수록

환자는 상대방을 더욱 깎아내린다. 정말 우스운 일이다. 상대방이 환자를 위로해주고, 공감도 하면서 핑계를 대보아도 상대방의 가치는 더욱 떨어진다. 이들은 오히려 자신들과 맞서 싸우는 사람들만 존중한다. 상대방이 맞서 싸울수록 그 사람을 가치 있게 생각하고 그 사람이 인정해주는 것을 높이 평가한다. 그러기에 거짓의 사람들과 소심하고 겁 많은 사람들의 결혼생활은 소심하고 겁 많은 배우자의 비참한 생활로 결론이 나게 된다. 소심하고 겁 많은 배우자가 마음의 병이 들든지 아니면 정신과 치료를 받아야 되는 지경에 이르게 된다.

이러한 자기애성 성격장애 환자들의 자기과장, 곧 특권의식은 자신을 치료하는 심리치료 전문가에게도 적용된다. 자기애성 성격장애 환자들은 진실한 사랑을 그대로 받아들이지 못하기에 누군가가 그들에게 공감하거나 돌보아주려고 할 때 그것을 순수하게 받아들이지 못한다. 이들은 다른 사람들의 진실한 사랑이나 공감을 마치 자신들이 특별해서 인정을 받고 관심을 받는다고 착각한다. 바로 여기에서 우리는 낭만적이고 이상적인 사랑이 얼마나 큰 문제를 일으키는지를 보게 된다. 이들 환자들이 불행해지는 가장 큰 원인은 그들의 가장 친밀한 관계에서조차도 사랑에 대한 그들의 욕구가 결단코 충족이 되지 않는다는 것이다. 그러기에 이들은 참된 사랑을 거부하고 오히려 칭찬과 감탄을 받는 것만을 좋아하고 즐긴다.

이러한 자기애성 성격장애 환자들의 특성상으로 인해 심리치료 전문가들도 이들을 상대하기에 매우 곤란한 처지에 놓인다. 다시 말하면 그들을 인정해주는 것 같으면 곧바로 심리치료사 조차도 자신의 추종자 내지는 동조자로 착각해버리고, 반대로 만일 그들의 문제점을 인식시키고 직면하면 마치 그들을 반대하는 것처럼 생각하여 치료를 거부하거나 중단한다. 바로 여기에 자기애성 성격장애 환자들을 다루기 위한 인격적이고 기술적인 노하우가 필요한 것이다. 인정과 직면이라는 두 마리의 토끼를 잡는 기술이 요구되어진다. 이를 위해 심리치료 전문가조차도 이들의 문제점을 직면시킬 수 있는 강한 의지, 그리고 그들의 빗나간 자존심을 떨어뜨리지 않도록 그들을 다루는 분별력과 지혜가 필요한 것이다.

심리치료가 시작되고 얼마 지나지 않아 자기애성 성격장애 환자들은 다른 사람을 대하듯 치료자에게도 무시하고 도전하는 방식을 취한다. 환자는 치료자를 비난하고 평가절하기 시작한다. 이때 치료자가 당당하게 대응하는 것이 매우 중요하다. 왜냐하면 그렇지 않으면 환자가 치료자를 무시하게 될 것이기 때문이다. 결과적으로 환자의 치료를 위해서 가장 중요한 것은 치료자가 환자에게 당당하게 대하지만, 그러면서도 공감적으로 직면시키는 것이다.

이는 성격장애 환자들의 배우자나 동료, 그리고 자녀들에게도 마찬가지로 적용이 되는 원리이다. 바로 이것이 우리가 지향해야 할 사랑의 원리이다. 무조건적 수용이나 동정심은 진정한 사랑이 아니다. 그러기에 "나만 모르는 내 성격"의 저자이며 정신과 의사인 오카다 타카시는 자기애성 성격장애 환자들에게 동정심은 절대금물이라고 강조한다. 진정한 사랑은 환자로 하여금 문제점을 직면시키는 것이다. 하지만 그것은 그리 쉬운 일이 아니라는 것이다.

거짓의 사람들과 같은 자기애성 성격장애 환자들은 사람을 다루는 실력이나 감화력이 너무나 탁월한 나머지 정신과 의사나 심리치료사조차도 자신이 원하는 방향으로 유도하려한다는 것이다. 그러다가도 그것이 뜻대로 되지 않으면 치료자를 비난하거나 치료를 중단한다는 것이다. 사실 자기애성 성격 장애인들을 위한 심리치료라는 것은 아주 간단한 원리이다. 바로 환자 안에 외로운 아동이 있다는 것을 인식시키는 것이다. 또한 외로운 아동을 보호하기 위해 생겨난 방어시스템인 자기과장이나 자기위로가 환자의 보호를 위해서는 필요한 것이지만 환자의 성장이나 성숙을 위해서는 불필요하다는 것을 인식시키는 것이다. 그 다음에 외로운 아동과 만나 그 아동을 사랑해주고 위로해주는 양육의 과정이 바로 심리치료인 것이다. 이를 위해서 환자에게 자신의 가짜 자아인 자기과장과 자기위로 시스템을 인식시키는 과정은 정말로 힘든 작업이다. 그 말의 의미는 환자로 하여금 자신의 특권의식, 지배하려는 욕구, 인정과 지위를 추구, 조정과 착취하려는 경향 등을 인식시켜야 한다는 것이다. 바로 인식은 환자로 하여금 스스로 자신의 부정적인 자아를 직면시키는 것이다. 바로 이 지점이 자기애성 성격장애 환자들을 치료하기가 매우 힘들다는 것이다.

환자가 자기과장의 무장시스템을 스스로 해체하고 외로운 아동의 모습으로 나타나기 위해서는 여러 가지 요소가 맞물려야 한다. 그것은 첫째로 환자 스스로가 커다란 상실감이나 실패로 인해 심리치료의 욕구가 발생되어야 한다. 둘째로 치료자가 인격적으로 성숙할 뿐만 아니라 탁월한 공감능력 그리고 환자에게 꺾이지 않는 강한 의지, 더 나아가 환자를 상황에 따라 적절하게 대응하는 전문성(대처능력이나 기술)을 갖추고 있어야 한다. 이를 위해 자기애성 성격장애 환자의 치료자로서 필자가 말하는 5번째 유형의 사람, 곧 용감하고 분별력이 있는 사람이 치료자가 되어야 한다. 그렇지 않으면 환자와 함께 싸우든지 아니면 환자에게 이끌리는 치료자가 될 것이다. 세 번째로 환자 가족의 적극적인 지지이다. 환자 가족의 지지 또한 매우 지혜로워야 한다. 강압적이지 않으면서도 유약하지 않는 힘의 균형이 요구되어진다. 강압적으로 심리치료를 요구하면 튀어나갈 것이고, 유약하면 그냥 주저 않을 것이기 때문이다. 이러한 균형적이고 역동적인 자세는 가족 모두가 한 마음으로 지녀야 한다. 그렇지 않다면 환자는 곧바로 마음이 약해진 사람을 통해 치료의 길을 거부해버릴 것이다. 아니면 너무 지나치게 강요하는 사람을 통해서도 빠져나갈 구멍을 발견하기도 한다. 이는 오히려 환자에게 신경질을 내면서 치료의 길을 거부할 수 있는 길을 열어주는 것과도 같다. 그렇다면 가족 구성원 모두가 한 마음으로 환자의 치료를 지지하면서도 강압적이지 않은 자세, 그렇다고 유약하여 치료의 길을 빠져나갈 수 있는 구멍을 열어주지 않는 자세가 필요하다. 그러나 현실적으로 다양한 성격의 소유자들이 한 마음으로 환자를 대처하는 것은 거의 불가능한 일이다. 그러기에 기적이 필요하고, 기도가 필요한 것이다. 하나님의 도우심이 없이는 가족이 한 마음이 되어 환자를 치료의 길로 이끄는 것은 거의 불가능하다고 보아야 할 것이다.

마지막으로 환자가 심리치료를 무난하게 받을 수 있게 하기 위해서는 외부적 환경이 잘 따라줘야 한다. 환자가 심리치료를 받는 고통스러운 모든 과정을 몹시 싫어할 것이다. 즉 자신의 가짜 자아를 인식하고 직면하기와 자신의 진정한 자아인 외로운 아동을 불러내어 양육하기와 같은 과정들은 환자를 질식시키고도 남을 것이다. 그러기에 환자는 지푸라기라도 있으면 그것을 잡으려고 한다. 다시 말해 아주 조그만 구멍이라도 생기면 비록 그것이 죽음의 길이라도 그 구멍으로 들어가려고 할 것이다. 그러므로 자신이 실패한 사업이나 상실 등과 같은 문제점들이 조금이라도 나아질 것 같으면 곧바로 심리치료의 의미나 필요를 느끼질 못하게 된다.

바로 이 지점이 마귀가 개입하는 때이다. 마귀는 치료가 전개되거나 진전이 이루어지기 직전에 환자로 하여금 치료를 거부할 수 있는 길을 열어 놓는다. 이 세상 그 누구보다도 우리의 치료, 성장이나 성숙 그리고 변화를 원치 않는 친구(?)가 바로 마귀이다. 마귀는 아주 다양한 메뉴를 가지고 환자를 유혹한다. 예를 들면, 가족이 한 마음이 될 수 있는 길을 특별한 사건을 통해 막는다. 등을 돌리고 떠났던 사람이 갑자기 관계회복을 선언하며 등장한다. 안 되던 사업이 갑작스럽게 잘되어진다.

질질 끌리던 사업계약이 순식간에 성사된다. 이러한 마귀의 개입은 주로 환자가 진정한 변화를 할 수 있는 상황이 전개되기 바로 직전에 벌어진다는 것이다. 다된 밥에 모래를 뿌리는 사악한 존재들이다. 바로 이러한 이유로 인해 우리가 영적 전쟁을 게을리 하지 말아야 한다는 것이다. 또 한 가지는 거짓의 사람들의 진정한 변화를 가장 우려하며 방해하는 사람들이 또 다른 거짓의 사람들이라는 것이다. 이러한 미묘한 관계는 우리가 아는 조직 폭력배들의 성향과 아주 유사하다. 함께 죽고 함께 살자는 이들의 신념은 배신이나 이탈을 용납하지 않는다. 한 사람의 배신이나 이탈이 곧바로 자신들의 입지나 이익에 직격탄을 주기 때문이다. 거짓의 사람들은 알고 보면 서로 연결된 조직체와도 같다. 필요에 따라 그 누구보다도 잘 뭉치는 사람들이다. 하지만 서로의 이권이 틀어지면 가장 무섭게 서로에게 복수하는 사람들도 바로 거짓의 사람들이다.

이제 Jeffrey Young 박사와 Weishaar 박사가 말하는 자기애성 성격장애를 치료하기 위해 치료자가 알아야 할 9가지 지침을 소개하고자 한다.[127]

1. 치료자는 자기애성 성격자의 견해에 공감해주며, 그들의 특권의식에 직면할 수 있도록 적절히 대처한다. 치료자는 반드시 공감과 직면 사이의 적절한 균형을 잡을 수 있어야 한다.

---
127) 심리도식치료, 497-500.

2. 환자가 치료자에게 모욕을 주는 경우에 자신을 항변하려 하거나 반격하려 하지 않는다. 치료자는 환자가 공격해오는 내용에 이성을 잃어서는 안 된다. 치료자가 환자의 말에 귀 기울여 항변하거나 반격하기 시작할 때 치료자는 환자의 게임에 동참하게 되는 것이며, 환자가 심리치료의 주도권을 잡게 되는 역 치료 현상이 벌어진다.

3. 치료자는 환자에 대한 처벌적이지 않은 태도를 취하면서도 치료자의 권리를 주장할 수 있다. 환자가 치료자의 권리를 무시하는 행동할 때, 치료자는 다시금 공감적 직면을 통해 그 상황을 지적해 줄 수 있다.

4. 치료자는 환자의 눈치를 보느라 자신이 원치 않는 일을 해서는 안 된다. 치료자는 환자에 의해 주어지는 압박에 관계없이 자신이 편안하고 온당하다고 느껴지는 것 안에서 분명한 한계를 세워야 한다. 치료적인 관계를 넘어서는 요구를 허락해서는 안 된다. 반대로 치료자 역시 환자를 휘두르거나 함부로 대해서는 안 된다.

5. 치료관계란 주종의 관계가 아니라 상호원칙에 바탕을 둔 상보적인 관계임을 알아야 한다. 가끔 환자가 이렇게 말하기도 한다. "전 돈을 지불했거든요." 이때 치료자는 다음과 같이 말할 수 있다. "당신은 제 시간에 대해 값을 치른 것이지, 저에게 무례하게 행동할 권리를 얻은 게 아닙니다."

6. 치료자는 환자의 내면에 깔려있는 외로운 아동의 증거를 찾아내고

그것이 드러날 때마다 지적해준다. 치료자는 환자로 하여금 가능한 오랫동안 외로운 아동의 상태에 머무를 수 있도록 해서 환자를 재 양육하는 기회를 놓치지 말아야 한다.

7. 치료자는 특정사건에 주목하는 것을 넘어서서 환자로 하여금 특권의식, 자기과장하기, 남을 깔보는 태도, 책임을 전가하며 회피하는 모습 등의 이면에 존재하는 숨겨진 동기를 환자 스스로 탐색할 수 있도록 돕는다. 치료자는 환자가 행동하는 방식과 행동이 다른 사람에게 미치는 영향에 대해서 대화를 통해 인식시켜야 한다. 때론 자기애성 성격 장애인들이 너무 똑똑해서 치료자와의 논쟁을 주도할 수도 있다. 이때 치료자는 작은 문제들은 초월할 수 있는 여유를 가져야 한다. 그래야만 치료자가 논쟁과 말싸움의 늪을 벗어날 수 있다.

8. 치료자는 환자에게 자기애적인 공통주제들을 탐색하고 이를 환자에게 지적해준다. 첫째로 다른 사람을 무시하고 자신만 잘났다고 생각하며 쓸데없이 경쟁적인 행동을 나타내는 점, 둘째로 긍정적이든 부정적이든 간에, 지시적이고 비판적이며 평가적인 말을 하는 점, 셋째로 위계를 따지려는 말투 또는 사랑이나 성취 같은 내적 가치 대신에 외적인 성공에 중점을 두는 태도 등이다.

9. 치료자는 환자가 자기과장이나 자기위로의 상태를 보일 경우에 환자가 바로 그러한 양식 상태에 있다는 것을 알려주어서 스스로 경험하

게 해야 한다.

 자기애성 성격 장애자에 대한 치료의 성공여부는 치료자가 환자로 하여금 치료를 중단하지 못하도록 유도하는 것이다. 환자들은 치료에서 중도탈락하기 쉽다. 그 이유는 치료자가 환자의 특권의식이나 특별함에 대한 자기애적인 욕구를 좌절시키는 것을 인내하지 않으려 하기 때문이다. 또한 그들이 위기 동안에 치료를 시작했다고 하더라도 일단 위기가 해결되면 치료를 중단할 위험성이 높아진다. 하지만 환자로 하여금 계속 치료를 받게 하는 무기 내지는 지렛대는 바로 환자가 자기애로 인해 경험하게 된 부정적인 결과들이다. 치료자는 환자로 하여금 그가 치료되지 않는 한, 자기애로 인한 엄청난 대가를 계속해서 지불할 수밖에 없다는 것을 지속적으로 일깨워주어야 한다. 환자의 치료를 지속적으로 가능하게 하는 또 하나의 지렛대는 바로 치료자와 환자의 관계이다. 만일 치료자가 환자를 외로운 아동의 마음 상태에 머무르도록 하면서 환자를 재 양육한다면 치료자에 대한 환자의 애착이 치료를 지속적으로 가능하게 할 것이다. 바로 이 지점이 치료자가 사랑이 많고, 인격이 성숙해야 도달할 수 있는 지점이다. 참으로 성숙한 사랑만이 환자를 치료할 수 있는 것이다. 외로운 아동이 그토록 갈망하던 진정한 사랑을 한 번이라도 제대로 맛을 볼 수 있다면 그는 심리치료의 고통을 감내하려 할 것이다. 그리고 그러한 사랑의 양육으로 인해 외로운 아동이 성장하게 된다면 그동안 외로운 아동을 보호하려고 생겨난 자동방어시스템

(자기과장과 자기위로)은 저절로 사라진다.

  이상으로 자기애성 성격 장애인들을 위한 심리치료의 가능성을 살펴보았다. 전문가에 의한 심리치료의 장점은 이들 환자의 문제점들을 직면시킬 수 있는 기술과 유연성에 있다고 볼 수 있다. 하지만 이러한 심리치료의 한계도 분명하다. 그것은 치료자와 환자의 일대일 관계가 가져다주는 한계이다. 다시 말해, 환자가 치료자 한 사람의 상담만으로 자기 자신을 성찰하고 자신의 문제점을 깨달아가기에는 사실 역부족이다. 그 이유는 치료자 한 사람의 역할 모델만으로는 환자가 자각할 수 있는 확률이 적다. 또한 치료자의 인간적이고 취약한 부분이 드러날 때 환자의 치료에 문제가 생길 수도 있다.

  이에 반해 전문가에 의한 일대일 심리치료보다 더 강력한 심리치료법이 있다. 바로 공동체에 의한 심리치료방식이다. 만일 심리치료의 성공여부가 환자가 자신도 모르는 자신의 성격을 깨닫는 데에 있다면 공동체 생활에 의한 심리치료방식은 정신과 의사나 심리치료 전문가에 의한 일대일 치료보다 더욱 효과적이다. 다음 장에서 공동체 생활에 의한 심리치료 방식을 소개하고자 한다.

23
어떻게 거짓의 사람들은 치유될 수 있을까? / 공동체치료

사랑의 공동체! 신앙 공동체!

그 이름만 들어도 흥분이 되는 단어들이다.

왜 그럴까?

아마도 공동체에 대한 우리의 희망이 담겨있기 때문일 것이다.

이 땅에는 수많은 단체들과 클럽들이 있다. 하지만 우리는 이들을 공동체라고 부르지 않는다. 왜냐하면 그들은 자신들의 이익이나 취미 혹은 특정한 목적을 위해 모인 일시적인 집단이나 모임이기 때문이다. 우리가 말하는 공동체는 서로 가족과 같은 사랑의 집단을 의미한다. 과연 이 세상에 그러한 사랑의 공동체가 존재할 수 있는가? 서로가 서로를 돌보며 사랑으로 삶을 나누는 그러한 행복공동체가 이 땅에서 가능한

가 말이다. 우리는 교회가 그런 사랑의 공동체라고 생각한다. 하지만 현실적으로 교회가 가족과 같은 사랑의 공동체라고 믿지는 않는다. 똑같은 믿음을 가진 모임이나 집단으로 생각할 수는 있지만 서로를 가족처럼 돌보는 단계의 사랑의 공동체로 보기에는 너무나 결속력이 부족하다. 그러기에 우리는 교회를 진정한 공동체를 지향하는 예비공동체로 보는 것이 바람직할 것이다.

우리가 희망하는 사랑의 공동체의 모형은 아마도 천국일 것이다. 이 땅에서 천국을 경험하고 싶은 열망이 우리로 하여금 그러한 행복한 공동체를 꿈꾸게 한다. 사도행전 2장 43-47절에 나타난 초대 교회의 삶이 사랑의 공동체의 참 모습일 것이다.

> 사람마다 두려워하는데 사도들로 인하여 기사와 표적이 많이 나타나니 믿는 사람이 다 함께 있어 모든 물건을 서로 통용하고 또 재산과 소유를 팔아 각 사람의 필요를 따라 나눠주고 날마다 마음을 같이하여 성전에 모이기를 힘쓰고 집에서 떡을 떼며 기쁨과 순전한 마음으로 음식을 먹고 하나님을 찬미하며 또 온 백성에게 칭송을 받으니 주께서 구원받는 사람을 날마다 더하게 하시니라.

과연 이러한 사랑의 공동체의 실현이 가능할 것인가? 우리는 이러한 공동체의 실현이 현실적으로 거의 불가능하다고 생각한다. 마르크스가 공산주의 이론을 통해 이룩하고자 한 것도 바로 이 땅에서의 천국, 지상낙원이었다. 그가 공산주의 이론을 정립하는데 있어 사도행전 2장 43-

47절의 말씀이 커다란 영감으로 작용했다고 한다. 하지만 공산주의의 이상은 그저 이상일 뿐 현실성 부족으로 실패하고 말았다. 그 실패의 원인은 바로 인간의 죄성을 간과했기 때문이다. 막스 웨버에 의하면 인간의 게으름과 나태가 바로 이 땅에서의 공산주의가 실패한 원인이라고 한다. 만일 공산주의가 성공했다면 아마도 이 땅에서 가장 큰 사랑의 공동체가 이루어졌을 것이다.

그렇다면 왜 현실교회는 사랑의 가족 공동체를 이루지 못할까? 그것도 마찬가지로 인간의 죄성이 교회로 하여금 사랑의 공동체가 되는 것을 막고 있기 때문이다. 바로 인간의 자기중심적인 사고가 자신의 것을 포기하고 다른 사람과 더불어 사는 삶을 가로 막는 것이다. 그렇다면 사도행전에 나타난 초대교회의 공동체의 삶은 왜 가능했을까? 그것은 두 가지 측면에서 이해할 수 있다고 본다. 하나는 초대교회가 엄청난 핍박 가운데 있었기 때문에 예수를 믿는다는 것은 자신의 운명을 거는 것과 동일한 것이기 때문에 사랑의 운명공동체가 가능했다는 것이다.

믿음과 운명이 함께 가는 마당에 무슨 개인의 소유가 의미가 있겠는가. 이는 소유를 넘어선 운명적인 신앙이기에 사랑의 가족공동체가 자연스럽게 형성되었으리라. 다른 하나는 성령의 강력한 임재가 있기에 죽음에 대한 두려움, 미래의 생계에 대한 염려가 사라졌다는 것이다. 이러한 두 가지 이유로 인해 초대교회는 사랑의 가족 운명공동체가 자연스럽게 이루어졌다고 볼 수 있다. 다시 거꾸로 해석하자면, 만일 신앙에 운명을 거는 선택을 하는 상황이 아니라면 우리의 우선순위는 자연스럽게 개인의 소유와 자기중심적인 사고에서 벗어나기 어렵다는 것이다. 이러한 상황에서 성령의 강력한 임재 또한 약해질 것은 자명한 일이다. 어쩌면 현실교회가 사랑의 공동체로 거듭나려면 개인의 소유를 넘어설 수밖에 없는 핍박이 올 때에나 가능할 것으로 여겨진다. 그렇다. 우리의 신앙이 자신의 운명을 걸어야만 가질 수 있는 상황에서는 교회가 사랑의 가족 운명공동체로 거듭나게 될 것이다.

하지만 사랑의 가족 공동체가 전혀 불가능하다고 생각지는 말아야 한다. 나는 어쩌면 부분적으로 나마 사랑의 공동체를 이룰 수 있다고 본다. 그것은 자신의 운명을 예수 앞에 내려놓은 사람들에게는 부분적으로 그리고 일시적으로 천국을 맛볼 수 있는 기회가 공동체를 통해서 주어진다고 보는 것이다. 일명 사랑의 가족공동체가 부분적으로라도 이루어진다면 그 공동체는 자연스럽게 치유공동체가 될 수 있다. 이는 자기애성 성격장애를 비롯한 모든 상처받은 사람들의 마음을 치료해줄 수 있는 공동체가 될 수 있다는 말이다.

앞 장에서 자기애성 성격 장애인들을 위한 심리치료의 한계를 지적하였다. 그것은 치료자와 환자의 일대일 관계가 가져다주는 한계이다. 다시 말해, 환자가 치료자 한 사람의 상담만으로 자기 자신을 성찰하고 자신의 문제점을 깨달아가기에는 역부족이라는 것이다. 그 이유는 치료자 한 사람의 역할 모델만으로는 환자가 자신의 결함을 자각할 수 있는 확률이 적다는 것이다. 또한 치료자의 인간적이고 취약한 부분이 드러날 때 환자의 치료에 문제가 생길 수도 있다고 말했다. 이에 반해 공동체를 통한 심리치료는 전문가에 의한 일대일 심리치료보다 더 강력한 심리치료법이다. 그 이유는 심리치료의 성공여부가 환자 자신도 모르는 자신의 성격을 깨닫는 데에 있기에 공동체 생활에 의한 심리치료방식이 더욱 효과적인 것이다. 어쩌면 열 명의 공동체 구성원들이 서로 사랑하게 되면 일대일 심리치료보다 열 배의 속도와 열 배의 결실을 맺을 수 있다고 까지 생각한다. 하지만 우리가 알아야 할 것은 공동체 치료는 심리치료의 연장선상에 있다는 것이다. 다만 공동체 치료와 심리치료의 차이점은 심리치료의 내용을 개인적으로 적용하느냐 아니면 공동체적으로 적용하느냐의 차이일 뿐이다. 그러므로 공동체 치료는 심리치료의 전문성을 도입해야 한다. 앞서 살펴본 심리치료의 그 모든 원리를 공동체 역학을 통해서 잘 적용해야 한다.

그렇다면 이제부터 성격 장애인들을 치료할 수 있는 공동체 생활의 가능성을 논하고자 한다. 이는 필자가 청소년들과 공동체생활을 해온 경험을 바탕으로 정립하는 치료공동체이론이다. 물론 치료공동체는 사랑의 가족공동체이다. 치료공동체가 신앙적이든지 아니면 비 신앙적이든지 간에 가능하다고 본다. 물론 신앙적인 치료공동체가 훨씬 가능성이 높고 그 열매도 크다고 생각한다. 그 이유는 심리치료는 영적 전쟁을 동반하기 때문이다. 즉 심리치료를 방해하는 어둠의 세력에 대한 전쟁이 환자의 치료를 가속시키기 때문이다. 하지만 치료공동체의 성립가능성이 쉽지 않은 만큼이나 그 한계도 분명하다고 본다. 그럼에도 불구하고 우리는 공동체 치료의 희망을 버릴 수 없다. 그것은 우리의 진정한 믿음을 져버리는 것과 마찬가지기 때문이다.

　자기애성 성격 장애인을 치료할 수 있는 치료공동체가 가능하기 위한 몇 가지 원리를 먼저 제시하고자 한다.

첫 번째, 치료공동체는 그 목적을 분명히 해야 한다.
치료공동체가 필요한 목적과 함께 구체적인 규율이 필요하다. 예를 들면, 아래의 3가지 목적을 설정할 수 있다.

1. 자기의 길 가기
2. 남에게 피해 안주기
3. 서로 돕기

　이상의 세 가지 목적이 아주 쉬워 보이지만 실상은 매우 어려운 것들이다. 건강한 자아상을 가지고 있는 사람들에게 위의 세 가지 목적은 이미 유치원에서 배웠고 지금도 실천하고 있는 덕목들이다. 하지만 실제적으로 많은 성격 장애인들이 겪고 있는 현실은 그와는 반대이다. 그들은 너무나 쉽고도 기초적인 삶의 덕목들을 간과한다. 성격 장애인들은 가정에서나 교회에서 이러한 기초적인 덕목을 잘 지키지 않고 문제를 일으킨다는 것이다. 문제는 그들의 언변술과 위장술로 인해 그들을 쉽게 가려낼 수 없다는 것이다.

　필자가 발견한 것은 자기애성 성격 장애인들뿐만 아니라 많은 사람들이 자기의 길을 잘 가지 못한다는 것이다. 어떤 사람은 다른 사람의 길을 가로 막거나 먼저 지나가는 사람의 발을 걸거나 아니면 다른 사람의 길로 함께 따라가는 삶을 산다. 어쩌면 자기의 길을 가는 사람은 다섯 명 중의 한 명일 수도 있다. 결국 나머지 네 명은 서로 엉키고 자기의 길을 가는 사람을 괴롭히고 심지어 빨대만을 들고 다른 사람의 피를 빨아먹으려고 한다. 그러기에 자기의 길을 가지 못하는 사람들은 반드시 남에게 피해를 주게 되어있다. 그 사람이 거짓의 사람이라면 기술적으로, 가짜 거짓의 사람이라면 서툰 방식으로, 문제의식이 없는 사람이라면 무식하게, 소심하고 겁 많은 사람이라면 방관적인 자세로 인해 서로가 서로에게 피해를 주게 되어있다. 그런 면에서 치료공동체의 목적은 유치원에서 배워야만 했던 서로가 서로를 돕는 더불어 사는 삶을 다시 배우는 것이어야 할 것이다.

두 번째, 치료공동체는 공평성이 있어야한다.

공동체의 구성원이 몇 명이든 간에 공평함이 있어야 한다. 사람들은 보통 피해의식이 조금씩 있다. 피해의식은 참으로 무서운 것이다. 예를 들어 어떤 아이가 엄마에게 10만 원짜리의 인형을 생일선물로 받았다고 하자. 얼마나 기뻐하겠는가. 하지만 그 행복한 마음도 잠시다. 자기 동생이 15만 원짜리의 인형을 생일선물로 받았다는 말을 듣자마자 불행해지기 시작한다. 역으로 어떤 아이가 시험성적이 좋지 않아 엄마에게 열 대를 맞았다고 하자. 슬퍼서 방에서 이불을 쓰고 눕게 된다. 그런데 자신의 언니도 시험성적이 좋지 않아 엄마에게 열다섯 대를 맞게 된다. 그러자 열 대를 맞아서 슬퍼하던 아이의 얼굴이 환하게 밝아지게 된다. 바로 이것이 피해의식의 본질이다. 하지만 이러한 피해의식을 치료해줄 수 있는 좋은 치료법이 있다. 바로 공평이라는 원리이다. 사람들은 어떠한 어려움도 참아낼 수 있다. 만일 모두 똑같은 어려움을 겪고 있다는 것을 알게 되면 말이다. 서로가 차별 받지 않고 공평한 대우와 공평한 부담감을 나누어가진다면 그 공동체는 이미 성공한 것이다. 하지만 개인에 따른 크고 작은 피해의식이 완전히 사라지는 것은 그들이 속한 공동체가 정말 공평한 공동체라는 확신을 가질 때에 비로소 가능하다. 이를 위해서는 시간이 필요하다. 평생 쌓여진 피해의식이 한두 번의 공평한 처사로 인해 쉽게 사라지겠는가. 진정으로 공동체가 공평한 공동체라면 시간이 지나면 저절로 인식이 되어 진다. 바로 그것이 공동체의 힘이다. 공동체는 진실을 밝히는 힘과 능력이 바로 그 자체에 있다. 그러기에 처음에는 공평하다는 의식을 가지기가 힘들겠지만 시간이 지나면 공평성이라는 것이 공동체를 살리고 또한 세우는 아주 강력한 무기가 될 것이다. 모두가 공평을 느끼는 상황에서 아직도 피해의식에 사로잡혀 있는 사람이라면 심리치료를 개인적으로 받아야 하는 사람으로 자연스럽게 인식이 되어 진다. 또한 이런 사람에게 심리치료가 쉬워지는 이유는 그 자신도 자신이 피해의식에 사로잡혀있는 사람이라는 것을 시인할 수밖에 없기 때문이다. 바로 피해의식을 가진 사람을 피해의식이 있는 사람이라고 자연스럽게 인식시킬 수 있는 힘이 바로 공동체의 힘이다.

세 번째, 치료 공동체에는 자율성이 필요하다.

우리는 공동체는 획일적이어야 한다는 착각에서 벗어나야 한다. 획일적 공동체의 대표적인 예를 든다면 북한의 공산주의와 우리나라의 군대이다. 우리는 공동체가 운명을 나누어야 한다는 아주 거창한 이상 아래 모두가 똑같아야 한다는 착각을 하게 된다. 어쩌면 이러한 이상은 마귀가 심어놓은 환상일 수 있다. 모두 획일적으로 하나가 되는 것만큼 재미없고 피곤한 일도 없다. 우리나라의 군대문화가 많은 사람들로 하여금 공동체에 대한 개념을 흐리게 만든 것 같다. 모두가 똑같이 일어나고 똑같이 자고 똑같이 일하고 똑같이 생각하는 것만이 마치 진짜 공동체인 것처럼 착각하는 것 같다. 어쩌면 그런 획일적인 공동체는 지옥일 수도 있다는 사실을 말하고 싶다. 공동체는 개성과 공동체성의 조화를 이루어야 한다. 개성은 개인의 자유와 창조성을 의미한다. 그리고 공동체성은 공동체의 가족의식과 하나 됨을 의미한다. 치료공동체는 공동체성이 깨어지지 않는 선에서 최대한으로 보장되어야 한다. 모두의 개성이 최대한 발휘되는 가운데 가족이라는 공동체가 성장해나가면 그 치료공동체는 무한한 가능성을 지니게 된다.

여기에서 주의해야 할 사항은 바로 자유의 개념이다. 다시 말해 자유는 방임이 아니다. 자유는 다른 사람의 영역을 침범하는 것이 아니다. 바로 다른 사람과의 치명적 거리를 지키면서 자신만의 자유를 만끽하는 것이다. 이를 자율성이라고 불러도 좋겠다. 이러한 자유가 보장될 때 구성원이 지닌 창조성이 극대화된다. 역기능가족이나 우리가 속한 사회는 개인의 자유를 지나치게 구속하는 경향이 있다. 그러한 부작용으로 인해 많은 사람들이 스스로 선택하고 결단하는 능력이 부족한 경우가 있다 (소심하고 겁 많은 유형의 사람들). 또한 결단력이 강한 사람들인 경우는 주로 다른 사람에게 피해를 주는 선택을 하는 경우가 있다 (거짓의 사람들). 건강한 자아상은 자신의 자유를 이용해 자신의 재능과 끼를 마음껏 발휘하는 것이다. 그리고 이를 통해 다른 사람들을 행복하게 해주는 것이다. 하지만 이러한 자율성을 성격 장애인들에게서 발견하기가 어렵다. 오히려 지나친 의존성이나 지나친 독립성으로 인해 다른 사람들에게 고통을 주는 경우가 더 많다.

이런 면에서 치료공동체는 자유와 방임의 차이, 사람과 사람 사이의 치명적 거리를 가르쳐줄 수 있는 최적의 시스템이다. 여러 사람들이 한 목적으로 모여 생활을 하기에 한 사람의 돌출행위는 다른 사람들에게 직접적인 영향을 주게 되어있다. 이로 인해 구성원들의 치명적 거리 조율이 불가피해지면 자연스럽게 자기애성 성격 장애인들의 영역이 좁혀진다. 자기애성 성격 장애인들은 자신의 자유를 남용해서 다른 사람을 구속하는 경향이 많은데 이러한 공동체 생활은 그들이 방임적인 생활의 끝이라고 볼 수 있다. 어쩌면 진정한 공동체는 거짓의 사람들의 무덤(?)이라고나 할까.

네 번째, 치료공동체는 구성원의 비율이 맞아야 한다.

만일 열 명의 치료공동체가 구성된다고 하면 그 구성원의 비율이 조절되어져야 한다. 필자가 제시한 다섯 가지 유형의 사람들로 구성 비율을 조절한다면 다음과 같다. 열 명 기준 치유공동체의 구성원으로 거짓의 사람 한 명, 가짜 거짓의 사람 두 명, 문제의식이 없는 사람 두 명, 소심하고 겁 많은 사람 두 명, 분별력 있고 용기 있는 사람 세 명이면 이상적이다. 여기에 분별력이 있고 용기 있는 사람이 반드시 치료공동체의 리더가 되어야 한다. 실제적으로 이러한 구성원 비율을 맞추기가 쉬운 일이 아니다. 그러므로 세 명 이상의 분별력이 있고 용기 있는 사람이 치료공동체의 상설 멤버이면서 심리치료를 위한 공부를 한 사람들이어야 할 것이다. 만약 심리치료 기간을 1-3년이라면 그 기간 동안 나머지 7명의 구성원들이 자신들의 심리치료 여부에 따라 자연스럽게 교체될 수 있는 것이다. 치료공동체의 리더가 분별력이 있고 용기가 있는 사람이어야 하는 이유는 일대일 심리치료 전문가의 경우와 마찬가지다. 자기애성 성격장애 환자들을 치료하는 과정에서 겪게 되는 그들의 도전과 반항에 대해 기술적으로 다루면서도 그들의 문제를 직면할 수 있는 용기와 분별력이 필요하기 때문이다.

만일 구성원의 비율로 거짓의 사람들이 두 명으로 늘어나고 가짜 거짓의 사람들도 두 명일 경우에 치료공동체의 성공가능성이 적어진다. 그것은 지금까지 필자가 주장하는 관계성의 역학으로 인해 가짜 거짓의 사람들의 문제점들로 인해 거짓의 사람들이 문제의식이 없는 사람들 그리고 소심하고 겁 많은 사람들을 규합하게 되면서 두 가지 양상이 벌어지게 된다. 하나는 가짜 거짓의 사람들로 인해 거짓의 사람들이 숨을 수 있는 구멍이 생겨나게 되는 것이고, 다른 하나는 문제의식이 없는 사람들과 소심하고 겁 많은 사람들을 놓고 분별력이 있고 용기 있는 사람들과의 세력싸움이 벌어지게 된다. 이러한 세력싸움이 힘겨워지는 이유는 가짜 거짓의 사람들로 인한 도덕성의 혼란 때문이다. 도대체 무엇이 옳고 그른지를 판별할 수 있는 근거들이 흐려지기에 거짓의 사람들이 힘을 지닐 수 있는 기회와 가능성이 커지게 된다. 수도 없이 언급했지만 거짓의 사람 한 사람의 영향력은 너무나 커서 치료공동체의 구성비율 열 명 기준으로 한 명에서 단 한 명이라도 더 늘어날 경우 공동체의 체제 자체가 전복 될 수도 있다. 하지만 거짓의 사람이 단 한 명일 경우는 상황이 크게 달라진다. 시간이 지날수록 자기 자신의 게으름과 책임을 전가하려는 성향이 드러나게 되어있다. 때론 가짜 거짓의 사람들과 문제의식이 없는 사람들에게 책임을 전가할 수도 있지만 장기적인 관점에서 자신의 게으르고 나태한 모습이 드러나지 않을 수 없게 된다. 서로가 서로의 모습을 거울로 비치 듯 피할 수 없는 상황에서 거짓의 사람들조차도 감춰진 양심에 가책을 받을 수밖에 없게 된다.

다섯 번째, 치료공동체는 공동체 회의를 가져야 한다.

일주일에 한 번 정도 한 주간의 삶을 서로 서로 말해주는 시간을 가져야 효과적이다. 이를 속칭 공동체 기여도와 피해도를 말하는 시간이라고 하자. 처음에는 잘 말을 하지 않지만 시간이 지날수록 뜨거운 논쟁으로 이어지게 되어있다. 그러면 언제쯤 거짓의 사람들이 자기 자신의 문제점에 직면을 할 것인가. 그 때는 바로 문제의식이 없는 사람들이 머리가 좋아져서 거짓의 사람들의 문제점을 인식하기 시작할 즈음이다. 사실 문제의식이 없는 사람들이 거짓의 사람들의 문제점을 파악한다는 것은 기적과도 같은 일이다. 하지만 치료공동체는 그런 문제의식이 없는 사람조차도 거짓의 사람의 현란한 위장술을 파악할 수 있는 정도로 똑똑하게 만들어준다. 그것은 그들이 치료공동체라는 투명상자 안에 있기 때문에 좀 더 용이한 것이다. 만약 일반 사회에서 거짓의 사람과 문제의식이 없는 사람을 다시 만나게 한다면 문제의식이 없는 사람은 여전히 그를 알아보지 못할 것이다. 또한 그를 거짓의 사람으로 의식하며 알고 있다고 하더라도 새로운 상황이 전개되는 가운데 또다시 속을 것은 자명한 일이다. 하지만 최소한 치료공동체에 함께 있을 동안에는 문제의식이 없는 사람이 거짓의 사람의 움직임을 파악할 수 있을 정도로 지혜로워진다는 것이다. 그래서 거짓의 사람으로부터 자신이 겪게 되는 피해를 의식하면서 모두가 있는 공동체 회의 시간에 그 피해사례를 정확하게 진술하게 된다. 이러한 공동체 회의는 정죄하려는 분위기보다는 공동체를 개선하려는 노력의 일환이어야 한다. 그러므로 공동체 피해도를 진술하는 상황이 분별력이 있고 용기 있는 사람이나 리더에 의해 주도되는 것보다는 자연스러운 표출이나 유도가 되어야 한다. 그렇지 않다면 거짓의 사람은 그 치료공동체 자체를 거부하며 떠날 것이기 때문이다. 바로 이 지점에서 우리는 Young 박사가 말한 자기애성 성격 장애자들의 치료를 위한 그 첫 번째 지침을 상기해야 할 것이다. "치료자는 자기애성 성격자의 견해에 공감해주며, 그들의 특권의식에 직면할 수 있도록 적절히 대처한다. 치료자는 반드시 공감과 직면 사이의 적절한 균형을 잡을 수 있어야 한다."

여섯 번째, 치료공동체는 재미있어야 한다.

우리는 공동체에 대해 알기를 공동체는 규율이 엄해야 할 뿐만 아니라 고달파야 한다는 착각을 한다. 공동체 생활이 개인생활보다 힘들고 어려운 것은 사실이다. 하지만 공동체 생활을 통해 서로 돕기 시작하면 너무나 재미있고 즐거운 것이 공동체 생활이다. 공동체 생활이 힘든 것은 공동체의 규율보다는 자기중심적으로 생각하는 구성원의 자아 때문이다. 우리가 필요한 모든 것은 유치원에서 배운다는 명언처럼 우리가 성인아이와 같은 자기중심적인 사고와 생활패턴으로 인해 공동체 생활이 힘든 것이다. 하지만 함께 더불어 사는 삶을 익히다 보면 공동체 생활만큼 편하고 즐거운 생활은 없을 것이다. 어쩌면 공산주의 이상이나 정신이 공동체생활을 통해서 이루어질 수도 있다. 현실적 공산주의가 그 이상과는 달리 처절한 실패를 경험했지만, 사도행전 2장의 공동체 정신을 따르려는 그 이상만큼은 높이 평가해야 할 것이다.

이런 면에서 치료공동체가 함께 일하고 함께 즐기는 삶을 터득한다면 그 즐거움은 말로 표현할 수 없는 것이다. 예를 들어 열 명의 구성원들이 식사와 설거지를 어떻게 해결할 것인가를 말하고자 한다. 먼저 설거지를 해결하기 위하여 2인 1조로 5일에 하루 설거지를 하게 한다. 하지만 식사당번 문제는 그리 쉬운 일이 아니다. 처음에는 음식을 잘하는 사람을 두 명 정도로 뽑아내어 5인 2조로 식사당번을 나눈다. 이틀에 한번 꼴로 다섯 명이 식사준비를 한다. 아침은 간단히 토스트와 계란 후라이, 아니면 우유와 시리얼 등으로 간단히 한다. 점심은 각자의 직장이나 일터에서 해결한다. 저녁은 다섯 명이 한데 모여 요리를 잘하는 사람을 중심으로 준비한다. 처음에는 서툴러서 음식 맛이 떨어질 수 있다. 음식을 준비하는 시간도 늘어질 수 있다. 하지만 시간이 지나면서 음식의 질이 높아지고 음식을 준비하는 시간도 단축된다. 이렇게 어느 정도 시간이 지나면 구성원의 대부분이 어느 정도 요리를 할 수 있게 된다. 아마도 6개월의 시간이면 충분하리라. 바로 이때에 열 명중에 요리를 잘하는 다섯 명을 선정한다. 물론 본래 요리하던 두 사람에게 새롭게 요리 실력을 인정받은 세 사람을 더하면 된다. 이제 2인 5조로 식사당번을 정하여 주 요리사와 부 요리사로 구성된 2인 식사당번이 결성되면 이제 5일에 한 번 만 저녁식사를 준비하면 된다. 이쯤 되면 공동체 구성원들의 삶이 풍요로워진다. 왜냐하면 5일에 한번만 식사당번을 하면 나머지 4일 동안은 맛있는 음식을, 그것도 다양한 음식을 맛볼 수 있게 된다. 서로 경쟁하는 음식 메뉴가 속속 등장하게 되면서 공동체 생활의 즐거움은 배가 된다. 이쯤 되면 개인시간도 충분해진다.

그 외에도 화장실이나 부엌청소하기, 쓰레기 비우기 등과 같은 잔일도 있다. 서로 돌아가며 담당하되 순서를 제비뽑기나 가위 바위 보를 통해 정하면 더욱 신이난다. 예를 들어 쓰레기 당번을 하루하루 한 명을 선정한다면 가위 바위 보로 정하면 스릴이 있게 된다. 가위 바위 보를 못하는 사람은 한 주일에 3번도 걸리게 된다. 매번 걸려도 피해의식이 없고 오히려 즐거울 수 있게 된다. 가위 바위 보의 결과가 나올 때마다 즐거움과 안타까움의 비명이 동시에 들려온다. 구성원들이 그 시간을 얼마나 즐거워하는지 모른다. 항상 걸리는 사람을 구제하기 위해 때론 가위 바위 보를 이긴 사람을 쓰레기 당번으로 정하면 더욱 재미있게 된다. 어떤 독자는 다 큰 성인들에게 가위 바위 보가 유치하지 않느냐고 물어볼 것이다. 하지만 성인들이 더 좋아할 수 있다는 사실을 기억하라. 그들의 마음은 아직도 어리기 때문이다. 제비뽑기와 가위 바위 보는 어쩌면 하나님이 말씀하시는 경로로 쓰일 수도 있고, 공동체의 불만을 없애는 아주 좋은 통로이기도 하다. 그러기에 유치한 것 같은 가위 바위 보나 제비뽑기를 다양한 선택의 상황 속에서 적용하면 공동체 생활의 재미가 한층 더해진다.

공동체가 재미있기 위해서는 취미나 스포츠 활동이 자유로워야 한다. 구성원들에 따라 다르겠지만 취미나 좋아하는 스포츠가 공통적이기 마련이다. 남녀공통으로 탁구나 배드민턴이 있고 남성들이 좋아하는 족구와 축구가 있다. 공동체 생활이라고 억지로 시간을 정해서 스포츠 시간을 두는 것보다는 스스로 알아서 시간을 정하도록 하는 것이 바람직하다. 수많은 프로그램을 통해서 서로 알아가고 친해지는 것보다 단 한 번 운동경기로 땀을 흘리는 것이 그 효과가 몇 배이다. 필자의 경우로 보면, 남자들이 족구로 뭉치게 되면 그 친목은 그 누구도 당해낼 수 없는 것이 된다. 쉽게 표현해 밥 먹기 전에 족구하고, 밥 먹고 나서 족구를 한다. 족구에 미친 구성원들끼리는 지나친 표현으로 말하자면, 남녀 간의 사랑보다 더 진한 사랑을 한다고 볼 수도 있다. 서로 눈만 마주쳐도 생각이 통한다.

일곱 번째, 구성원의 개인적인 욕구가 충분히 채워져야 한다.

일반적으로 공동체는 개인의 욕구가 제한되는 삶으로 이해되어진다. 하지만 필자는 그 반대로 생각한다. 공동체 생활을 통해 더욱 충분한 시간을 갖게 되면 자신이 원하는 다양한 욕구를 충족시킬 수 있다. 사실 알고 보면 성격 장애인들은 어린 시절의 그들의 욕구가 억압되어서 발생된 정신적인 질환을 가진 사람들이다. 치료공동체는 이들의 다양한 욕구가 발산되어지고 충족되어질 수 있도록 도울 수 있다. 자기애성 성격 장애인들은 다른 사람들과 함께 있을 때에 자기과장 상태에서 혼자 있게 되면 자기위로 상태로 마음이 전환된다.

또한 이들의 자기위로는 중독이나 자극적인 흥분을 통해서 해결하려고 한다. 이런 면에서 치료공동체는 이들의 개인적인 욕구가 충족되어질 수 있는 길을 공동체적으로 모색해야 한다. 공동체 생활의 규칙적으로 짜여 진 스케줄보다는 공동체 구성원의 개인적 필요를 채울 수 있는 맞춤형 프로그램이 요구되어진다. 이를 위해 구성원의 필요와 욕구를 나누며 이야기 하는 시간을 수시로 가져야 한다. 서로 친해진 상태에서 다함께 영화를 보러 갈 수도 있다. 아니면 아주 멋있는 레스토랑에 함께 저녁식사를 하러 나갈 수도 있다. 하지만 개인적인 욕구를 충족시키는 데에 있어 다음과 같은 두 가지 주의 사항이 필요하다. 첫째는 다른 사람에게 피해를 주지 말아야 한다. 둘째는 개인적인 중독을 대체할 수 있는 욕구충족 프로그램은 공동체적으로 이루어져야 한다.

　공동체 생활은 서로 부딪치는 시간과 혼자 사색하는 시간이 균형을 이루어야 한다. 바로 개성과 공동체성의 조화와 균형이 필요하다는 말이다. 청소하고 설거지하고 식사당번을 할 때가 바로 공동체의 시간이다. 바로 서로 부딪히는 시간이다. 서로의 문제점을 알게 되는 귀한 시간이 서로 부딪히는 시간이다. 이때에 자기애성 성격 장애인들은 자신들의 정체를 서서히 보여주게 된다. 그럼에도 불구하고 혼자 사색하며 독서도 하고, TV도 보고 음악도 듣고, 비디오도 보는 시간을 가져야 한다. 의외로 혼자서 지내는 시간이 자신을 성찰하는 시간이 된다. 또한 자기애성 성격 장애인들이 다음에 있을 부딪히는 시간을 위해 숨어서 쉬어야 되는 시간이다.

　공동체 생활에 대한 우리의 편견은 공동체 생활은 항상 서로 부딪히면서 정신이 없어야 한다고 생각하는 것이다. 개인이 혼자서 사색하며 즐기는 생활은 제한되어야 한다고 생각한다. 이러한 오해는 공동체 치료에 역행하는 길이다. 이는 한국 군대문화가 가져다 준 병폐이다. 무엇인가 음식물을 먹었으면 배설을 하든지 쓰레기통을 비우든지 하는 것이 순리다. 그동안 폐쇄적으로 살아왔고 자기중심적으로 살아왔던 사람들이 공동체를 통해서 서로 부딪히는 생활을 할 때 그에 해당하는 개인적인 시간을 허용하는 것이 더욱 효과적이다. 물론 개인적인 자유가 공동체의 리듬을 깬다면 그것은 경고를 받아야 한다. 이러한 공동체 피해는 공동체 회의를 통해서 자연스럽게 나누어지면 된다. 초반에 오히려 공동체를 깨는 행위는 자연스러운 것이다. 문제가 있는 환자들이 병적 증상을 보이지 않는다면 오히려 그것을 더 큰 문제로 보아야 할 것이다.

청소년의 욕구충족을 예로 든다면, 어려서 부모로부터 초콜릿이나 콜라가 몸에 좋지 않다고 먹지 못하게 강요를 받은 청소년들이 있다. 이들은 초콜릿만 보아도 손을 떨게 되어 있다. 콜라가 몸에 좋지 않다고 말하며 통닭과 함께 배달되어 온 콜라를 아빠가 변기에 부었다고 하자. 이를 경험한 아이는 콜라만 보면 정신을 못 차리게 되어있다. 이러한 청소년들이 자신의 비참한 심경을 나누고 난 후에 공동체는 초콜릿이면 초콜릿으로, 콜라면 콜라로 그들이 만족할 때까지 마시게 하면 좋다. 아마도 그들의 뇌가 이를 인식하는 것 같다. 그들의 정신이나 뇌가 인식할 때까지 아니 만족할 때까지 초콜릿이나 콜라를 마시게 하면 이들의 정신적 상태에 커다란 변화가 오게 된다. 어떤 청소년은 1년 동안 실컷 콜라를 마시고 나서 더 이상 비정상적으로 콜라를 보면 손을 떨거나 정신을 차리지 못하는 상황이 전개되지 않는다. 오히려 스스로 콜라를 절제하며 한 달이나 두 달에 한번 정도 필요에 따라 마시는 건강한 사람으로 거듭나게 된다. 억압된 상황에서 몰래 마시던 짜릿한 콜라와 건강한 사람으로서 마시는 콜라의 맛은 신기하게도 다르다는 고백을 듣게 된다.

TV 시청도 마찬가지다. 우리 부모들은 청소년들의 TV시청을 싫어한다. 더 심해지면 TV시청이나 인터넷 게임으로 인해 청소년들과 전쟁이 벌어진다. 결국에는 그 갈등이 심해지면서 아이가 격렬하게 반항을 하게 되면 부모가 끝내 TV선을 가위로 자르고야 만다. 그로 인해 청소년들의 욕구가 억압된다. 억압이란 스스로 조절하는 것을 막고 타인에 의해 강제적으로 절제되는 것을 말한다. 이러한 강제적인 억압들이 결국 청소년들의 탈선을 일으키는 주범이다. 자발적으로 스스로 절제할 수 있는 능력을 기르지 않고 강제적으로 청소년들의 욕구를 막게 되면 결국 터지게 되어 있다. 이러한 현상이 바로 성격장애의 주요한 원인이 될 수 있다. 찔끔찔끔 눈치 보며 쫓기듯 TV를 보게 되면 욕구불만이 증폭되어 정서적 안정이 사라지게 된다. 오히려 청소년기에 6개월이나 1년 동안 TV나 비디오 아니면 인터넷을 실컷 하게 그냥 놓아두어보라. 그들의 욕구가 충족되면 스스로 조절하게 된다. 하지만 주의할 사항은 중독이 되어버린 경우에는 중독을 위한 심리치료 프로그램을 진행해야 할 것이다. 이러한 욕구충족이 공동체 생활 안에서 이루어질 수 있다. 또한 공동체 생활을 병행하는 가운데 개인적인 욕구를 충분하게 충족시킬 때에 더 큰 상승효과를 거둘 수 있다. 공동체는 이러한 욕구충족을 다른 구성원에게 피해가 가지 않는 선에서 용납하고 허용해야 한다. 하지만 자신의 욕구충족을 위해서 설거지를 거른다든지 식사당번을 게을리 한다면 그것은 주의를 받아야 한다. 바로 자유와 방종을 구별하는 자율성이 우선시되어야 하기 때문이다.

　이상으로 필자가 경험을 한 공동체 생활을 바탕으로 치료공동체를 위한 몇 가지 원리를 제시하였다. 하지만 건강한 치료공동체가 형성되기까지 거쳐야 할 단계들이 있다. 그 일정한 단계는 다음과 같다.

1. 예비 공동체
2. 갈등과 혼란
3. 자기를 부정하기
4. 진정한 공동체

이는 하나의 모임이나 집단이 공동체가 되기 위해서는 거쳐야 하는 과정들이다. 이러한 순서와 과정은 자연스럽고도 일반적인 현상이라고 볼 수 있다. 하나의 공동체가 되려는 집단은 진정한 공동체가 되기 위한 예비공동체로 볼 수 있다.

예비공동체

예비공동체는 본능적으로 자신들이 진정한 공동체로 여긴다. 그래서 될 수 있는 대로 모든 불협화음을 줄이고 즐겁게 지내려고 노력한다. 어쩌면 진짜 공동체로 가장하는 시도라고나 할까. 하지만 그러한 위장이나 가장하려는 시도는 결단코 성공할 수 없다. 이러한 위장이나 가장에 능한 사람들이 또한 거짓의 사람이 아닌가. 그러므로 예비공동체에서 거짓의 사람은 세련된 사람으로 등장한다. 최대한 갈등을 회피하면서 온건하고 예의바른 사람으로 위장하게 된다. 하지만 공동체가 이루어지

위해서는 희생이 필요할 뿐만 아니라 시간이 필요한 것이다. 그러므로 예비공동체는 참된 공동체가 될 수 없다. 예비공동체는 갈등을 회피하는 것이 가장 큰 문제이다. 예비공동체는 개인의 개성이나 개인차를 무시한 채 단지 예의 바르게 행동하려고만 한다. 그래서 다른 사람의 기분을 상하게 하는 언행을 자제하게 된다. 비록 다른 사람이 나를 기분이 상하게 하거나 짜증이 나게 해도 아무 일이 없었던 것처럼 행동한다. 만일 사람들의 의견이 일치하지 않으면 화제를 가능한 한 빨리 그리고 재치 있게 바꾸게 된다. 그래서 문제점들이 간과된 채 넘어가게 된다.

갈등과 혼란

갈등과 혼란은 공동체가 형성되기 위해 필수불가결한 과정이며 요소이다. 예비공동체가 갈등과 혼란의 단계에 이르면 각자의 개성과 개인차가 적나라하게 드러난다. 이 시기는 각자의 의견이 분분하여 서로 싸우는 시간이다. 갈등과 혼란의 단계는 어쩌면 무질서한 시기이다. 서로 싸우기에 시끄러울 뿐만 아니라 비생산적이고 비창조적이다. 구성원들이 아무런 성과 없이 싸우기에 공동체 자체가 지겨워지게 된다. 이러한 갈등과 투쟁을 바라보게 되면 누구든 절망하게 된다. 아무런 목적도 아무런 재미도 없을 뿐만 아니라 아무 것도 이루지 못한다. 예비공동체가 진정한 공동체가 되기 위해서 혼란의 단계를 얼마나 겪게 될지는 공동체의 리더와 구성원의 비율에 따라 달라진다. 비록 혼란이 비생산적이고 불쾌한 경험이지만 서로를 알아가는 가장 소중한 시간이다. 이때 자기애성 성격 장애인들을 파악할 수 있는 절호의 기회이기도 하다. 어쩌면 서로 싸우고 갈등하는 것이 문제가 없는 척하는 것보다는 훨씬 나은 현상이다. 비록 고통스럽지만 진정한 공동체로 거듭나기 위한 통과의례이다. 다시 말해, 갈등과 혼란은 진정한 공동체로 나아가기 위한 시작이요, 공동체의 구성원들을 진단할 수 있는 절호의 찬스이다. 하지만 혼란의 단계를 넘어서 자기를 부정하는 단계로 진입하지 못하면 다시 예비공동체 단계로 퇴행하게 된다.

자기를 부정하기

갈등과 혼란을 겪고 있는 예비공동체가 혼란에서 진정한 공동체로 나아가는 방법은 단 한가지이다. 그것은 바로 자기를 부정하고 마음을 비우는 것이다. 자기중심적인 사고를 벗어나 다른 사람의 입장에서 모든 것을 이해하고 받아들이는 것이다. 자기애성 성격 장애인들이 가장 고통스러워하는 과정이 바로 자기를 부정하는 단계이다. 자기 자신의 편견을 깨닫는 것이다. 자신도 모르는 특권의식을 어느 날 의식하게 되는 것이다. 이러한 자기부정의 단계는 자신의 죄성과 문제점을 바라볼 수 있는 시야가 열릴 때에 비로소 가능해진다. 우리는 이를 관찰적 자아라고 부를 수 있다. 자기애성 성격 장애인들의 특징은 다른 사람들을 현미경으로 관찰하지만 자기 자신을 볼 때는 망원경으로 바라본다는 것이다. 다르게 표현하자면 이들은 자기 자신을 볼 수 있는 시야가 닫혀있다는 것이다. 그러므로 자기 자신을 볼 수 있는 눈을 뜰 수 있도록 도와야 한다. 그럴 때 심리치료는 완성이 되는 것이다.

　자기 자신을 바라볼 수 있는 관찰적 자아가 공동체를 통한 갈등과 혼란을 통과하면서 생겨지게 된다. 사실 혼란에서 자기부정의 단계로 나아가기 전에 자기애성 성격 장애인들은 공동체를 포기할 수가 있다. 왜냐하면 열려진 관찰적 자아를 통해 자기 자신을 직면하는 것은 너무나 고통스러운 일이기 때문이다. 그렇기 때문에 공동체는 재미있어야 하고, 개인의 욕구를 충족시킬 수 있어야 한다. 무엇보다도 공동체가 사랑이 넘쳐야 한다. 이러한 공동체적인 사랑과 만족감을 통해 자기애성 성격 장애인들이 자신들이 겪게 되는 그 고통을 인내할 수 있게 된다. 공동체의 구성원들이 관찰적 자아가 열리게 되면 서로가 서로를 비춰는 거울이 된다. 그전에는 영점(0)조정이 되지 않아 서로가 거울로 비추어도 삐뚤어진 얼굴과 모습을 보여주었지만 이제 자신의 좌와 우, 그리고 상하의 각도를 맞추어 영점을 조정하게 되면 서로가 서로에게 정확한 얼굴을 비출 수 있게 된다. 이제야 서로가 서로에게 거울을 비추면서 고통스러운 시간을 보내게 된다. 그동안 알지 못했던 자신의 모습을 바라보면서 드디어 충격을 받게 된다. 이러한 충격으로 인해 자아가 부정되는 죽음을 경험하게 되는데 사람에 따라 한 달에서 길게는 6개월까지 얼굴에 핏기도 상기된 채 자신의 추한 모습으로 인해 절대절망을 경험하게 된다.

진정한 공동체

자아의 죽음을 경험하고 마음을 비운 집단은 진정한 공동체가 된다. 이는 일종의 평화의 단계이다. 비록 갈등과 혼란의 시기에 불안과 좌절 그리고 절망을 경험했고, 자기를 부정하는 시기에 자아의 죽음으로 인해 절대절망을 경험했지만 이제는 감사와 기쁨의 시간이다. 공동체 구성원들은 서로의 존재감을 느끼면서 서로에 대한 감사한 마음을 가지게 된다. 또한 서로 사랑하는 마음이 충만하게 된다. 그래서 서로 안아주고 싶어 한다. 서로가 꼭 필요한 존재들로서 자기의 자리와 위치를 지켜줄 때 공동체의 삶은 평화로울 뿐만 아니라 생산적이고 편리해진다. 서로가 가진 에너지가 초자연적으로 방출될 뿐만 아니라 효율적으로 사용되기에 공동체가 원하는 최대의 효과를 거둘 수 있다. 이제 서로가 없어서는 안 되는 아주 소중한 존재라는 것을 깨닫게 된다. 이 단계에 이르면 관찰적인 자아가 초월적 자아로 거듭나서 나와 다른 사람사이의 차이점, 장점, 단점 그리고 공동체 구성원들의 역학 관계와 치명적 거리 등을 입체적으로 볼 수 있는 시야가 열리게 된다.

사실 공동체 생활을 통해서 자기애성 성격 장애인들의 관찰적인 자아[128]가 생기기만 한다면 심리치료는 이미 완성된 것이다. 자기애성 성격 장애들의 관찰적인 자아가 열리는 것은 참으로 고통스러운 과정이

---

128) 이는 자신의 모습을 삼자 입장에서 객관적으로 바라볼 수 있는 자아가 생성되는 것을 의미한다.

지만 공동체 생활 속에서는 좀 더 자연스럽게 받아들여질 수 있다. 이들이 자신들의 특권의식과 같은 자기과장을 인식하고 직면할 수 있도록 구성원들의 역학관계를 잘 활용해야 한다. 이를 위해 공동체 리더가 공동체를 이끄는 기술적인 유연성과 전문성을 가져야 한다. 예를 들어 각 방에 두 사람씩을 배정한다면, 거짓의 사람과 거짓의 사람 아니면 가짜 거짓의 사람을 한 방으로 배정하는 것이다. 예비공동체 단계에서는 서로 견디겠지만 혼란의 단계에서 이들의 갈등은 너무나 쉽게 폭발할 것이기 때문이다. 앞서 여러 번 언급했던 것처럼 거짓의 사람이 거짓의 사람을 더 싫어한다는 것이다. 이러한 구성원들의 역학 관계는 단계별로 변화를 주어야 하고, 청소와 밥하기 등과 같은 역할 분담에도 잘 적용해야 한다. 필자가 앞서 말한 것처럼 거짓의 사람은 게으른 사람들이다. 단지 부지런 한 것처럼 가장할 뿐이다. 그러므로 밥하고 설거지하고 청소하는 일들에 거짓의 사람들끼리, 아니면 거짓의 사람과 가짜 거짓의 사람을 한조로 묶으면 갈등이 쉽게 표출될 수 있다. 그렇다고 무조건적으로 갈등을 조장하라는 것은 아니다. 무엇이든지 자연스럽지 않고 인위적인 것은 반드시 부작용이 나게 되어있다. 또한 서로 사랑하는 마음으로 대하지 않는다면 결국 그 공동체는 진정한 공동체로 거듭나지 못할 것이다. 특별히 공동체의 리더와 분별력이 있고 용감한 사람들이 사랑의 마음으로 임하지 않는다면 자기애성 성격 장애인들의 치료는 불가능해질 것이다.

　이러한 치료공동체가 지닌 부수적인 효과도 놀랍다. 자폐성적인 사람, 강박적인 사람, 자기애적인 사람들이 그들이 지닌 성격장애에서 자유하게 되는 놀라운 기적이 벌어질 수 있다는 것이다. 먼저 관찰적인 자아가 열리면서 마음이 안정이 되어 질 때 생기는 일들이 있다. 어떤 알약도 못 먹고 씹어 먹던 사람이 두 세알의 알약을 물과 함께 꿀꺽 삼켜 버린다. 다시 반대로 물도 없이 아주 큰 알약을 꿀꺽 삼키던 사람이 이제는 물과 함께 아니면 먹을 수 없게 되었다. 제자리에서 1000바퀴를 빙빙 돌아도 어지럽지 않던 아이가 이제 더 이상 어지러워서 빙빙 돌 수 없게 된다. 안짱다리로 걷던 사람이 저절로 정상으로 걷게 된다. 방에만 틀어박혀서 하루 종일 책만 보던 사람이 이제는 답답해서 방에만 있지 못하게 된다. 자폐성으로 하루 밤에 500쪽이나 되는 책을 읽던 사람이 이제는 집중력이 상실되어 그렇게 책을 볼 수 없게 된다. 밥 먹고도 냉장고 뒤져서 콜라와 사이다만을 2리터짜리 병째 마시던 사람이 이제는 절제하게 된다. 또 어떤 사람은 물건을 잘 숨겨놓고 절대 찾지 못하던 사람이 이제는 자신이 물건을 어디에 놓았는지 기억하게 된다. 마지막으로 공부에 집중하지 못해서 항상 성적이 엉망이던 학생이 마음이 차분해지고 공부할 마음이 저절로 생기면서 공부를 잘하게 된다.

이와 같이 치료공동체는 자기 자신도 모르는 성격을 자연스럽게 알려주고 직면시키는 놀라운 힘을 지녔다. 하지만 이러한 치료공동체를 이룬다는 것이 그리 쉬운 일이 아니다. 그럼에도 불구하고 우리는 감히 치료공동체를 희망한다. 왜냐하면 우리가 이 땅에서 조차도 천국의 행복을 체험하고 싶기 때문이다. 이 땅에 수많은 치료공동체가 탄생될 수 있도록 우리는 기도해야 한다. 또한 마음의 상처를 위한 심리치료를 위해 전문성을 갖추어야 한다. 그리고 무엇보다도 사랑의 마음이 개인적인 심리치료와 공동체적인 심리치료를 가능케 하는 원동력임을 명심해야 할 것이다.

심리치료에 있어서 영적 전쟁의 중요성

지금까지 심리치료의 개인적인 측면과 공동체적인 측면을 살펴보았다. 이러한 심리치료는 인간의 혼의 영역을 만지는 것이다. 개인의 정신을 정상적이고 건강한 사람들과 일치시키는 혼의 정렬이라고도 말할 수 있다. 이는 군인들이 사격을 하기 전에 소총의 조준점을 점검하는 영점조정에 비유될 수 있겠다. 개인의 왜곡되고 비뚤어진 자아를 올바르고 건강한 자아로 변화시키는 것이다. 혼(정신)은 인간의 영과 육을 잇는 통로이기에 혼이 비뚤어지면 영에도 문제가 생기고 육도 문제가 생긴다. 그러므로 건강한 혼은 성령이 인간의 영을 통해 역사할 수 있도록 돕는 촉매역할을 하는 것이다. 인간의 혼이 건강해지지 않는다면 성령의 역사는 순간적으로 역사할 수 있겠지만 지속적이기는 힘들다. 하지만 아무리 심리치료가 중요하다고 하더라도 자기애성 성격 장애인들을 치료하는 데에 있어 영적 전쟁의 측면을 간과해선 안 된다. 영적 전쟁이 수반되지 않는 심리치료는 어느 순간에 보면 마귀의 속임수에 속고 있음을 목격하게 된다. 마귀는 반전의 명수다. 환자에게 그 무엇인가 진정한 변화나 성장이 기대되어질 때 그는 반드시 개입하여 막는다.

마귀가 개입하면 나타나는 여러 가지 현상이 있다.

첫째로 갑자기 분위기가 어두워지면서 절망감이 들게 된다. 어제까지 희망에 넘치던 가정이나 공동체도 그가 나타나면 기쁨이 사라지고 슬픔이 임한다. 참으로 이상하다.

둘째로 여기저기 서로 싸우고 논쟁하는 모습들이 보인다. 방금 전까지 깔깔 웃으면서 한마음으로 서로 돕던 사람들이 뿔뿔이 흩어지면서 파당이 생겨난다.

셋째로 이상하고 신기한 현상들이 벌어진다. 예를 들면, 중요한 비행기 예약이 취소되었다는 메시지나 문자가 전화 녹음기에 남겨진다. 그 다음 날 알고 보면 컴퓨터 오류이거나 항공사의 실수이다. 실제로 전혀 문제가 없는데 밤새 고민하게 만든 것이다. 또는 중요한 서류나 논문을 인쇄하려고 하는데 갑자기 프린터기가 멈춘다. 잘되던 인터넷 연결이 갑자기 끊어진다. 좀 더 심하면 중요한 예약을 인터넷 웹 사이트를 통해서 하려던 순간에 인터넷이 멈추던지 전기가 나간다. 믿겨지지 않겠지만 필자가 "악의 비밀" 원고를 쓰는 중간에 문서의 일부가 갑자기 사라졌다. 또한 필자의 원고를 편집으로 돕는 사람들의 컴퓨터가 갑자기 고장이 났다. 어쩌면 우연의 일치처럼 보일 것이다. 하지만 이는 하나님 나라의 확장을 거부하는 마귀의 방해공작이다. 필자의 이야기를 듣는 사람들은 어쩌면 나의 믿음을 의심할지도 모르겠다. 그러나 만약 나와 같은 경험을 여러 번 겪게 되면 이러한 현상들의 이상스러운 공통점 내지는 의심스러운 점들을 발견하게 될 것이다.

　넷째로 신체적인 상처나 자동차 사고 등 불미스러운 일들이 벌어진다. 세 번째의 이상한 현상들과 연장선상에서 마귀의 파괴적인 성향을 경험하게 된다. 마귀가 정말 화가 나면 이상하고 신기한 현상들을 넘어서 물질적이고 신체적인 개입조차도 시도한다. 필자가 인도에 머무는 동안 11번의 자동차 사고가 났다. 그것도 교회를 건축하려는 모임에 참석차 갈 때마다 일어났다. 한 번은 커다란 소를 받아서 죽이는 사고도 냈다. 첸나이에서 뱅갈로로 가는 고속도로 선상에서 벌어졌다. 하마터면 필자도 죽을 뻔한 사고였다. 소가 우측 맨 앞쪽을 받고 죽었는데 만일 소가 0.5초만 먼저 달려들었어도 필자는 "악의 비밀"을 저술하지 못했을 것이다. 또 다른 사고도 마찬가지로 교회건축을 위한 모임에서 돌아오는데 뒤의 4륜구동의 큰 차가 내가 탄 차의 왼쪽 뒷부분을 사정없이 들이박았다. 그 사고로 경찰서에 가서 진술서를 쓰고 얼마나 진땀을 뺏는지 모르겠다. 그 많은 사고 가운데 가장 어이가 없는 사고는 필자의 아파트 앞에 차를 세워놓았는데 자동차의 뒷문이 완전히 산산조각이 나 있었다. 알고 보니 손톱만한 돌이 떨어져 차 유리창의 가장 연약한 부분을 내리친 것이다. 헌데 차의 뒷문 유리가 그렇게도 산산이 부셔질 줄이야. 바로 그 때가 인도신학교 신학생 장학금 모금 차 한국에 방문하기 6시간 전이었다. 마음이 찢어지는 심정이었다.

　인도에서는 자동차를 수리하려면 거의 일주일을 자동차공장에 맡겨야 한다. 수리비도 보험회사가 절반정도 지불하고 나머지는 차주가 물어야 한다. 그러기에 크고 작은 자동차 사고에 너무 민감해지게 되어있다. 인도를 방문하신 분들은 아시겠지만, 인도의 도로는 더 이상 복잡할 수 없이 복잡하다. 소가 지나다니고, 자전거와 오토바이가 다니고, 손으로 끄는 손수레가 다니고, 오토 릭샤라고 불리는 택시와 같은 삼륜자동차가 다니고, 무엇보다 사람들이 도로횡단을 자유롭게 한다. 신호등이 없기에 무질서하기가 이루 말할 수 없다. 오토바이들의 잦은 역주행이 사고의 원인이 되기도 한다. 그러기에 필자는 차를 탈 때마다 저절로 기도하게 된다. 참으로 이상한 일은 그렇게 복잡하고 위험한 상황에서도 사고가 나지 않던 것이 선교사역에 중요한 일이 있을 때만 골라서 사고를 일으킨다는 것이다. 이러한 불미스러운 일들은 집안에서도 벌어진다. 유리컵이나 사기그릇이 깨진다거나 형광등과 같은 전구들이 깨지는 사고들이 벌어진다. 선교지에 와서 참 많이 겪는 일들 중에 하나가 바로 유리가 깨지는 것이다. 어쩌면 필자 또한 미신적인 신앙을 소유한 것으로 여겨질지도 모르겠다. 하지만 미신적으로 보기에는 사건들이 너무 미묘하고 의아스럽다는 것이다. 마치 마귀가 개입한 것 같은 인상을 지울 수 없게 된다. 또 다른 특이한 점은 마귀의 침입을 깨닫고 기도하면 언제 그랬냐는 듯이 상황이 급반전한다는 것이다. 이러한 기도 후에 나타나는 현상으로 인해 우리는 마귀의 역사임을 더욱 확신하게 된다.

　다섯째로 가장 확실하고 강력한 마귀의 역사는 무엇보다도 사람들을 통한 개입이다. 특별히 거짓의 사람들을 통해서 하나님의 나라가 확장되는 것을 막는다는 것이다. 마귀는 적재적소에 있는 자신의 사람들을 가장 적합한 시기에 사용한다는 것이다. 우리를 미치게 하는 것은 마귀의 초자연적인 개입보다도 자신의 사람들을 통해서 우리로 하여금 하나님의 일을 하지 못하도록 방해하는 것이다. 평상시에는 가만히 있다가도 정말 중요한 일이 진행될 때 마귀는 그들의 마음을 감동시켜서 그 일을 차단시킨다. 이때에 우리가 느끼는 감정은 분노이다. 분노의 감정이 나타나는 이유는 거짓의 사람들의 논리를 당해낼 수 없다는 것이다. 뭔가 이상한데 그래도 저항할 수 없는 바로 그런 논리이다. 하지만 시간이 갈수록 가슴의 뜨거운 열정이 식고 사라지는 것을 느끼면서 그 무엇인가 억울한 감정을 느끼게 된다.

 이러한 마귀의 역사와 개입은 사람들을 치료하는 과정에 반드시 나타난다. 마귀는 사람들의 변화나 성장을 원치 않는다. 그러기에 심리치료나 공동체 치료를 할 때 수많은 방해공작을 일으킨다. 방해공작을 일으킬 때 가장 힘든 것은 바로 사람들을 통해서 역사하는 것이다. 앞서 언급했지만 환자가 치료되는 것을 가장 힘들어하는 사람들이 가족일 수가 있다는 것이다. 무의식적으로 자신들이 환자의 문제의 원인임을 알기에 처음에는 환자의 치료를 의뢰했지만 정작 치료가 빠르게 진행되면 그것을 견디지 못하는 사람들이 바로 가족이다. 그러므로 가족을 통한 마귀의 역사가 벌어지지 않도록 중보기도를 해야 한다. 또한 그들이 안심할 수 있도록 그 모든 인간적인 노력을 병행해야 한다. 사실 환자가 치료될 수 있는 가장 중요한 요소는 가족의 강력한 지지이다. 이것 없이는 결국 헛바퀴가 도는 치료가 될 수밖에 없다. 그리고 환자의 치료가 진전이 있거나 급속해질 때 그 치료를 중단시키는 사람들이 결국 환자의 가족이다. 거짓의 사람인 경우는 그가 그 자신의 가족을 설득시켜서 치료의 과정을 회피하게 된다.

환자가 조금만 더 치료되면 점프를 할 수 있는 상황에서 종종 마귀는 묘기를 부린다. 필자가 남미 브라질에서 사역을 하고 있을 때 파라과이에서 부흥회를 인도하게 되었다. 3일 동안 진행된 부흥회를 통해서 많은 사람들이 은혜를 받았다. 무엇보다도 파라과이에서 커다란 슈퍼를 운영하는 부부집사가 은혜를 많이 받았다. 평소 남편의 신앙이 염려되었는데 부흥회를 통해 남편이 은혜를 받자 아내가 남편과 상의를 해서 부흥강사인 필자에게 저녁식사를 대접하였다. 그리고는 마지막 저녁 부흥회가 진행되었다. 아내는 더 이상 좋을 수 없었다. 남편이 부흥회를 통해서 은혜를 받고 변화되는 것 같아서 행복했고, 특별히 부흥강사를 남편과 함께 저녁대접 할 수 있어서 더 좋았다. 헌데 부흥회 도중 갑작스러운 소식을 들었다. 그 슈퍼에 도둑이 들어서 가게에 있는 현금이 전부 털렸다는 것이다. 그들 부부는 집회도중에 가게로 뛰쳐나가게 되었다. 이런 일은 신앙인들 사이에서 벌어지는 아주 흔한 일이다.

우리의 진단은 마귀의 시기가 일을 망쳐놓았다고 말할 수밖에 없다. 참으로 마귀는 시기심이 가득 찬 녀석이다. 그 누구든 하나님께로 그 마음이 향하는 것을 참지 못한다. 그 누구든 좀 더 성숙하여 한 단계라도 올라가는 것을 견디지 못한다. 그러기에 심리치료 가운데 영적 전쟁은 필수불가결한 요소이다. 일단은 마귀의 개입은 막아야 한다. 그러기 위해 영적인 분별력이 필요하다.

　공동체 가운데 마귀가 개입할 때 사람들이 이상해진다. 가장 약한 사람에게 먼저 임한다. 특별히 그 때 상황 가운데 마음이 상한 사람을 먼저 선택한다. 그리고 그를 통해 공동체가 무너지게 유도한다. 그러므로 마귀가 역사하는지 아닌지, 만일 역사한다면 누굴 통해 역사하는지를 빨리 파악해야 한다. 물론 거짓의 사람들은 수시로 역사한다. 하지만 그들은 상황을 잘 파악하기에 아무 때나 나서지는 않는다. 마음이 상처를 입어 감정이 상한 사람에게 마귀가 역사할 때 동시적으로 그들이 활동한다. 그러기 때문에 거짓의 사람들이 무섭다는 것이고, 마귀의 역사가 벌어지면 상황이 힘들어진다는 것이다. 거짓의 사람을 제외한 그 외의 사람들에게 일어나는 마귀의 역사는 그 누구도 예외일 수 없다. 마귀는 영적 전쟁의 비밀을 아는 필자조차도 공격한다. 공동체를 파괴하려는 마귀의 공작을 막는 것은 상황을 신속히 파악하는가에 달렸다. 마귀의 역사임이 밝혀진다면 영적 전쟁을 선포해야 한다. 물론 이러한 선포는 공동체나 가정의 리더가 자기 자신에게 하는 선포이다.

　이제는 그동안 하던 일을 멈추어야 한다. 아무리 중요한 일이라도 영적 전쟁에 우선순위를 두어야 한다. 영적 전쟁의 핵심은 마귀를 내쫓는 것도 있지만 그동안 공동체나 가정 그리고 개인의 삶이 하나님과 마음이 하나가 되었었는지를 점검해야 한다. 영적 전쟁은 하나님과 하나가 되는 순간 상황종료가 되기 때문이다. 아간의 죄처럼 혹시라도 불순종한 일들이 있었는지를 점검해보아야 한다. 무엇보다도 하나님께 드리는 기도시간을 점검해보아야 한다. 다시 한 번 시간을 드려서 찬송하고 기도해야 한다. 마귀가 역사할 때 가장 힘 있는 찬송은 역시 보혈을 찬양하는 찬송이다. 마귀의 역사는 우리가 그 상황을 깨닫는 순간 약해지게 되어있다. 그리고 찬송하고 기도하는 가운데 아주 사라지게 되어있다. 그러면 이상해졌던 사람도 다시 정상으로 돌아오게 된다. 바로 이때 잊지 말아야 할 것은 감정이 상하여 마귀의 역사를 허용할 수밖에 없었던 사람의 감정이나 삶의 문제를 신속히 해결해야 한다는 것이다. 그렇지 않으면 마귀는 또다시 그 사람을 통해서 역사할 것이기 때문이다.

하지만 우리가 마귀를 두려워 말아야 할 것은 우리가 믿음으로 나아갈 때 반드시 승리한다는 것이다. 또한 마귀의 존재는 궁극적으로는 우리로 하여금 하나님께 더 가까이 나아가도록 돕는 존재에 불과하다는 것이다. 악이 하나님의 일을 방해한다는 것이 결국에는 하나님의 일을 완성하는데 결정적인 역할을 하는 존재로 전락해버린다는 것이다. 바로 이것이 십자가의 비밀이다. 마귀가 예수님을 십자가 처형으로 몰아갔지만 결국에 그 십자가는 인류를 구원하는 유일한 구원사건이 된 것처럼 악은 결국 선의 시녀에 불과한 것이다. 그러므로 악은 선을 위해 존재하는 불쌍한 희생양에 불과한 것이다. 비록 우리가 악을 경계하고 악을 물리치기 위해 몸부림을 칠 수 밖에 없지만 그 종국은 승리와 평화이다. 과정은 두려움과 근심이었으나 결과는 기쁨과 감사와 환희이다. 바로 이것이 악의 비밀이다. 그러므로 우리는 악을 과대평가하거나 과소평가해서는 안 된다. 악을 지나치게 과대평가하게 되면 당신의 신앙은 하나님과의 관계보다 영적 전쟁에 치중하게 되고 결국에는 초점을 잃어버리게 되어 있다. 또한 악을 과도하게 과소평가하거나 무시하게 되면 어느새 당신은 악에게 흡수되게 되어 있다. 그러므로 악에 대한 균형 잡힌 인식이 필요하다.

심리치료의 완성을 위해 영적 전쟁은 선행조건이다. 우리는 영적으로 항상 깨어 있어야 한다. 심리치료는 잠시 중단할 수도 있지만 하나님과의 영적인 관계는 지속적으로 유지되어야 한다. 그리할 때 환자를 위한 심리치료가 열매를 맺을 수 있다.

결론적으로 인간은 영과 혼과 육이 유기체적으로 이어진 전인적인 존재이기에 병든 영혼이나 마음을 치료하는 것조차도 전인적으로 이루어져야 한다. 그러기에 거짓의 사람이 회복되기 위하여 영적 전쟁이 필요한 것이고, 동시에 심리치료도 필요한 것이다. 더 나아가 육신적인 욕구도 채워져야 하는 것이다. 무엇보다도 치료를 위한 이러한 모든 전인적 접근이 마음에서 우러나오는 사랑에서 비롯되어져야 한다. 그렇게 할 때 사단은 완전히 물러갈 수밖에 없다. 이때 바로 영적 전쟁 100전 100승의 시간이 다가오는 것이다.

부록

자기애성 성격장애 청소년의 변화를 목격하며

⋮

2년간에 걸친 6명의 청소년들의
공동체 생활을 통해

부록

I. 김예은(가명) 양의 고백

내 이름은 김 예은(가명)이다.

나는 중학생이다.

한 마디로 나를 소개하자면, 나는 자기중심적인 생각에서 벗어나지 못한 이기적인 아이였다. 설상가상으로 나는 게으르고도 멍청하기까지 한 구제불능의 사람이었다. 지금은 많이 나아졌지만 아직도 내 안에는 나만의 세계가 있다. 하지만 나는 더 이상 걱정하지 않는다. 내가 하루하루 바뀌어 감을 느끼고 더욱 똑똑해지며 용기가 생기니까 이젠 시간문제다.

나는 지난 2년간 공동체치료를 받았다. 솔직히 말하자면 불과 3개월 전만 해도 나는 공동체가 너무 싫었다. 증오했다. 하지만 이젠 너무 감사하다. 물론 내가 아직도 바뀌어야할 부분이 너무 많아서 아직도 혼날 때도 있지만 더 이상 증오하지 않는다.

놀랍게도 치료의 과정은 너무나도 고통스럽지만 그 결과는 무척 소중한 것이며 내가 바뀔수록 더욱 바뀌기 쉬워진다. 정말 감사한 일이다.

내가 바뀔수록 인생이 소중해지고 내가 소중해진다.

자신이 다른 사람을 속이는 악한 사람이라는 것은 상상을 초월할 정도로 무거운 짐이다. 언뜻 보면 그런 사람들은 쉽게 사는 것 같지만 전혀 아니다. 그들은 끊임없이 거짓말을 하면 할수록 수렁에 빠지며 끝이 없는 혼돈과 외로움에 갇혀있다. 그렇다고 그들의 죄가 없어진다는 건 아니다. 남을 쓰러뜨려야 기쁘고 이간해야 웃을 수 있는 그들은 인간이 아니다. 나 역시 그런 사람이었다. 아니 그런 짐승이라고나 할까.

특히 2년 전에는 나는 정말 심각하게 멍청하고 자기중심적이고 게으르고 악했다. 그때 처음으로 공동체를 이루게 되었는데 이뤄진지 얼마 안 되서 그런지 그때는 아직 진정한 공동체가 되기엔 일렀다. 그럼에도 불구하고 심각한 상태였던 나는 왕따 같은 기분과 울고 싶고 갈 곳 없는 고아 같은 기분을 느꼈다. 내가 착한 척을 해도 반항을 해봐도 사람들은 나를 더욱 싫어할 뿐이었다.

더욱 절망적인 것은 시간이 지남에 따라 사람들의 수준이 조금씩 바뀐다는 것이다. 아는 사람들만 아는 일이지만 누군가가 바뀌면 그 사람 수준이 높아지기 때문에 공동체 내에서 더욱 살기 힘들어진다. 이것이 바로 공동체의 비밀이다. 그 압력은 내가 바뀌지 않으면 살기 굉장히 힘들어지게 한다. 반면 아주 간혹 내가 조금 바뀔 때도 있는데 그때는 내

시대라고 해도 좋을 것이다. 하지만 공동체의 특징은 안심할 수가 없다는 것이다. 오히려 내가 바뀔 때 더욱 불안하다. 조만간 내가 추격당할 거라는 것을 알기 때문이다.

그래도 그런대로 적응해가며 6개월가량을 지냈다. 그런데 어느 날, 12월 즈음에 비가 너무 많이 와서 학교를 일주일간 쉬게 된 날이었다. 학교를 안다니고 게다가 비가 오는 바람에 정전이 돼서 할 일이 하나도 없는 일주일은 너무도 길었다. 그런데 그 일주일 동안 나는 언니들이나 전체적인 공동체 수준이 내가 감당할 수 없을 만큼 높아졌다는 걸 깨달았다. 내가 어떻게 하든지 나는 그냥 무시당하며 더 이상 아무도 나에게 속지 않았다. 나는 너무 외롭고 공허감을 느끼며 그 일주일 동안 '죽음'을 느꼈다. 눈물이 절로 나오고 너무 외로운데 아무도 신경써주지 않았다. 나는 더 이상 공동체 활동에 참여하지 않았고 반항적인 자세로 있었다. 그러자 저절로 나는 스스로 왕따가 되었으며 모두가 나를 피하기 시작했었다.

나는 더욱 큰 절망감과 슬픔에 빠졌으며 처음으로 나 자신을 욕하기 시작했다. 나는 그 모든 순간 동안 일부러 불 끄고 어둠속에서 내 자신을 책망했다. 내가 악하다는 걸 깨달았다. 악한 내가 미웠다. 그 당시 나는 에덴의 동쪽을 읽으며 카알(악한 유전자를 물려받은 사람)과 유사한 내가 착해지는 것이 불가능하지는 않을까 생각하며 걱정했다. 그리고 일주일이 거의 끝나갈 때 즈음이었다. 나는 내가 가만히 있는다고 인생이 없어지진 않는다는 걸 강하게 느꼈고 나는 용기를 내어 목사님께

가서 죄송하다고 어떻게 해야 되냐고 눈물을 흘리며 무거운 마음으로 물었다. 목사님께선 내가 이런다고 문제가 해결되는 것이 아니라고 얘기하시며 나보고 앞으로 그냥 잘하라고 하며 편히 자라고 하셨다. 나는 그날 밤 두려움에 떨며 잠을 잤다. 다음날 아침이었다, 나는 더 이상 착한 척하고 반항해도 소용없다는 걸 느껴서 그냥 열심히 살고 그냥 언니 말도 잘 듣고 살아야겠다고 생각하며 지냈다. 이틀 후 언니들이 내가 바뀐 것 같다고 했지만 나는 그냥 열심히 사니까 하는 말이라고 애써 생각하며 기쁨을 감추었다. (내가 착하지 않다는 걸 나도 알았기에).

하지만 어느 날부터 언니들과 친해지고 모두에게 내가 착해졌다는 말을 들었을 때, 나는 너무 기뻐서 더욱 열심히 일하기 시작했고 곧 감격스럽게도 나는 처음으로 공동체에 필요한 사람이 되었다.

하지만 인도에서 한국으로 돌아왔을 때 아직 내게 내재되어 있는 자기중심성이 다시 튀어나오기 시작했다. 나는 다시 게으르고 자기밖에 모르는 사람으로 다시 돌아와 있었다. 그리고 이윽고 인도로 다시 갔을 때 마침 공동체 구성원이 4명이 늘어났다. 사람들이 많아지니 나는 자연스럽게 나도 모르게 그 속에 묻혀서 온갖 특혜를 받으며 게으름과 자기중심적이며 나쁜 일을 하고 있었다. 내가 그런 일을 일삼자 당연히 공동체에 피해가 왔고 나는 우리 방에 함께 사는 사람들이 나 때문에 못살겠다고 해서 우리 방에서 쫓겨나고 다른 방에서 지내게 되었다. 나는 내가 멍청해서 사람들이 나를 방에서 내쫓았다고 생각했다. 그런데 사실은 나의 게으름과 자기중심적인 행동에 지친 것이었다.

나는 내가 착해졌다고 굳게 믿었는데 알고 보니 그게 아니었다. 물론 내가 어느 정도 바뀐 건 사실이지만 문제는 아직도 이기적인 면이 많다는 것이었다. 나는 그 사실에 너무도 충격을 받아서 공동체 사람들이 착각하는 거라고 혼자 애써 최면을 걸었다. 하지만 시간이 지나면 지날수록 내가 나밖에 모르는 사람이라는 것은 더 분명히 드러났다. 나는 다시 깊은 절망에 빠졌다. 그리고 어찌할 바를 몰라 혼자서 방황하기 시작했다.

절망에 빠진 나머지 나는 반항하기 시작했다. 그리고 그 강도가 높아지면서 공동체는 더 이상 참지 못하고 공동체 회의를 열었다. 그리고 나를 한국인 선교사님이 운영하시는 고아원에 보내기로 결정했다. 다행히도 그 고아원 사람들이 잘해주었다. 하지만 그곳에 사는 아이들의 인생은 참으로 비참했다. 차마 눈뜨고 보기 힘들 정도로 마른 아이들도 있었고 아이들이 살기 위해서 어른처럼 행동하고 눈치를 보며 먹고 사는 모습은 너무도 눈물겨웠다.

나는 그 모습을 보며 너무도 충격을 받았고 내 자신이 치료되기 시작한 것 같다. 매주 이틀씩 다니며 많은 것을 보고 느꼈다. 일단 공동체 사람들이 착하며 인격적이라는 것을 느끼기 시작했다. 그리고 그동안 얼마나 행복하게 살았는지를 서서히 느끼기 시작했다. 나의 게으름과 자기중심성에 대해서 직면하기 시작했다. 나도 모르는 나의 모습을 직면하면 할수록 나는 악에서 점점 멀어져 가고 있었다. 그리고 어느 날부터 인생의 모든 것이 감사해지기 시작했다.

마침내 나는 어두움의 터널에서 벗어났다.

비록 완전히 벗어난 것은 아니지만 나는 바뀌고 있다. 지난 2년 동안 나와의 전쟁으로 인하여 내 인생 길은 생명의 길로 바뀌었다. 그 전쟁은 도무지 끝이 안보이고 너무도 힘들었지만 이제 그 무엇인가 희망이 보이는 것 같다.

나는 언젠간 나의 게으름과 이기적인 생각을 완전히 끝내려고 한다. 그리고 한 가지 덧붙이자면 우리의 게으르고 악한 습관은 절대로 쉽게 바뀌지 않을 뿐만 아니라 한꺼번에 바뀌지도 않는다는 것이다. 그저 서서히 바뀐다. 그렇기 때문에 우리는 방심을 하면 안 된다. 방심하는 그 순간 나는 다시 본래의 게으르고 나약한 나로 돌아가기 때문이다.

II. 김예은의 변화를 목격하며…… / 김다은 (가명)

나는 김예은의 친언니이다. 나와 예은이는 나이가 한 살 밖에 차이가 나지 않는다. 우리는 같은 방, 같은 집, 같은 학교를 다닌다. 우리는 거의 한 몸이라 할 수 있을 정도로 항상 붙어 다닌다. 그래서 그런지 나는 지금 예은이에 대해 그 누구보다 잘 안다고 할 수 있다.

지난 15년 동안 예은이는 덜떨어지고 무책임한 내 동생이었다. 나는 그런 예은이를 항상 챙겨주며 아껴주었다. 하지만 잘 생각해 보면 내가 예은이를 그 누구보다 가장 아껴주었던 것은 사실이지만 이상하게도 예은이를 싫어하고 증오했던 마음이 항상 내 안에 있었다는 것을 알게 되었다.

내가 나의 문제점들을 알아가면서 조금씩 건강해지면서 동생에 대한 나의 시각이 완전히 달라지기 시작했다. 이 세상에서 가장 사랑스럽고 순종적이던 내 동생으로 알고 있었는데 사실은 너무나 건방진 그래서 나를 자신의 하녀로 취급하는 동생이라는 사실을 알게 되었다. 그 사실을 깨닫는 순간 정말로 예은이에 대한 분노와 화가 밀려왔다.

알고 보니 예은이는 옛날이나 지금이나 변한 것이 없었다. 달라진 것은 바로 나 자신이었다. 내가 예은이의 모습에 놀라고 화가 났을 때, 내 동생은 그동안 단순하고 무식했던 나의 전 모습을 볼 수 없어 무척이나 당황해 하였다. 내가 조금씩 똑똑해져 갈 때 예은이는 나의 수준에 따라 연기를 하기 시작했다. 왜냐하면 나를 계속해서 하녀로 유지하기 원했기 때문이다.

예은이는 가족의 일원으로서, 동생으로서 정말로 기본적인 것도 하지 못했다. 누가 죽어가든 힘들든 책읽기에 바빴다. 심지어 아버지가 일주일 동안 출장을 갔다 오셔도 그 동안 어디에 가있었는지도 모를 정도였다. 동생은 우리 가족의 돌아가는 상황에 정말로 무관심했다. 항상 어디를 가든지 사고를 치던 예은이! 예은이는 자신의 기본적인 의무도 제대로 행하지 않을뿐더러 자신이 일으킨 사고에 대해서도 그 어떠한 책임을 질 줄 몰랐다. 그저 나 몰라라 하며 살았다. 그래서 나는 원하든 원하지 않든지 간에 예은이의 뒤처리를 감당하는 그야말로 119가 되어야만 했다. 하지만 내 동생 예은이는 고마움도 모르는 아이였다. 더 웃긴 것은 자신으로 인해 무슨 일이 생겼는지도 몰랐다는 것이다. 항상 배은망덕함으로 나를 힘들게 했던 내 동생을 난 수시로 죽이고 싶은 충동에 빠지기도 하였다.

나를 괴롭히기 위해 태어난 내 동생 예은이! 예은이는 항상 나를 미치기 전까지 괴롭혔다. 항상 황당하고 심각한 사건을 만들고 나서, 나 몰라라 도망칠 때마다 나는 동생에게 설명을 해주어야만 했다. 예은이가 일으킨 사고가 무엇이 문제이고 왜 문제가 되는지를. 다시는 똑같은 사건이 반복되지 않기를 바라기 때문이었다. 하지만 동생에게 문제점을 지적할 때마다 그는 알면서도 말도 안 되는 대답을 하곤 하였다. 이런 동생에게 똑같은 사건과 사고가 날마다 반복되는 것은 당연한 일이었다. 한마디로 예은이는 가족뿐만 아니라 공동체 구성원들을 미치게 하는 아이였다.

동생이 말썽을 피울 때마다 너무나 억울하고 분한 나의 감정을 표현하려고 언성을 높이면 오히려 적반하장으로 나를 코너로 몰아넣었다. 마치 내가 아무 것도 아닌 일에 화를 내는 못난 언니처럼 논리를 전개하였다. 동생으로 인해 피해를 입고 속상한 나를 오히려 죄책감과 혼란 속에 빠지게 하였던 것이다. 지난 16년 동안 나는 동생보다 머리가 나쁜 단순하고 순진한 아니 어리석은 아이였기에 남들에게 멍청하다고 손가락질을 당하는 동생에게도 항상 눌리고 살았던 것이다. 그래도 너무 억울해서 동생에게 신경질을 내면서 따지면 예은이는 마지막 무기로 마무리를 지었다. 그것은 나의 가장 큰 약점인 간지럼을 태우는 것이었다.

정말 치욕스러웠다. 하나 밖에 없는, 한 살 차이라서 동생에게 예민한 나에게 동생은 이렇게 잔인하게 나를 다루었다. 웃다가 울 정도로 간지럼을 당하고 나면 정말이지 자존심이 무참히 짓밟힌 심정이 되었다. 이처럼 이런 일이 하루에도 수없이 반복이 되면서 예은이와 함께하는 시간 시간들이 모두 지옥과 같았다. 요즘에 나의 마음이 건강해지고 나니 가끔 지난 날의 예은이를 생각하게 되면 그 악몽과도 같은 옛날 기억에 동생을 때리고 싶은 충동에 휩싸이곤 한다. 예전에 아무런 대항도 하지 못한 하녀였지만, 지금은 내 솔직한 감정이 무엇인지 느낄 수 있는 건강한 아이가 된 것 같아서 마음이 뿌듯하다.

지난 2년 동안 공동체 생활을 하다 보니 나는 더 이상 예은이를 책임지지 않아도 되는 자유인이 되었다. 덜떨어지고, 게으르고, 수도 없이 사고를 치는, 그러고도 스스로 그 사고를 수습하지 못하는 예은이에게 뭔가 자극이 필요하다는 의견이 자연스럽게 모아졌다. 그것은 예은이를 인도 현지인 고아원으로 보내는 것이었다. 그곳에서 예은이는 깡마르고 아무 것도 없어 가난한 어린 아이들이 자신의 생활에 감사하고 행복해하는 것을 관찰하게 되었다. 그런 아이들과 매주 생활을 하며 예은이는 조금씩 부지런해지기 시작했다. 내 생각엔 예은이가 자기 자신의 게으름, 나태함 그리고 세상이 얼마나 힘든지 느끼게 된 것 같다. 예은이는 고아원에서 돌아왔을 때 그곳에서 생각한 것들이나 생긴 일에 대하여 말하곤 했다. 예은이는 우리 공동체가 얼마나 사랑의 가족공동체인지를 느꼈다고 한다.

사실 난 예은이가 절대 바뀌지 못할 것이라 생각했다. 하지만 동생이 조금씩 바뀌는 모습이 너무도 신기하다. 예은이의 변화는 실로 대단했다. 머리도 나쁘고 악한 예은이는 먼저 머리가 좋아지기 시작했다. 그것은 바로 공동체 생활의 힘이 아닐까 생각한다. 이제 나는 예은이가 변했고 계속 변하고 있다는 것에 너무나도 감사하다. 이제 예은이의 얼굴을 웃으며 쳐다볼 수 있게 되었다. 물론 내 안의 상처가 치료가 된 것은 아니지만 예은이의 얼굴을 보면 화가 나고 억울함이 섞인 눈물이 흘렀었고, 또 무서워서 예은이를 피했지만, 이제 사랑의 공동체 아래서 진심으로 예은이의 변화를 돕고 싶다. 예은이와 같은 자폐성이 심한 아이가 변화될 수 있다는 희망을 보았기 때문이다.

III. 김예은의 변화를 목격하며…… / 박지숙 (가명)

예은이는 같이 있으면 짜증나는 아이다. 또한 어딘가로 사라져도 그 빈자리가 전혀 느껴지지 않는 그런 아이였다. 몇 년 전 삼촌의 식구들은 가끔씩 우리 집에 와서 같이 밥을 먹곤 했다. 그런데 올 때마다 삼촌네 다른 식구는 보이는데 유독 예은이만 보이지가 않았다. 마당에 가도 없고, 거실에도 없고, 그렇다고 우리 방이나 안방에 가도 없었다. 그래서 설마하고 공부방에 가보면 예은이가 책을 읽고 있는 것이었다. 이렇게 한참 찾아 헤맨 뒤부터 예은이를 불러 오라고 하면 무조건 공부방에 가면 예은이를 찾을 수 있었다. 예은이는 항상 거기에서 책을 읽고 있었다. 그리고 그 옆에는 항상 읽은 건지 안 읽은 건지 알 수 없었던 책들이 수두룩 쌓여있었다.

밥 먹으라고 하면 그제서야 내가 옆에 있었는지 알고 "어~ 진짜?"라고 말하며 우리가 식사 준비를 한지도 전혀 눈치를 체지 못한 것처럼 행동하였다. 이렇게 존재감이 없는 듯한 느낌을 주는 아이가 바로 예은이였다. 그래서 예은이는 우리 모두가 늘 챙겨주어야 하는 아이로 생각되었다.

예은이는 혼자서 아무 것도 하지 못했다. 그리고 주변 사람들의 분위기를 전혀 파악하지 못했다. 이는 예은이가 상황파악을 못하는 건지 아니면 할 수 있는데 관심이 없는 건지 잘 모르겠다. 개인적으로 예은이와 대화를 나누는 것은 정말 어려운 일이었다. 왜냐하면 예은이는 대화의 흐름을 전혀 따라가지 못했기 때문이다. 다른 사람들과 이야기 할 때 항상 겉돈다. 우리가 얘기하고 있는 주제와 비슷하지만 거기에서 조금 벗어난 주제로 이야기 하곤 한다. 그러다가 대화가 막히게 되면 갑자기 정적이 흐르면서 갑자기 썰렁한 분위기가 된다.

그런데 문제는 그런 예은이를 챙겨줘도 아무런 소용이 없다는 것이다. 그 이유는 예은이는 전혀 감사할 줄도 모르는 배은망덕한 아이였기 때문이었다. 아무리 도와줘도 나아지지는 않고 다만 도와주는 나만 힘들고 지치게 되었다. 도와줘서 이득이라도 있으면 모를까, 아무것도 돌아오는 것도 없고 자신이 도움을 받는 것이 당연하다고 생각하니까 속에서 저절로 짜증이 났다. 예은이는 다른 사람이나 다른 사람의 일을 전혀 생각하지도 않고, 단지 자기 자신의 세계에 빠지기에만 바쁜 아이였다.

이런 예은이와 2년간 공동체 생활을 하게 되다니……

그전에는 예은이에 대해서 별로 생각을 하지 않았었다. '뭐 내가 피해 다니면 되지~' 라는 생각이었다. 그런데 그것은 오산이었다. 예은이를 좀 더 알고 보니 그 아이는 나의 라이벌이었다. 예은이와 나는 우리 자신도 모르게 다른 사람을 이용하려고 생각하는 사람들이었다. 우리는 스스로 움직이기보다는 꾀를 부려서 다른 사람을 시키고 부려먹기를 원했다.

이런 예은이와 나에게는 좋은 먹잇감(?) 내지는 애완동물(?)이 하나 있었다. 그가 바로 예은이의 둘째언니이자 나와 동갑인 다은이었다. 다은이는 우리에게 한없이 고마운 존재이었다. 그 이유는 예은이와 내가 무엇인가 원하는 것을 하려고 할 때 다은이는 아무런 의심 없이 무조건 따라주는 사람이었기 때문이다. 그러다 보니 나와 예은이는 알게 모르게 다은이를 놓고 기 싸움을 하게 되었다. 누가 다은이를 차지하느냐의 전쟁이었다. 그러다가도 서로가 위기나 궁지에 몰렸을 때는 언제 그랬냐는 듯이 함께 뭉치었다. 그 때는 신기할 정도로 서로의 눈빛만 보아도 싸워야 하는가 아니면 뭉쳐야 하는가를 파악할 수 있었다. 예은이는 멍청한 짓을 혼자 골라서 다하는 아이였지만 다은이를 다루는 데에 있어서는 나름 전문적이었다. 아마도 다은이가 너무 순진할 뿐만 아니라 멍청하기가 이를 데 없었기 때문일 것이다.

이제 예은이에 대해 좀 더 자세히 파헤쳐보겠다. 예은이의 과거 성격 혹은 특징은 다음과 같이 나열할 수 있다.

첫째, 예은이는 자기중심성이 강했다. 자기중심성이란 자기 자신만 생각하고 남들에게 배려를 하지 않는 것을 말한다. 무엇이든지 자기 위주로 일을 만들어 다른 사람들을 힘들게 만든다. 예은이는 자기에게 유리한 쪽으로 분위기를 몰아가고, 주변 사람들이 예은이를 돕도록 만드는 것이었다.

둘째, 예은이는 자신의 분위기, 그것도 슬프고 우울한 분위기를 일부러 만들어내는 것 같았다. 내가 본 예은이는 항상 어두웠다. 그리고 '난 불쌍한 애야……' 라는 느낌을 자아내면서 자신 주변의 사람들에게 조차도 우울한 분위기를 조성했다.

셋째, 예은이는 자기관리를 전혀 하지 못했다. 문제는 그러면서도 공주처럼 행동한다는 것이다. 한마디로 얘기하면 빈틈이 많은 녀석이 그 무엇인가 대단히 잘난 것처럼 완전 도도한 척한다. 정말이지 어이가 없다. 아니 자기 스스로는 아무것도 혼자 못하면서 그리고 누군가 못난 자기를 도와주면 그 상황에서도 "무엇이 좋다", "무엇이 나쁘다"고 판단하고 있으니 도와주는 사람들이 얼마나 황당하겠는가. 정말이지 예은이는 황당 시추에이션의 대가이다.

하지만 지금 예은이의 모습은 많이 달라졌다. 인정하기 싫지만 지금의 예은이는 많이 똑똑해졌다. 때론 은근슬쩍 나를 관리하고 조련하는 것 같은 느낌이 들기도 한다. 이제는 자신의 말과 행동이 주변에 어떤 영향을 주게 될 것인지 미리 생각하는 것 같다. 또한 나름 자기중심적인 사고를 벗어난 것 같다. 이제는 우울한 분위기를 일부러 자아내어 주변에 피해를 주는 일도 없어졌다. 또한, 이제는 예은이와 말이 통한다. 예은이와 대화를 하다보면 예전에는 감정만 상하고 차라리 벽이랑 대화하고 말지...라고 생각했었는데 지금은 많이 좋아졌다. 예은이가 대화 주제를 이해할 뿐만 아니라 대화의 흐름도 파악하는 것 같다. 그리고 대화를 하다가 보여주어야 할 올바른 반응도 하는 것 같다. 물론 요즈음에도 동문서답과 같은 엉뚱한 대답을 전혀 하지 않는 것은 아니다.

그러나 지금은 예은이가 나에겐 있으면 좋고, 없으면 아쉬운 그런 고마운 존재가 되어 버렸다. 정말 예은이가 변해 버렸다. 예전에는 예은이가 나를 도와줄 수 있을 것이라고는 상상도 못했는데 말이다. 공동체 생활을 통해 서로 변화가 되니 생활이 얼마나 편해졌는지 모르겠다.